光緒餘姚縣志 1

紹興大典 史部

中華書局

圖書在版編目(CIP)數據

(光緒)餘姚縣志 / (清)周炳麟修；(清)邵友濂，(清)孫德祖纂．－北京：中華書局，2024.6．－(紹興大典)．－ ISBN 978-7-101-16711-5

Ⅰ．K295.54

中國國家版本館 CIP 數據核字第 20244EZ572 號

書　　名	(光緒)餘姚縣志(全六册)
叢 書 名	紹興大典・史部
修　　者	〔清〕周炳麟
纂　　者	〔清〕邵友濂　孫德祖
項目策劃	許旭虹
責任編輯	梁五童
助理編輯	任凱龍
裝幀設計	許麗娟
責任印製	管　斌
出版發行	中華書局
	(北京市豐臺區太平橋西里38號 100073)
	http: // www. zhbc. com. cn
	E-mail: zhbc@zhbc. com. cn
圖文制版	禾風雅藝文化發展有限公司
印　　刷	天津藝嘉印刷科技有限公司
版　　次	2024年6月第1版
	2024年6月第1次印刷
規　　格	開本787×1092毫米　1/16
	印張178¼　插頁6
國際書號	ISBN 978-7-101-16711-5
定　　價	2860.00元

學術顧問（按姓氏筆畫排序）

安平秋　李　岩　吴　格

袁行霈　張志清　葛劍雄

樓宇烈

編纂工作指導委員會

主　　任　盛閲春（二〇二二年九月至二〇二三年一月在任）

温　暖　施惠芳　肖啓明　熊遠明

第一副主任　丁如興

副 主 任　陳偉軍　汪俊昌　馮建榮

成　　員（按姓氏筆畫排序）

王静静　朱全紅　沈志江　金水法　俞正英

胡華良　茹福軍　徐　軍　陳　豪　黄旭榮

裘建勇　樓　芳　魯霞光　魏建東

編纂委員會

主　　編　馮建榮

副 主 編　黄錫雲　尹　濤　王静静　李聖華　陳紅彦

委　　員（按姓氏筆畫排序）

王静静　尹　濤　那　艷　李聖華　俞國林

陳紅彦　陳　誼　許旭虹　馮建榮　葉　卿

黄錫雲　黄顯功　楊水土

史部主編　黄錫雲　許旭虹

序

紹興是國務院公布的首批中國歷史文化名城，是中華文明的多點起源地之一和越文化的發祥、壯大之地。從嵊州小黄山遺址迄今，已有一萬多年的文化史；從大禹治水迄今，已有四千多年的文明史；從越國築句踐小城和山陰大城迄今，已有兩千五百多年的建城史。建炎四年（一一三〇），宋高宗駐蹕越州，取義「紹奕世之宏庥，興百年之丕緒」，次年改元紹興，賜名紹興府，領會稽、山陰、蕭山、諸暨、餘姚、上虞、嵊、新昌等八縣。元改紹興路，明初復爲紹興府，清沿之。

紹興坐陸面海，嶽峙川流，風光綺麗，物産富饒，民風淳樸，士如過江之鯽，彬彬稱盛。春秋末越國有「八大夫」佐助越王卧薪嘗膽，力行「五政」，崛起東南，威續戰國，四分天下有其一，成就越文化的第一次輝煌。秦漢一統後，越文化從尚武漸變崇文。晋室東渡，北方士族大批南遷，王、謝諸大家紛紛遷居於此，一時人物之盛，雲蒸霞蔚，學術與文學之盛冠於江左，給越文化注入了新的活力。唐時的越州是詩人行旅歌詠之地，形成一條江南唐詩之路。至宋代，尤其是宋室南遷後，越中理學繁榮，文學昌盛，領一時之先。明代陽明心學崛起，這一時期的越文化，宣導致良知、知行合一，重於事功，伴隨而來的是越中詩文、書畫、戲曲的興盛。明清易代，有劉宗周等履忠蹈義，慷慨赴死，亦有黄宗羲率其門人，讀書窮經，關注世用，成其梨洲一派。至清中葉，會稽章學誠等人紹承梨洲之學而開浙東史學之新局。晚清至現代，越中知識分子心懷天下，秉持先賢「膽劍精神」，再次站在歷史變革的潮頭，蔡元培、魯迅等人「開拓越學」，使紹興成爲新文化運動和新民主主義革命的重要陣地。越文化兼容並包，與時偕變，勇於創新，隨着中國社會歷史的變遷，無論其内涵和特質發生何種變化，均以其獨特、强盛的生命力，推動了中華文明的發展。

文獻典籍承載着廣博厚重的精神財富、生生不息的歷史文脉。紹興典籍之富，甲於東南，號爲文獻之邦。從兩漢到魏晋再至近現代，紹興人留下了浩如煙海、綿延不斷的文獻典籍。陳橋驛先生在《紹興地方文獻考録·前言》中説：「紹興是我國歷史上地方文獻最豐富的地方之一。」有我國地方志的開山之作《越絶書》，有唯物主義的哲學巨著《論衡》，有書法藝術和文學價值均登峰造極的《蘭亭集序》，有詩爲「中興之冠」的陸游《劍南詩稿》，有輯録陽明心學精義的儒學著作《傳習録》等，這些文獻，不僅對紹興一地具有重要價值，對浙江乃至全國來説，也有深遠意義。

紹興藏書文化源遠流長。歷史上的藏書家多達百位，知名藏書樓不下三十座，其中以澹生堂最爲著名，藏書十萬餘卷。近現代，紹興又首開國内公共圖書館之先河。光緒二十六年（一九〇〇），紹興鄉紳徐樹蘭獨力捐銀三萬餘兩，圖書七萬餘卷，創辦國内首個公共圖書館——古越藏書樓。越中多名士，自也與藏書聚書風氣有關。

習近平總書記强調，「我們要加强考古工作和歷史研究，讓收藏在博物館裏的文物、陳列在廣闊大地上的遺産、書寫在古籍裏的文字都活起來，豐富全社會歷史文化滋養」。黨的十八大以來，黨中央站在實現中華民族偉大復興的高度，對傳承和弘揚中華優秀傳統文化作出一系列重大決策部署。中共中央辦公廳、國務院辦公廳二〇一七年一月印發了《關於實施中華優秀傳統文化傳承發展工程的意見》，二〇二二年四月又印發了《關於推進新時代古籍工作的意見》。

盛世修典，是中華民族的優秀傳統，是國家昌盛的重要象徵。近年來，紹興地方文獻典籍的利用呈現出多層次、多方位探索的局面，從文史界到全社會都在醞釀進一步保護、整理、開發、利用紹興歷史文獻的措施，形成了廣泛共識。中共紹興市委、市政府深入學習貫徹習近平總書記重要指示精神，積極響應國家重大戰略部署，以提振紹興人文氣運的文化自覺和存續一方文脉的歷史擔當，作出了編纂出版《紹興大典》的重大決定，計劃用十年時間，系統、全面、客觀梳理紹興文化傳承脉絡，收集、整理、編纂、出版紹興地方歷史文獻。二〇二二年十月，中共紹興市委辦公室、紹興市人民政府辦公室印發《關於〈紹興大典〉編纂出版工作實施方案的通知》。自此，《紹興大典》編纂出版各項工作開始有序推進。

百餘年前，魯迅先生提出「開拓越學，俾其曼衍，至於無疆」的願景，今天，我們繼先賢之志，實施紹興歷史上前無古人的文化工程，希冀通過《紹興大典》的編纂出版，從浩瀚的紹興典籍中尋找歷史印記，從豐富的紹興文化中挖掘鮮活資源，從悠遠的紹興歷史中把握發展脉絡，古爲今用，繼往開來，爲新時代「文化紹興」建設注入强大動力。我們將懷敬畏之心，以古人「三不朽」的立德修身要求，爲紹興這座中國歷史文化名城和「東亞文化之都」立傳畫像，爲全世界紹興人築就恒久的精神家園。

是爲序。

温暖

二〇二三年十月

前言

越國故地，是中華文明的重要起源地，中華優秀傳統文化的重要貢獻地，中華文獻典籍的重要誕生地。紹興，是越國古都，國務院公布的第一批歷史文化名城。編纂出版《紹興大典》，是綿延中華文獻之大計，弘揚中華文化之良策，傳承中華文明之壯舉。

一

紹興有源遠流長的文明，是中華文明的縮影。

中國有百萬年的人類史，一萬年的文化史，五千多年的文明史。中華文明，是中華民族長期實踐的積累，集體智慧的結晶，不斷發展的產物。各個民族，各個地方，都爲中華文明作出了自己獨具特色的貢獻。紹興人同樣爲中華文明的起源與發展，作出了自己傑出的貢獻。

現代考古發掘表明，早在約十六萬年前，於越先民便已經在今天的紹興大地上繁衍生息。二〇一七年初，在嵊州崇仁安江村蘭山廟附近，出土了於越先民約十六萬年前使用過的打製石器〔一〕。這是曹娥江流域首次發現的舊石器遺存，爲探究這一地區中更新世晚期至晚更新世早期的人類活動、

〔一〕陸瑩等撰《浙江蘭山廟舊石器遺址網紋紅土釋光測年》，《地理學報》英文版，二〇二〇年第九期，第一四三六至一四五〇頁。

華南地區與現代人起源的關係、小黄山遺址的源頭等提供了重要綫索。

距今約一萬至八千年的嵊州小黄山遺址〔一〕，於二〇〇六年與上山遺址一起，被命名爲上山文化。該遺址中的四個重大發現，引人矚目：一是水稻實物的穀粒印痕遺存，以及儲藏坑、鐮形器、石磨棒、石磨盤等稻米儲存空間與收割、加工工具的遺存；二是種類與器型衆多的夾砂、夾炭、夾灰紅衣陶與黑陶等遺存；三是我國迄今發現的最早的立柱建築遺存，以及石杵立柱遺存；四是我國新石器時代遺址中迄今發現的最早的石雕人首。

蕭山跨湖橋遺址出土的山茶種實，表明於越先民在八千多年前已開始對茶樹及茶的利用與探索〔二〕。距今約六千年前的餘姚田螺山遺址發現的山茶屬茶樹根遺存，有規則地分布在聚落房屋附近，特别是其中出土了一把與現今茶壺頗爲相似的陶壺，表明那時的於越先民已經在有意識地種茶用茶了〔三〕。

對美好生活的嚮往無止境，創新便無止境。於越先民在一萬年前燒製出世界上最早的彩陶的基礎上〔四〕，經過數千年的探索實踐，終於在夏商之際，燒製出了人類歷史上最早的原始瓷〔五〕；繼而又在東漢時，燒製出了人類歷史上最早的成熟瓷。現代考古發掘表明，漢時越地的窑址，僅曹娥江兩岸的上虞，就多達六十一處〔六〕。

中國是目前發現早期稻作遺址最多的國家，是世界上最早發現和利用茶樹的國家，更是瓷器的故

〔一〕浙江省文物考古研究所編《上山文化：發現與記述》，文物出版社二〇一六年版，第七一頁。
〔二〕浙江省文物考古研究所、蕭山博物館編《跨湖橋》，文物出版社二〇〇四年版，彩版四五。
〔三〕北京大學中國考古學研究中心、浙江省文物考古研究所編《田螺山遺址自然遺存綜合研究》，文物出版社二〇一一年版，第一一七頁。
〔四〕孫瀚龍、趙曄著《浙江史前陶器》，浙江人民出版社二〇二二年版，第三頁。
〔五〕鄭建華、謝西營、張馨月著《浙江古代青瓷》，浙江人民出版社二〇二二年版，上册，第四頁。
〔六〕宋建明主編《早期越窑——上虞歷史文化的豐碑》，中國書店二〇一四年版，第二四頁。

鄉。《（嘉泰）會稽志》卷十七記載「會稽之産稻之美者，凡五十六種」，稻作文明的進步又直接促成了紹興釀酒業的發展。同卷又單列「日鑄茶」一條，釋曰「日鑄嶺在會稽縣東南五十五里，嶺下有僧寺名資壽，其陽坡名油車，朝暮常有日，産茶絶奇，故謂之日鑄」。可見紹興歷史上物質文明之發達，真可謂「天下無儔」。

二

紹興有博大精深的文化，是中華文化的縮影。

文化是一條源遠流長的河，流過昨天，流到今天，還要流向明天。悠悠萬事若曇花一現，唯有文化與日月同輝。

大量的歷史文獻與遺址古迹表明，四千多年前，大禹與紹興結下了不解之緣。大禹治平天下之水，漸九川，定九州，至於諸夏乂安，《史記·夏本紀》載：「禹會諸侯江南，計功而崩，因葬焉，命曰會稽。會稽者，會計也。」裴駰注引《皇覽》曰：「禹冢在山陰縣會稽山上。會稽山本名苗山，在縣南，去縣七里。」《（嘉泰）會稽志》卷六「大禹陵」：「禹巡守江南，上苗山，會稽諸侯，死而葬焉。……劉向書云：禹葬會稽，不改其列，謂不改林木百物之列也。苗山自禹葬後，更名會稽。是山之東，有隴隱若劍脊，西嚮而下，下有窆石，或云此正葬處。」另外，大禹在以會稽山爲中心的越地，還有一系列重大事迹的記載，包括娶妻塗山、得書宛委、畢功了溪、誅殺防風、禪祭會稽、築治邑室等。

以至越王句踐，「其先禹之苗裔，而夏后帝少康之庶子也，封於會稽，以奉守禹之祀」（《史記·越王句踐世家》）。句踐的功績，集中體現在他一系列的改革舉措以及由此而致的强國大業上。

他創造了「法天象地」這一中國古代都城選址與布局的成功範例，奠定了近一個半世紀越國號稱天下强國的基礎，造就了紹興發展史上的第一個高峰，更實現了東周以來中國東部沿海地區暨長江下游地區的首次一體化，讓人們在數百年的分裂戰亂當中，依稀看到了一統天下的希望，爲後來秦始皇統一中國，建立真正大一統的中央政權，進行了區域性的準備。因此，司馬遷稱：「苗裔句踐，苦身焦思，終滅强吴，北觀兵中國，以尊周室，號稱霸王。句踐可不謂賢哉！蓋有禹之遺烈焉。」

千百年來，紹興涌現出了諸多譽滿海内、雄稱天下的思想家，他們的著述世不絶傳、遺澤至今，他們的思想卓犖英發、光彩奪目。哲學領域，聚諸子之精髓，啓後世之思想。政治領域，以家國之情懷，革社會之弊病。經濟領域，重生民之生業，謀民生之大計。教育領域，育天下之英才，啓時代之新風。史學領域，創史志之新例，傳千年之文脉。

紹興是中國古典詩歌藝術的寶庫。四言詩《候人歌》被稱爲「南音之始」。於越《彈歌》是我國文學史上僅存的二言詩。《越人歌》是越地的第一首情歌、中國的第一首譯詩。山水詩的鼻祖，是上虞人謝靈運。唐代，這裏涌現出了賀知章等三十多位著名詩人。宋元時，這裏出了别開詩歌藝術天地的陸游、王冕、楊維楨。

紹興是中國傳統書法藝術的故鄉。鳥蟲書與《會稽刻石》中的小篆，影響深遠。中國的文字成爲藝術品之習尚；文字由書寫轉向書法，是從越人的鳥蟲書開始的。而自王羲之《蘭亭序》之後，紹興更是成爲中國書法藝術的聖地。翰墨碑刻，代有名家精品。

紹興是中國古代繪畫藝術的重鎮。世界上最早彩陶的燒製，展現了越人的審美情趣。「文身斷髮」與「鳥蟲書」，實現了藝術與生活最原始的結合。戴逵與戴顒父子、僧仲仁、王冕、徐渭、陳洪綬、趙之謙、任熊、任伯年等在中國繪畫史上有開宗立派的地位。

一九一二年一月，魯迅爲紹興《越鐸日報》創刊號所作發刊詞中寫道：「於越故稱無敵於天下，海岳精液，善生俊異，後先絡繹，展其殊才；其民復存大禹卓苦勤勞之風，同句踐堅確慷慨之志，力作治生，綽然足以自理。」可見，紹興自古便是中華文化的重要發源地與傳承地，紹興人更是世代流淌着「卓苦勤勞」「堅確慷慨」的精神血脉。

三

紹興有琳琅滿目的文獻，是中華文獻的縮影。

自有文字以來，文獻典籍便成了人類文明與人類文化的基本載體。紹興地方文獻同樣爲中華文明與中華文化的傳承發展，作出了傑出的貢獻。

中華文明之所以成爲世界上唯一没有中斷、綿延至今、益發輝煌的文明，在於因文字的綿延不絶而致的文獻的源遠流長、浩如煙海。中華文化之所以成爲中華民族有别於世界上其他任何民族的顯著特徵並流傳到今天，靠的是中華兒女一代又一代的言傳身教、口口相傳，更靠的是文獻典籍一代又一代的忠實書寫、守望相傳。

無數的甲骨、簡牘、古籍、拓片等中華文獻，無不昭示着中華文明的光輝燦爛、欣欣向榮，無不昭示着中華文化的廣博淵綜、蒸蒸日上。它們既是中華文明與中華文化的基本載體，又是中華文明與中華文化的重要組成部分，是十分重要的物質文化遺産。

紹興地方文獻作爲中華文獻重要的組成部分，積澱極其豐厚，特色十分明顯。

（一）文獻體系完備

紹興的文獻典籍根基深厚，載體體系完備，大體經歷了四個階段的歷史演變。

一是以刻符、紋様、器型爲主的史前時代。代表性的，有作爲上山文化的小黄山遺址中出土的彩陶上的刻符、印紋、圖案等。

二是以金石文字爲主的銘刻時代。代表性的，有越國時期玉器與青銅劍上的鳥蟲書等銘文、秦《會稽刻石》、漢「大吉」摩崖、漢魏六朝時的會稽磚甓銘文與會稽青銅鏡銘文等。

三是以雕版印刷爲主的版刻時代。代表性的，有中唐時期越州刊刻的元稹、白居易的詩集。唐長慶四年（八二四），浙東觀察使兼越州刺史元稹，在爲時任杭州刺史的好友白居易《白氏長慶集》所作的序言中寫道：「揚、越間多作書模勒樂天及予雜詩，賣於市肆之中也。」這是有關中國刊印書籍的最早記載之一，説明越地開創了「模勒」這一雕版印刷的風氣之先。宋時，兩浙路茶鹽司等機關和紹興府、紹興府學等，競相刻書，版刻業快速繁榮，紹興成爲兩浙乃至全國的重要刻書地，所刻之書多稱「越本」「越州本」。明代，紹興刊刻呈現出了官書刻印多、鄉賢先哲著作和地方文獻多、私家刻印特色叢書多的特點。清代至民國，紹興整理、刊刻古籍叢書成風，趙之謙、平步青、徐友蘭、章壽康、羅振玉等，均有大量輯刊，蔡元培早年應聘於徐家校書達四年之久。

四是以機器印刷爲主的近代出版時期。這一時期呈現出傳統技術與西方新技術並存、傳統出版物與維新圖强讀物並存的特點。代表性的出版機構，在紹興的有徐友蘭於一八六二年創辦的墨潤堂等。另外，吴隱於一九〇四年參與創辦了西泠印社；紹興人沈知方於一九一二年參與創辦了中華書局，還於一九一七年創辦了世界書局。代表性的期刊，有羅振玉於一八九七年在上海創辦的《農學報》，杜亞泉於一九〇一年在上海創辦的《普通學報》，羅振玉於一九〇一年在上海發起、王國維主筆的《教育世界》，杜亞泉等於一九〇二年在上海編輯的《中外算報》，秋瑾於一九〇七年在上海創辦的《中國女報》等。代表性的報紙，有蔡元培於一九〇三年在上海創辦的《俄事警聞》等。

紹興文獻典籍的這四個演進階段，既相互承接，又各具特色，充分彰顯了走在歷史前列、引領時代潮流的特徵，總體上呈現出了載體越來越多元、內涵越來越豐富、傳播越來越廣泛、對社會生活的影響越來越深遠的歷史趨勢。

（二）藏書聲聞華夏

紹興歷史上刻書多，便爲藏書提供了前提條件，因而藏書也多。大禹曾「登宛委山，發金簡之書，案金簡玉字，得通水之理」（《吴越春秋》卷六），還「巡狩大越，見耆老，納詩書」（《越絶書》卷八），這是紹興有關采集收藏圖書的最早記載。句踐曾修築「石室」藏書，「晝書不倦，晦誦竟旦」（《越絶書》卷十二）。

造紙術與印刷術的發明和推廣，使得書籍可以成批刷印，爲藏書提供了極大便利。王充得益於藏書資料，寫出了不朽的《論衡》。南朝梁時，山陰人孔休源「聚書盈七千卷，手自校治」（《梁書·孔休源傳》），成爲紹興歷史上第一位有明文記載的藏書家。唐代時，越州出現了集刻書、藏書、讀書於一體的書院。五代十國時，南唐會稽人徐鍇精於校勘，雅好藏書，「江南藏書之盛，爲天下冠，鍇力居多」（《南唐書·徐鍇傳》）。

宋代雕版印刷術日趨成熟，爲書籍的化身千百與大規模印製創造了有利條件，也爲藏書提供了更多來源。特別是宋室南渡、越州升爲紹興府後，更是出現了以陸氏、石氏、李氏、諸葛氏等爲代表的藏書世家。陸游曾作《書巢記》，稱「吾室之内，或棲於櫝，或陳於前，或枕藉於床，俯仰四顧，無非書者」。《（嘉泰）會稽志》中專設《藏書》一目，説明了當時藏書之風的盛行。元時，楊維楨「積書數萬卷」（《鐵笛道人自傳》）。

明代藏書業大發展，出現了鈕石溪的世學樓等著名藏書樓。其中影響最大的藏書家族，當數山陰祁氏；影響最大的藏書樓，當數祁承㸁創辦的澹生堂，至其子彪佳時，藏書達三萬多卷。

清代是紹興藏書業的鼎盛時期，有史可稽者凡二十六家，諸如章學誠、李慈銘、陶濬宣等。上虞王望霖建天香樓，藏書萬餘卷，尤以藏書家之墨迹與鈎摹鐫石聞名。徐樹蘭創辦的古越藏書樓，以存古開新爲宗旨，以資人觀覽爲初心，成爲中國近代第一家公共圖書館。

民國時，代表性的紹興藏書家與藏書樓有：羅振玉的大雲書庫、徐維則的初學草堂、蔡元培創辦的養新書藏、王子餘開設的萬卷書樓、魯迅先生讀過書的三味書屋等。

根據二〇一六年完成的古籍普查結果，紹興全市十家公藏單位，共藏有一九一二年以前産生的中國傳統裝幀書籍與民國時期的傳統裝幀書籍三萬九千七百七十七種、二十二萬六千一百二十五册，分别占了浙江省三十三萬七千四百零五種的百分之十一點七九、二百五十萬六千六百三十三册的百分之九點零二。這些館藏的文獻典籍，有不少屬於名人名著，其中包括在别處難得見到的珍稀文獻。這是紹興這個地靈人傑的文獻名邦確實不同凡響的重要見證。

一部紹興的藏書史，其實也是一部紹興人的讀書、用書、著書史。歷史上的紹興，刻書、藏書、讀書、用書、著書，良性循環，互相促進，成爲中國文化史上一道亮麗的風景。

（三）著述豐富多彩

紹興自古以來，論道立說、卓然成家者代見輩出，創意立言、名動天下者繼踵接武，歷朝皆有傳世之作，各代俱見槃槃之著。這些文獻，不僅對紹興一地有重要價值，而且也是浙江文化乃至中國古代文化的重要組成部分。

一是著述之風，遍及各界。越人的創作著述，文學之士自不待言，爲政、從軍、業賈者亦多喜筆耕，屢有不刊之著。甚至於鄉野市井之口頭創作、謡歌俚曲，亦代代敷演，蔚爲大觀，其中更是多有内蕴厚重、哲理深刻、色彩斑斕之精品，遠非下里巴人，足稱陽春白雪。

二是著述整理，尤爲重視。越人的著述，包括對越中文獻乃至我國古代文獻的整理。宋孔延之的《會稽掇英總集》，清杜春生的《越中金石記》，近代魯迅的《會稽郡故書雜集》等，都是收輯整理地方文獻的重要成果。陳橋驛所著《紹興地方文獻考録》，是另一種形式的著述整理，其中考録一九四九年前紹興地方文獻一千二百餘種。清代康熙年間，紹興府山陰縣吴楚材、吴調侯叔侄選編的《古文觀止》，自問世以來，一直是古文啓蒙的必備書，也深受古文愛好者的推崇。

三是著述領域，相涉廣泛。越人的著述，涉及諸多領域。其中古代以經、史與諸子百家研核之作爲多，且基本上涵蓋了經、史、子、集的各個分類，近現代以文藝創作爲多，當代則以科學研究論著爲多。這也體現了越中賢傑經世致用、與時俱進的家國情懷。

四

盛世修典，承古啓新，以「紹興」之名，行紹興之實。

紹興這個名字，源自宋高宗的升越州爲府，並冠以年號，時在紹興元年（一一三一）的十月廿六日。這是對這座城市傳統的畫龍點睛。紹興這兩個字合在一起，藴含的正是承繼前業而壯大之、開創未來而昌興之的意思。數往而知來，今天的紹興人正賦予這座城市、這個名字以新的意藴，那就是繼承中華優秀傳統文化，建設中華民族現代文明，爲實現中華民族偉大復興，作出自己新的更大的貢獻。

編纂出版《紹興大典》，正是紹興地方黨委、政府文化自信、文化自覺的體現，是集思廣益、精心實施的德政，是承前啓後、繼往開來的偉業。

（一）科學的決策

《紹興大典》的編纂出版，堪稱黨委、政府科學決策的典範。二〇二〇年十二月十一日，中共紹興市委八屆九次全體（擴大）會議審議通過了關於紹興市「十四五」規劃和二〇三五年遠景目標的建議，其中首次提出要啓動《紹興大典》的編纂出版工作。

二〇二一年二月五日，紹興市第八届人民代表大會第六次會議批准了市政府根據市委建議編製的紹興市「十四五」規劃和二〇三五年遠景目標綱要，其中又專門寫到要啓動《紹興大典》的編纂出版工作。二月八日，紹興市人民政府正式印發了這個重要文件。

二〇二二年二月二十八日的中共紹興市第九次代表大會市委工作報告與三月三十日的紹興市九届人大一次會議政府工作報告，均對編纂出版《紹興大典》提出了要求。

二〇二二年九月十五日，紹興市人民政府第十一次常務會議專題聽取了《〈紹興大典〉編纂出版工作實施方案》起草情況的匯報，決定根據討論意見對實施意見進行修改完善後，提交市委常委會議審議。九月十六日，中共紹興市委九届二十次常委會議專題聽取《〈紹興大典〉編纂出版工作實施方案》起草情況的匯報，並進行了討論，決定批准這個方案。十月十日，中共紹興市委辦公室、紹興市人民政府辦公室正式印發了《〈紹興大典〉編纂出版工作實施方案》。

（二）嚴謹的體例

在中共紹興市委、紹興市人民政府研究批准的實施方案中，《紹興大典》編纂出版的各項相關事宜，均得以明確。

一是主要目標。系統、全面、客觀梳理紹興文化傳承脉絡，收集、整理、編纂、研究、出版紹興地方文獻，使《紹興大典》成爲全國鄉邦文獻整理編纂出版的典範和紹興文化史上的豐碑，爲努力打造「文獻保護名邦」「文史研究重鎮」「文化轉化高地」三張紹興文化的金名片作出貢獻。

二是收録範圍。《紹興大典》收録的時間範圍爲：起自先秦時期，迄至一九四九年九月三十日，部分文獻酌情下延。地域範圍爲：今紹興市所轄之區、縣（市），兼及歷史上紹興府所轄之蕭山、餘姚。內容範圍爲：紹興人的著述，域外人士有關紹興的著述，歷史上紹興刻印的古籍善本和紹興收藏的珍稀古籍善本。

三是編纂方法。對所録文獻典籍，按經、史、子、集和叢五部分類方法編纂出版。

根據實施方案明確的時間安排與階段劃分，在具體編纂工作中，采用先易後難、先急後緩，邊編纂出版、邊深入摸底的方法。即先編纂出版情況明瞭、現實急需的典籍，與此同時，對面上的典籍情況進行深入的摸底調查。這樣的方法，既可以用最快的速度出書，以滿足保護之需、利用之需，又可以爲一些難題的破解争取時間；既可以充分發揮我國實力最强的專業古籍出版社中華書局的編輯出版優勢，又可以充分借助與紹興相關的典籍一半以上收藏於我國古代典籍收藏最爲宏富的國家圖書館的優勢。這是最大限度地避免時間與經費上的重複浪費的方法，也是地方文獻編纂出版工作方法上的創新。

另外，還將適時延伸出版《紹興大典・要籍點校叢刊》《紹興大典・文獻研究叢書》《紹興大典・善本影真叢覽》等。

（三）非凡的意義

正如紹興的文獻典籍在中華文獻典籍史上具有重要的影響那樣，編纂出版《紹興大典》的意義，同樣也是非同尋常的。

一是編纂出版《紹興大典》，對於文獻典籍的更好保護——活下來，具有非同尋常的意義。歷史上的文獻典籍，是中華文明歷經滄桑留下的最寶貴的東西。然而，這些瑰寶或因天災人禍，或因自然老化，或因使用過度，或因其他緣故，有不少已經處於岌岌可危甚至奄奄一息的境況。

編纂出版《紹興大典》，可以爲系統修復、深度整理這些珍貴的古籍爭取時間；可以最大限度呈現底本的原貌，緩解藏用的矛盾，更好地方便閱讀與研究。這是文獻典籍眼下的當務之急，最好的續命之舉。

二是編纂出版《紹興大典》，對於文獻典籍的更好利用——活起來，具有非同尋常的意義。歷史上的文獻典籍，流傳到今天，實屬不易，殊爲難得。它們雖然大多保存完好，其中不少還是善本，但分散藏於公私，積久塵封，世人難見；也有的已成孤本，或至今未曾刊印，僅有稿本、抄本，秘不示人，無法查閱。

編纂出版《紹興大典》，將穿越千年的文獻、深庋密鎖的秘藏、散落全球的珍寶匯聚起來，化身萬千，走向社會，走近讀者，走進生活，既可防它們失傳之虞，又可使它們嘉惠學林，也可使它們古爲今用，文旅融合，還可使它們延年益壽，推陳出新。這是於文獻典籍利用一本萬利、一舉多得的好事。

三是編纂出版《紹興大典》，對於文獻典籍的更好傳承——活下去，具有非同尋常的意義。歷史上的文獻典籍，能保存至今，是先賢們不惜代價，有的是不惜用生命爲代價換來的。對這些傳承至今的古籍本身，我們應當倍加珍惜。

編纂出版《紹興大典》，正是爲了述録先人的開拓，啓迪來者的奮鬥，使這些珍貴古籍世代相傳，使蘊藏在這些珍貴古籍身上的中華優秀傳統文化世代相傳。這是中華文化創造性轉化、創新性發展的通途所在。

編纂出版《紹興大典》，是紹興文化發展史上的曠古偉業。編成後的《紹興大典》，將成爲全國範圍内的同類城市中，第一部收録最爲系統、内容最爲豐贍、品質最爲上乘的地方文獻集成。

紹興這個地方，古往今來，都在不懈超越。超乎尋常，追求卓越。超越自我，超越歷史。《紹興大典》的編纂出版，無疑會是紹興文化發展史上的又一次超越。

道阻且長，行則將至；行而不輟，成功可期。「後之視今，亦猶今之視昔」；「後之覽者，亦將有感於斯文」（《蘭亭集序》）。讓我們一起努力吧！

馮建榮

二〇二三年六月十日，星期六，成稿於寓所

二〇二三年中秋、國慶假期，校改於寓所

編纂説明

紹興古稱會稽，歷史悠久。

大禹治水，畢功了溪，計功今紹興城南之茅山（苗山），崩後葬此，此山始稱會稽，此地因名會稽，距今四千多年。

大禹第六代孫夏后少康封庶子無餘於會稽，以奉禹祀，號曰「於越」，此爲吾越得國之始。《竹書紀年》載，成王二十四年，於越來賓。是亦此地史載之始。

距今兩千五百多年，越王句踐遷都築城於會稽山之北（今紹興老城區），是爲紹興建城之始，於今城不移址，海内罕有。

秦始皇滅六國，御海内，立郡縣，成定制。是地屬會稽郡，郡治爲吴縣，所轄大率吴越故地。東漢順帝永建四年（一二九），析浙江之北諸縣置吴郡，是爲吴越分治之始。會稽名仍其舊，郡治遷山陰。由隋至唐，會稽改稱越州，時有反復，至中唐後，「越州」遂爲定稱而至於宋。所轄時有增減，至五代後梁開平二年（九〇八），吴越析剡東十三鄉置新昌縣，自此，越州長期穩定轄領會稽、山陰、蕭山、諸暨、餘姚、上虞、嵊縣、新昌八邑。

建炎四年（一一三〇），宋高宗趙構駐蹕越州，取「紹奕世之宏庥，興百年之丕緒」之意，下詔從建炎五年正月改元紹興。紹興元年（一一三一）十月己丑升越州爲紹興府，斯地乃名紹興，沿用至今。

歷史的悠久，造就了紹興文化的發達。數千年來文化的發展、沉澱，又給紹興留下了燦爛的文化載體——鄉邦文獻。保存至今的紹興歷史文獻，有方志著作、家族史料、雜史輿圖、文人筆記、先賢文集、醫卜星相、碑刻墓誌、摩崖遺存、地名方言、檔案文書等不下三千種，可以説，凡有所録，應有盡有。這些文獻從不同角度記載了紹興的山川地理、風土人情、經濟發展、人物傳記、著述藝文等各個方面，成爲人們瞭解歷史、傳承文明、教育後人、建設社會的重要參考資料，其中許多著作不僅對紹興本地有重要價值，也是江浙文化乃至中華古代文化的重要組成部分。

紹興歷代文人對地方文獻的探尋、收集、整理、刊印等都非常重視，並作出過不朽的貢獻，陳橋驛先生就是代表性人物。正是在他的大力呼籲下，時任紹興縣政府主要領導作出了編纂出版《紹興叢書》的決策，爲今日《紹興大典》的編纂出版積累了經驗，奠定了基礎。

時至今日，爲貫徹落實習近平總書記系列重要講話精神，奮力打造新時代文化文明高地，重輝「文獻名邦」，中共紹興市委、市政府毅然作出編纂出版《紹興大典》的決策部署。延請全國著名學者樓宇烈、袁行霈、安平秋、葛劍雄、吴格、李岩、熊遠明、張志清諸先生參酌把關，與收藏紹興典籍最豐富的國家圖書館等各大圖書館以及專業古籍出版社中華書局展開深度合作，成立專門班子，精心規劃組織，扎實付諸實施。《紹興大典》是地方文獻的集大成之作，出版形式以紙質書籍爲主，同步開發建設數據庫。其基本内容，包括以下三方面：

一、《紹興大典》影印精裝本文獻大全。這方面内容囊括一九四九年前的紹興歷史文獻，收録的原則是「全而優」，也就是文獻求全收録；同一文獻比對版本優劣，收優斥劣。同時特別注重珍稀性、孤罕性、史料性。

《紹興大典》影印精裝本收録範圍：

時間範圍：起自先秦時期，迄至一九四九年九月三十日，部分文獻可酌情下延。

地域範圍：今紹興市所轄之區、縣（市），兼及歷史上紹興府所轄之蕭山、餘姚。

内容範圍：紹興人（本籍與寄籍紹興的人士、寄籍外地的紹籍人士）撰寫的著作，非紹興籍人士撰寫的與紹興相關的著作，歷史上紹興刻印的古籍珍本和紹興收藏的古籍珍本。

《紹興大典》影印精裝本編纂體例，以經、史、子、集、叢五部分類的方法，對收録範圍内的文獻，進行開放式收録，分類編輯，影印出版。五部之下，不分子目。

經部：主要收録經學（含小學）原創著作；經校勘校訂，校注校釋，疏、證、箋、解、章句等的經學名著；爲紹籍經學家所著經學著作而撰的著作，等等。

史部：主要收録紹興地方歷史書籍，重點是府縣志、家史、雜史等三個方面的歷史著作。

子部：主要收録專業類書，比如農學類、書畫類、醫卜星相類、儒釋道宗教類、陰陽五行類、傳奇類、小説類，等等。

集部：主要收録詩賦文詞曲總集、别集、專集，詩律詞譜，詩話詞話，南北曲韻，文論文評，等等。

叢部：主要收録不入以上四部的歷史文獻遺珍、歷史文物和歷史遺址圖録彙總、戲劇曲藝脚本、報章雜志、音像資料等。不收傳統叢部之文叢、彙編之類。

《紹興大典》影印精裝本在收録、整理、編纂出版上述文獻的基礎上，同時進行書目提要的撰寫，並細編索引，以起到提要鈎沉、方便實用的作用。

二、《紹興大典》點校研究及珍本彙編。主要是《紹興大典》影印精装本的延伸項目，形成三個成果，即《紹興大典·要籍點校叢刊》《紹興大典·文獻研究叢書》《紹興大典·善本影真叢覽》三叢。選取影印出版文獻中的要籍，組織專家分專題開展點校等工作，排印出版《紹興大典·要籍點校叢刊》；及時向社會公布推出出版文獻書目，開展《紹興大典》收録文獻研究，分階段出版研究成果《紹興大典·文獻研究叢書》；選取品相完好、特色明顯、内容有益的優秀文獻，原版原樣綫裝影印出版《紹興大典·善本影真叢覽》。

三、《紹興大典》文獻數據庫。以《紹興大典》影印精装本和《紹興大典·要籍點校叢刊》《紹興大典·文獻研究叢書》《紹興大典·善本影真叢覽》三叢爲基幹構建。同時收録大典編纂過程中所涉其他相關資料，未用之版本，書佚目存之書目等，動態推進。

《紹興大典》編纂完成後，應該是一部體系完善、分類合理、全優兼顧、提要鮮明、檢索方便的大型文獻集成，必將成爲地方文獻編纂的新範例，同時助力紹興打造完成「歷史文獻保護名邦」「地方文史研究重鎮」「區域文化轉化高地」三張文化金名片。

《紹興大典》在中共紹興市委、市政府領導下組成編纂工作指導委員會，組織實施並保障大典工程的順利推進，同時組成由紹興市爲主導、國家圖書館和中華書局爲主要骨幹力量、各地專家學者和圖書館人員爲輔助力量的編纂委員會，負責具體的編纂工作。

《紹興大典》編纂委員會

二〇二三年五月

史部編纂説明

紹興自古重視歷史記載，在現存數千種紹興歷史文獻中，史部著作占有極爲重要的位置。因其内容豐富、體裁多樣、官民兼撰的特點，成爲《紹興大典》五大部類之一，而别類專纂，彙簡成編。

按《紹興大典·編纂説明》規定：「以經、史、子、集、叢五部分類的方法，對收録範圍内的文獻，進行開放式收録，分類編輯，影印出版。五部之下，不分子目。」「史部：主要收録紹興地方歷史書籍，重點是府縣志、家史、雜史等三個方面的歷史著作。」

紹興素爲方志之鄉，纂修方志的歷史較爲悠久。據陳橋驛《紹興地方文獻考録》（浙江人民出版社，一九八三年版）統計，僅紹興地區方志類文獻就「多達一百四十餘種，目前尚存近一半」。在最近三十多年中，紹興又發現了不少歷史文獻，堪稱卷帙浩繁。

據《紹興大典》編纂委員會多方調查掌握的信息，府縣之中，既有最早的府志——南宋二志《（嘉泰）會稽志》和《（寶慶）會稽續志》，也有最早的縣志——宋嘉定《剡録》；既有耳熟能詳的《（萬曆）紹興府志》，也有海内孤本《（嘉靖）山陰縣志》；更有寥若晨星的《永樂大典》本《紹興府志》，等等。存世的紹興府縣志，明代纂修並存世的萬曆爲最多，清代纂修並存世的康熙爲最多。

家史資料是地方志的重要補充，紹興地區家史資料豐富，《紹興家譜總目提要》共收録紹興相關家譜資料三千六百七十九條，涉及一百七十七個姓氏。據二〇〇六年《紹興叢書》编委會對上海圖書館藏紹興文獻的調查，上海圖書館館藏的紹興家史譜牒資料有三百多種，據紹興圖書館最近提供的信息，其館藏譜牒資料有二百五十多種，一千三百七十八册。紹興人文薈萃，歷來重視繼承弘揚耕讀傳統，家族中尤以登科進仕者爲榮，每見累世科甲、甲第連雲之家族，如諸暨花亭五桂堂黄氏、山陰狀元坊張氏，等等。家族中每有中式，必進祠堂，祭祖宗，禮神祇，乃至重纂家乘。因此纂修家譜之風頗盛，聯宗聯譜，聲氣相通，呼應相求，以期相將相扶，百世其昌，因此留下了浩如煙海、簡册連编的家史譜牒資料。家史資料入典，將遵循「姓氏求全，譜目求全，譜牒求優」的原則遴選。

雜史部分是紹興歷史文獻中内容最豐富、形式最多樣、撰者最衆多、價值極珍貴的部分。記載的内容無比豐富，撰寫的體裁多種多樣，留存的形式面目各異。其中私修地方史著作，以東漢袁康、吴平所輯的《越絶書》及稍後趙曄的《吴越春秋》最具代表性，是紹興現存最早較爲系統完整的史著。

雜史部分的歷史文獻，有非官修的專業志、地方小志，如《三江所志》《倉帝廟志》《螭陽志》等；有以韻文形式撰寫的如《山居賦》《會稽三賦》等；有碑刻史料如《會稽刻石》《龍瑞宫刻石》等；有詩文游記如《沃洲雜詠》等；有珍貴的檔案史料如《明浙江紹興府諸暨縣魚鱗册》等；有名人日記如《祁忠敏公日記》《越缦堂日記》等；有綜合性的歷史著作如海内外孤本《越中雜識》等；也有鉤沉稽古的如《虞志稽遺》等。既有《救荒全書》《欽定浙江賦役全書》這樣專業的經濟史料，也有《越中八景圖》這樣的圖繪史料等。舉凡經濟、人物、教育、方言風物、名人日記等，應有盡有，不勝枚舉。尤以地理爲著，諸如山川風物、名勝古迹、水利關津、衛所武備、天文医卜等，莫不悉備。

這些歷史文獻，有的是官刻，有的是坊刻，有的是家刻。有特別珍貴的稿本、鈔本、寫本，也有珍稀孤罕首次面世的史料。由於《紹興大典》的編纂出版，這些文獻得以呈現在世人面前，俾世人充分深入地瞭解紹興豐富多彩的歷史文化。受編纂者學識見聞以及客觀條件之限制，難免有疏漏錯訛之處，祈望方家教正。

《紹興大典》編纂委員會

二〇二三年五月

光緒餘姚縣志 二十七卷

〔清〕周炳麟修，〔清〕邵友濂、孫德祖纂

光緒廿五年（一八九九）秋九月刊成

影印説明

《（光緒）餘姚縣志》二十七卷，清周炳麟修，清邵友濂、孫德祖纂，光緒廿五年（一八九九）秋九月刊成。書前有周炳麟、邵友濂序，另有孫德祖所撰凡例。半葉十一行行二十二字，小字雙行同，白口，單魚尾，四周雙邊，有圖。原書版框尺寸高17.3釐米，寬13.2釐米。周炳麟序曰：「姚志之不修，迄今垂百餘年矣。……辛壬之變，全浙淪陷，姚遭蹂躪，尤非一次，欲考昔賢之手澤，故老之遺書，大半亡於兵燹，罕有存者。」自乾隆四十三年（一七七八）修志後，歷嘉慶、道光、咸豐、同治四朝，餘姚再無修志之舉，足見光緒志之可貴。

周炳麟，字敬超，廣東南海人，光緒二年（一八七六）順天鄉試舉人，自光緒十七年至二十二年任餘姚知縣。邵友濂（一八四一—一九〇一），餘姚人，字筱春，初名維埏，晚清重臣。推崇班固《古今人表》之意，强調史志文獻的記録功用與傳承價值。孫德祖（一八四〇—一九〇五），字彦清，會稽人，同治丁卯年（一八六七）舉人，官訓導，著有《寄龕文存》《寄龕詩質》等。

此次影印，以上海圖書館藏本爲底本。另據《中國地方志聯合目録》，國家圖書館、浙江圖書館、天一閣等機構亦有收藏。

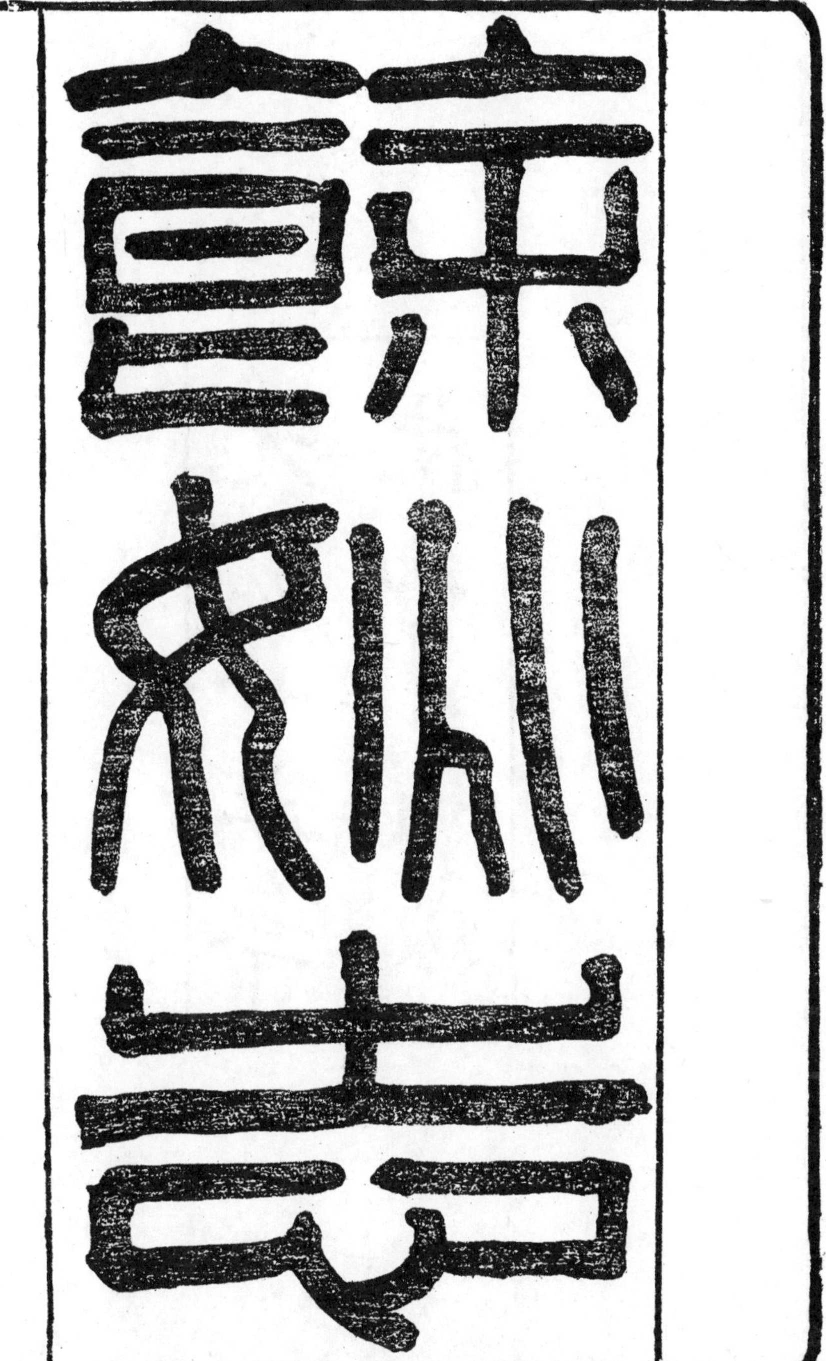
餘姚縣志

光緒廿五年
秋九月刊成

重修餘姚縣志敘

邑於瀕海之區値中外合一之際見聞日異新學繁興譯書畢集於四洲風氣頓更乎疇昔士之有志斯世者莫不目窮荒外隘視九洲設進以攷獻徵文之業拾遺訂墜之功鮮有不笑其迂者而況茲事體大尤非旦夕所能告成者乎夫厭故而喜新者學士之常也畏難而苟安者恆人之習也姚志之不修迄今垂百餘年矣前之作者時際休明俗尚齊一人蓄油素家懷鉛筆徵書既易集事尤速今則不然辛壬之變全浙淪陷姚遭蹂躪尤非一次欲考昔賢之手澤故老之遺書大半亡於兵燹罕有存者嗚呼時勢之異既如彼攷證之難又如此欲後之從事於此者人

齊其心而輸其資士合其力而勤厥事無雜糅之弊無挂漏之譏豈易言哉豈易言哉雖然事無難也無人任之則難事無易也有人任之則易余自辛卯之夏由桃州移篆於此下車伊始披覽舊志俯仰今昔未嘗不慨然有志猥以奔走吏事日不暇給徒呼負負癸巳歲中丞邵公遺書於邑之人士曰邑志係一方之興替其關之經入畛數風化芳臭豈可聽其世遠年久變革湮沒而恝然置之乎願捐鉅款以先之蓋邵中丞以經綸宇宙之才篤恭桑敬梓之誼鄉里善舉知無不爲爲無不力茲固尤其所惓惓者余聞之爲之欽佩無已因相與釐定章程張示曉勸甫經設局適余因事解任去春重涖斯土諸君子濟濟咸集各

展所長余固知秉筆之多才而可以觀成也顧天下事各有際遇非人力所能强余自出宰以來凡地方事無一不以實心自矢然而有濟有不濟俱非偶然竊計前後涖姚已經三次今又將移篆他方而是書適將次告竣不先不後竟得躬逢其盛不得謂非際遇之幸也爰述其略以付手民俾後之覽者有以知其緣起云

光緒丁酉仲夏　　知餘姚縣事南海周炳麟譔

餘姚縣志敘

昔班氏搦古今人表世頗訾之然張晏獨謂其旁觀諸子事業未究矜未嘗輕詆之也嗚呼天地定位而人宅其中川原坱圠華實蕃廡無與焉邑壥隱軫隍塹周遭無當焉卽產饒竹穀纑篪玉石盆無裨焉惟有人而地乃附之以顯故畫邑蕞壤爾而以王蠋著寢邱醜譏爾而以叔敖彰地之賴乎人也不綦重哉所以龍門而下史表充棟攷其表志率儉於篇或竟缺焉而其傳人物也輒占全書太半豈不以山川疆域代有成編風土謠俗早標故記惟人才應運而興或倜儻勝政事或瑰瑋嫻文學或龍幹鳳雛如顏冉或蘭薰雪白如曾史不有紀載何以昭示來茲乎夫

然知作史如是修志亦爾吾邑自東漢嚴先生羊裘垂釣高軌殊邈令人興起迄於前明陽明子出提倡良知振興絕學非徒一代偉人自餘鉅人長德史不絕書

國朝養士最隆故夫砥德礪行之彥政事文學之科具足頡頏曩賢矜式鄉郈咸豐之季雖殘於寇而休養生息垂四十年邑之人士又豈無嘉言懿行足以風世者耶況夫敦尚氣節自昔而然當粵逆蹂躪殉義尤多故載筆者既博采聞人碩彥詳著於篇而一節士女勢難徧傳復特編二錄以存名氏儻亦班氏人表之意歟至增志義舉一門又以見風俗懿茂好德者多夜光照珍積則成海文狐之腋聚斯爲裘否則寥寥數事曷以成章緣是以言知非夸

飾舊志存者有康熙乾隆二志此之所修體例較備雖曰表章人物而本末兼賅詳略相稱頗合於史裁云

光緒己亥孟秋　邑人邵友濂譔

重修餘姚縣志凡例

一重修志乘體兼述作舊志在所必因縣志則省府舊志亦在所必采縣所隸屬府志始自宋施氏宿嘉泰會稽志張氏淏寶慶續志至今未佚最近者　國朝知紹興府事李亨特公之紹興府志成于乾隆五十七年是謂乾隆府志中間有元韓氏性道明弘治弘治嘉靖間戴號南大吉監修未成見乾隆府志敘錄然舊志分注開見弘治府志之日豈稾本曾經流傳歟萬歷蕭良翰監修張元忭孫鑛撰國朝康熙李鐸監修俞卿續修周徐彩譔各志皆未之見省志則有乾隆浙江通志志刱于雍正九年成于十三年以乾隆元年刻成進呈舊志引用稱乾隆通志今從之實以明嘉靖朝薛氏應旂之通志爲藍本薛志今亦無從訪求矣縣志存者知縣事康侯如璉之康

熙志唐侯若瀛之乾隆志並以成書時代爲之目其在明代有萬歷縣志散見乾隆志各條分注先于是者嘉靖朝縣人楊氏撫岑氏原道胡氏膏實始刱之是謂嘉靖志吳氏大本三祠傳輯敘稱嘉靖朝知縣顧公存仁刱立草本金公爵嗣成之尚寶孫公墀重加編輯續之者爲楊公撫等云云案岑氏後敘有姚以文稱志顧缺焉二語同在嘉靖一朝前有成書不容抹撥意者未經刊布旋就散佚但據今所得見不容不推此志爲權輿矣今鄞天一閣范氏有寫本凡四册佚第一册讀卷尾岑氏後敘知佚者建易記第一區域記第二山川記第三之一之二凡四卷自山川記第三之三湖陂爲第五卷終外紀第十七可繕寫蓋唐侯所未見惟乾隆通志嘗引之幸得資之參校于述舊差無餘憾

一輿記圖經隋唐以來史志已多箸錄可攷見者唐李氏吉甫元和郡縣圖志凡四十有七鎮鎮各有圖皆在篇首具見自敘厥後地志遂用其體至于開方鳥道細入豪芒圖繢之學日益精審乾隆志嘉靖志佚第一册圖之有無不可知康熙志本無圖故不數及第具大凡未爲邃密今據同治初縣人黃氏炳㢑手寫縣境全圖參以本省輿圖局本續爲總圖一北城南城臨山衞城三山所城縣署學宮試院圖各一及四境分圖六仍依通例列在卷端非云爭勝前人蓋亦幸際時會

一地志肇于三代尚書禹貢周禮職方是其首基要于方域山川土田貢賦民風物產諸大端薈萃一編足資治

理蓋政書也實惟食貨舊志田賦今仍其目原纂僅舉大綱今依乾隆府志條分縷析較便省覽河渠舊志湖陂今改題水利以及典祀學校事兼富教皆政要也今仍舊志參互攷訂增益其所未備有加詳焉至若戎政則所以經武筦之中樞近雖籌及度支時有裁減由來經制不可無稽今增志兵制別著于篇

一睦婣任卹周官大司徒以教萬民次于孝友良以天下一家民物繁庶必使下無無告則博施濟衆堯舜有病合天時人事勸分以爲酌劑亦隱寓與人爲善之至意也縣自宋孫氏椿年刱立義莊臮于　昭代達官巨室好行其德者肩比踵接其大者上達　宸聰欽承　奎藻次亦具案牘于有司勒成規于貞石而或就湮于變

故見餘于風霜惟箸之志乘則文獻之徵足垂久遠有其舉之可以不廢亦使後之覽者有所觀感鄉風慕誼各以力之所任相賙相助馴至比戶可封蒸成善俗不難矣今增志義舉補前志所未及一舉而備兩善竊有志焉

一史例帝紀之次皆先列各志刪自史記八書班氏以後改題曰志實地志之本體也今始疆域山川迄金石藝文以類相從次表次傳略循史裁表後別增兩錄差有條理至如藝文之志肇自班書及隋書改題經籍乃有二名其爲書目一也近代地志往往並列兩目釐經籍以編箸書分藝文以錄文字乾隆志沿而襲之褱諸名實竊所未安今輯

先正譔箸謹依時代編排目錄定爲藝文從其先見標題凡記敘題詠篇有媾屬則搴華擷藻分隸各類或不至以叚借總襍爲嫌

一述先賢傳每事必注所引之書昉自宋高氏似孫剡錄及 國朝浙江通志即乾隆通志全書一律標列出典近事亦具書所據明其有徵體例最爲縝密今並從之其有一傳始末別見名家銘志佗書傳紀詞有詳畧之不齊蹟或見聞之互異唐劉氏知幾所謂除繁則意有所恡畢載則言有所妨語在史通補注正文旁注相輔而行亦變例之不詭於正者也今自漢嚴徵君光吳董將軍襲虞功曹翻三傳外依史傳具錄原注以下有類此者仍用其

例兼收并采細書夾注以資攷證亦有傳文聯綴諸書為省繁複則注某書參某書以明之必于信使可復續纂各傳時代較近大半未經作者敘闡事蹟得之采訪亦必協于輿論不敢不慎之又慎

一志傳人物論者謂濫觴于宋樂氏史太平寰宇記實則晉常氏璩華陽國志有先賢氏女讚論有後賢志蚤開其先及鄭氏樵放梁武通史而作通志删錄前史紀傳居然正志之名具史之體自茲以往雖偏隅圖錄大抵裁製因之要其職志貴于表敭曩懿風示後來俾乎家諜之譏妄謂訾之太過惟是品藻前徽分題標目藉曰沿源正史或失則僭抑方人之賢聖門達士猶難言之

必謂品題位置至當不易殆未然也乾隆志近舍康熙分名臣理學忠節文苑隱逸孝義遠符嘉靖統以列傳致爲可法至如一伎有嫥門之名二氏實游方之外例諸名流戾止生不同方别爲方伎方外寓賢三者各從其類當亦通人所許

一忠義節孝並有嫥祠欽奉　諭旨旌表則一律題名栗主列在祀典縣自明季孫熊諸公唱義于鄉士庶益敦志節流風未沫以迄于今比丁赭寇之難或荷戈以殉社或結纓而就義幾于十步之內必有芳艸至若土風之淑尤崇婦節雖在蔀屋蓽檐尠不飲仌茹檗迨至辛王浩劫縻軀豺虎誓葆堅貞巾幗鬚眉鱗次櫛比凡事

蹟簡略製傳未易成篇者放常氏璩三州士女目錄作忠義姓名列女姓氏兩錄并捃各姓依官韵編次列女仍分編節孝貞烈四目用便披尋是皆宜沐　褒榮神馨祠祀千秋俎豆百世芬芳長留碧血之痕可擷皮金之字惟是孤忠介節延訪深愳勿周闡幽表微補闕期之來者不能無厚望也

一古近志乘汗牛充棟就及見者攬其體要有繁簡之不同或醅疵之互見要之重修之視刱始奚啻事半功倍今繕寫嘉靖宜有前敘在第一冊佚中不可得見僅見岑氏後敘萬歷志佚敘采自乾隆志康熙乾隆四志原敘彙爲一卷用殿全書藉存往蹟有如吳氏大本三祠傳輯今志蒐采爲多其自敘頗于乾

隆志有所匡正亦从其類箸錄凡以明繼起之有功見憑藉之有自別有張氏義年分類小敘若干首蓋有志修訂而未及成書文具所箸暾麓集世多有不備載竊謂自來箸作詞簡則易底精純文繁則難言粹美志其尤也康（德涵名海箸武功志三卷）韓（汝慶名邦蹟箸朝邑志二卷）芳軌往轍既不可得循今且書成眾手積之累寸必無牴牾斯未能信百密一疏賢者不免攷訂以裒一是蓋亦後起之責吹求輕詆以炫己長文人積習所不敢蹈閒有筦闚一得待質通人頗繫小案分隸各類後之視今亦猶今之視昔裒遺訂墜願爲先悊之功臣糾繆繩愆請俟方來之諍友

會稽孫德祖撰

餘姚縣志

總目

餘姚縣志傳目

名宦

三國吳

朱然

朱桓

呂岱

晉

山遐

孫統

宋

張汞

梁

劉杳

沈瑀

唐

王恕

宋

謝景初

韓宗道

李子筠

陳宋輔

汪思温

脫脫

李恭子樞

宇文公諒

汪文璟

郭文煜 盧夢臣

傅常

劉輝

葉恆

桂德稱

陶安

謝理

張弘宜

賈宗錫

周　霖

劉希賢

張　瓚

朱　豹

耶養浩

楚　書

顧存仁僉部

葉　金

李　忠

李時成

黄墀

馬應龍

丁懋遜

陳勖

葉煒

馬從龍　江起鵬

楊元臣

董羽宸

梁佳植

袁定

館分縣志

張　松

陳九霄

唐若瀛

吴高增

定　育　石同福　崔之煒

張吉安

夏　淮

鹿嗣宗

洪錫光　譚爲霖

陳　益

陶雲升　李遇春　李寶森

列傳一

漢

嚴光

黃昌

虞國 從曾孫歆

駟勳

董昆

三國吳

董襲

虞翻 子汜 忠 聳 昺 ○高祖光 曾祖成 祖鳳 父歆 伍隆 王岐並附見注

虞俊

虞授 子基 孫球

晉

虞潭 子仡

虞騤 子谷

虞喜 父察

虞預

列傳二

南齊

虞愿 祖賚 父望之

虞悰 祖嘯父 父秀之

虞玩之 祖宗 父玫

隋

虞綽 父孝曾

虞熙 弟柔 晦 虞伋

唐

虞世南 子昶

虞九皐 父當

五代 吳越

顧全武

鮑君福 子修讓

余世鳳

宋

趙善譽父不倚

孫介父子充　嗣父子全　伯父子昇　兄疇

子應求　應符　孫祖祐

莫叔光子子偉

李必達父唐卿　嗣父唐輔　子師尹　師說

莫及子叔廣

胡拱

胡撙子衞　衍

胡文卿

應洙父衮

孫洋子光祖

王永富

列傳五

趙彥慽 孫時塈

孫椿年 父述 子之宏 之亮 之望 之穎 孫林 象先

毛遇順

楊瑾 父晞正 弟瑺

孫子秀

孫嘉

岑全 弟林 子珍 孫應龍以下入元 翔龍

孫嶸叟 父林

孫炳炎

唐震 兄椿

何林

列傳六

元

岑安卿 宋遺民高師魯 李天錫並附見注

岑艮卿

胡元之

石明三

黄義貞

胡忠子秉義

聞人煥

鄭彝

黄𪋽

李世昌

列傳七

明

王綱子彥達 孫與準○父士元 弟秉常 敬常並見注

宋僖子邦乂 邦哲 孫虞生

胡惟彥從子伯順

車誠

黃鈺祖雷

徐士涓

錢伯英

胡季本

趙宜生

王至

許泰

劉季篪

馮本清

柴廣敬

李貴昌 父純卿 孫居義

黄　墀 陳子方

景　星

陳叔剛 父哲 孫謨

宋　緒 仲父孟徵 趙膚迪 朱德茂 張廷玉

邵公陽 子懷瑞

李應吉

虞　鎬

邵晰

成器

周亶

戚瀾

滑浩

黃璽兄伯震

陳嘉猷

毛吉子科

魏瀚

沈慶

黃伯川

列傳八
明

聞人珇

王華 弟袞○僕金養附見注

黃珣 祖文 父廉

徐諫 從父天錫

陳雍 曾孫三省 四世孫治本 治則

邵蕃 子時健 時順 時宜 孫漳

王恩

胡櫄

黃濟之

袁寶

朱宗藐 曾孫孔禮 來孫日旭 七世孫元鎮 元鉦 元錡

列傳九

明

徐愛

錢德洪鄭寅 吳仁並附見注　子應樂○從子大經　應揚

管州

徐珊父雲鳳見注

孫應奎子汝賓

夏淳父釜

范引年

柴鳳

聞人詮兄誾

黃驥

胡瀚

列傳十
明

姜　榮

徐天澤

宋　冕孫岳

胡東皋

胡　鐸

倪宗正父樸庵

謝　丕

諸用明子階　陽

黃嘉會

顧　蘭

楊　節

管　浩　父欽　元孫文榮　國祚

夏子明

羅季斌　父大臨　兄孟斌

張　槐　子燧　之林　耀　孫釜　曾孫治績　元孫之栻

俞　瀾

張　逵

邵　煉　弟睢

楊　撫　胡膏　岑原道

史立模　子自上　孫元熙

魏有本

沈堯孚

列傳十一

明

趙　塤

周如砥　子思齊

丁克卿

陳　塏

呂　本　父改

邵時敏

韓應龍　弟應奎　韓明

諸　燮　張元

盧　璘

邵　基　子桯　孫應禕　曾孫承宗

夏惟寧

胡翌

俞介

趙錦

胡安 兄完

邵稷

楊山

符元亮

翁時器

周如斗 子思兗 周思宸

張孔修

黃尚質

列傳十二

明

孫鋌

陸一鵬 從子夢熊

張應奎 祖敏 子國化

陳覲

夏道南

張岳

楊世華 父大綱 兄世芳

駱尚志 史華甫 葉道元 婁師可

蔣澤

陳有年

諸察

徐子期友仁

陳艮金孫冊區　曾孫彰　元孫宏謨

聞人炳子陞

鄒名祖瑞　父彥

鄒學柱子光紳

鄒墀祖鵠

孫鋕

管應鳳

邵陛邵型

張堯年先世惟一　祖遷　父啟元

姜聯錦

列傳十三

明

餘姚縣〔志〕

史記勳 八世祖孟通 祖鴆 父銓 季父錮

楊文煥 子培

姜鏡

陸鎮默

胡時麟

孫如法 子有聞

諸元道

吳道光

楊宏科

孫繼有

張集義

戴王言 父晟

汪秉 子樹敏 樹政

邵元凱 子秉節

諸允修

陳謨 子士嶽

錢中選

姜效乾 子天棟 孫之琦

蘇萬傑

胡一鴻

張孔教

姜逢元 子大樞

王業浩高祖守文　父先鋐

孫如洵

姜　鏜父子貞

褚伯五

黄尊素

姜一洪子天植

姜道元子廷棵

施邦曜曾時昇

葉憲祖孫旦

方文烱

鄭希聖子夢坤

館娛縣元

史萬金　子一成

列傳十四

明

阮應辰

張廷賓　兄廷宰　子烱曙

徐重明　從弟進明

胡毓元

陸日焜

徐錦徵

鄭光昌

于重華

程法孔
王貽杰
王業洵
管宗聖弟宗賢
王先鐸曾孫守儉　李大成
王先通子業泰
姚成子逢元　徐懷川
陳閨
黄光志
邵之詹
熊如霖俞之良　姜國臣　胡陞　趙之堅錢振宗並見注

孫嘉績 子延齡 孫訥並見注

陳孔言 族人毓則

鄭遵謙 父之尹 弟遵儉

陳相才

王翊 弟翃 褚九如 沈調倫 鄒小南 毛明山 孫悅 石必正 明知

陳國寶

王江

邵一梓 兄一柱 弟一槐 一樟 一棟

沈之泰

徐奈

胡國培

列傳十五
國朝

黃宗炎子百穀

黃宗會

翁月乾弟月節　子年奕

李安世弟盛世

張應暚

沈國謨

史孝咸兄孝晉　孝蒙　弟孝復　子起曾　孝晉子起涑

蘇元璞鄭錫元　邵曾可　史標

邵元長

邵以貫兄以發　陳從之

陳天恕朱堯霑

蘇和鶱 子滋忭

邵廷寀

姜希轍

趙一桂

俞聞夫 祖節 父國器 子嶙

孫籍滋 弟藉沆

鄔景從

周勝驥

張之彬

邵蘖槐

陳祖法

徐培明

徐景范

蔣茂沆

袁繼善 父咸孚

徐　沁

景王祐 子輝

高　華

孫文光

陳　元

勞　史 子廷鉞

汪　鑒

餘姚縣志

馬咸允

鄭世元

楊在魁

翁運標父瀛　兄運槐

陸獻猷

徐　堂

邵昂霄從子是楙

孫德浩

高　遴

洪　濤子楙

蔣德謙

列傳十六

黃巘

邵陞陛 子玢

黃璋

孫惟龍

諸重光 子開泉

毛師灝

張廷栻

戴求仁

邵晉涵

徐以垣

張羲年 孫福厚 曾孫集禧

餘姚縣志

岑振祖 曾孫應麐

楊紹裘 子懷餘 慶餘

朱文治 子森

胡梯青 父海龍 子誠

鄭學湖 兄學海 子樹雲

張廷枚

徐境

鄔宗山

葉燮 其逵 曾祖祖山 祖國蘅 父澄 子焌 孫墀

韓如山

翁忠綸 徐安行

吳大本

羅咸和

胡清江 父金城

楊立功 子晉 觀治

沈煜

高步瀛 孫元照 高曾 曾子爾釪

葉煒 弟煦 燦

諸豫宗 父如綬

陳塏

吳麟書 子晉

謝祖銓

餘姚縣元

朱　薊　子朗然　衍緒

邵　燦

張嗣康

景銓之

周白山

馬　斌　僕陳升　林方

蔣元瑞　祖珣

蔣仁瑞　弟慶瑞

張文翰

謝　敞

呂受豫　李立夫

胡日曜 羅焯 孫熙鴻 龔緯三 胡賡颺 張橋 張槐 黄式度 潘清勳 董思飛

朱金卿 族弟銘

邵曰濂

楊文江

謝腹樹

袁慎正

胡仁期 胡莊構

施啟瑞

孫岳森

徐辰

葉和聲

寓賢

齊

杜京產

孔祐

唐

謝遺塵

孫郃

宋

程迥子絢　孫仲熊

王僎

陸㝔

孫因

蔣士銓

國朝

孫　譓

宗稷辰

汪　鉦

列女傳目録

列女傳一

梁

文宣太后

明

孝端顯皇后

列女

高公亮妻戴氏

李友直妻史氏

莫友妻葉氏

岑嶽妻王氏

胡辛一妻萬氏

茹瑗妻倪氏茹瑩

元

王文榮妻張氏冢孫伯純婦張氏

張義婦

姚孝女

韓孚妻黃氏

明

邵宏學妻汪氏

王氏二節 紳妻范氏 綺妻鄒氏

史錦妻楊氏

顧氏二節 蕙妻高氏 蓝妻黄氏

胡鎧妻謝氏

黄忠妻周氏

吴天祚妻馮氏

毛暕妻潘氏

胡悦之妻黄氏

滑志能妻汪氏

楊芸妻薛氏

姜榮妾竇氏
謝遷妻徐氏
謝選妻陸氏
胡宗廣妻何氏
徐文元妻章氏
王氏二節 爚妻陸氏 炡妻陳氏
諸仕俊妻舒氏
聞人才繼妻黃氏
諸永言妻鄭氏
吳江妻李氏
滑鳳妻陳氏

莫潤妻沈氏任烈婦　葉烈婦　胡東昇妻魏氏
岑武治妾郝氏

孫燧妻楊氏

孫陞繼妻楊氏

胡東皐妻孫氏陳氏

鄭五常聘妻熊氏

謝麖妻馮氏

史茂妻谷氏

徐逐妻祝氏

徐選妻張氏

王忠妻陳氏

張椿十七妻陳氏

丁時妻孔氏

王棋妻朱氏

唐景禹妻徐氏

陳孟愷繼妻傅氏

潘秉彝妻徐氏

諸暲繼妻蔡氏

邵岱妻陳氏

翁璧妻錢氏

陳克華妻楊氏

諸璧妻李氏

陳氏二節 有智妻李氏 有容妻姚氏

黄尊素妻姚氏

胡必宇妻孫氏

勞世臣聘妻熊氏

謝甲妻吕氏

施錫齡妻盧氏

謝尌生妻施氏

施伯善妻徐氏　施伯進妻章氏

胡旻妻陳氏

朱文魁妻徐氏

朱廷標妻張氏

謝起龍祖母王氏

李開國母某氏

姚成妻袁氏

鄒光繩妻葉氏

鄒光紀母郁氏

孫德光妻魯氏次女二婢

邵洪化妻翁氏

施良必妻吳氏

史可憲聘妻鄭氏

陳武妻杜氏

汪恆道妻王氏

勞士毅妻鄭氏

列女傳二

國朝

黃宗羲妻葉氏

黃宗轅妻宋氏

姚某妻馬氏

孫十洲妻陳氏 俞女

黃鏞妻汪氏 黃聖質妻姚氏 黃文備女

方啟善妻張氏

姜廷梧妻祁氏 張沐妻潘本蓮 鄒侯周妻陳氏 陳元亥唐在東

胡霞城妻岑氏

邵曾可妻孫氏

孫光棨母邵氏

管義妻鄭氏
沈湑如妻陳氏
謝兼才妻傅氏
邵煊妻朱氏
翁成德妻葉氏
茅貞女
任朝縉妻史氏
徐錦晉妻許氏
徐廷猷妻邵氏
朱時昌妻樓氏
沈景怡妻劉氏

蔣煜妻童氏

邵炳妻張氏

勞廷栻妻童氏

鄔仲張繼妻邵氏

何卓美妻汪氏

孫進思妻王氏

孫文英妻虞氏

邵昶妻徐氏

黃述榮妻叟氏

魏氏二節　元達妻謝氏　子大猷妻徐氏

施肇周聘妻王氏

孫大心聘妻葉氏
任肅楠妻葉氏任二姑
陳相文妻陸氏
高錫位妻陳氏
胡溟鵬妻龔氏子文祥妻董氏
費體忠妻樓氏
陳維宰聘妻胡氏
陳相廷聘妻聞人氏
呂秀姑
周尚賢聘妻景氏
諸九思妻謝氏

楊甲三妻王氏

陳欣邑妻諸氏

楊孝女義

徐貞女瑚

徐景榮妻章氏

徐道光妻馮氏

沈庚妻何氏

何某妻汪氏

謝爾超繼妻諸氏

戚文佩妻王氏

陳協仁妻呂氏

宋寧宇妻周氏
洪載虞繼妻金氏
洪維銑妻黄氏
張杏濱妻魯氏
邵甘白繼妻施氏
洪維鏕繼妻倪氏 一女
伍焄妻洪氏
葉澄妻徐氏
陳境妻徐氏
魯士忠妻徐氏
沈詩盛繼妻朱氏

施昂青妻黄氏

童順則妻朱氏

胡貞女

王烈婦

胡殿昌妻施氏

胡炯妻徐氏

趙繼宗妻楊氏

勞渭川妻王氏

胡炎妻樓氏

史上哲妻黄氏

岑瑞封妻余氏

愛玉

胡愼妻華氏

馮子勤繼妻諸氏

胡傳先妻施氏

史三和妻潘氏

史義春妻章氏

鄭玉意

楊理聘妻王英兒

方鳳姑 史香姑

邵七姑

史元春妻袁氏

張元震妾陳氏 徐邦寧妻孫氏 蔣錦文妻施氏
王本誠妻謝氏 葉蘭芬女十一
楊清盛聘妻施氏
呂素玉
沈運行女四姑
胡錫齡妾王氏
沈擎珠
顧烈女
黃聖範妻魏氏
陳烈女冬梅
黃天錫妻張氏
姜清涵妻史氏
施鴻世聘妻徐如意
胡溫姑

趙春明妻胡氏 韓壽椿妻陳氏

馬烈女

方伎

晉

伍振

王敬伯

宋

錢祐

唐

虞纂

宋

黃翊

毛世濟

邵節

姚沾

聞人詮

國朝

徐蘭

岑乾 邵甲

管可戚

孫西河

楊日東

樓　鎮

姜廷幹

經　綸

鄔希文

楊建泰

張　業

鄒上驤

景　山子福

史義本

方外

周

梁

明慶

唐

王可交

章全素

俞叟

許碏

靈

徐仙姑

五代吳越

行修

行持

宋

吳眞陽

謝寶

志遠

呂處仁

毛永貞 薛毅夫

元

與恭 鄒盛

普容

宏濟

白虛

明

自悅

如玘

如臯

宗林

許極

彌永

智遠

正嵓

等安

會稽縣志

餘姚縣志圖

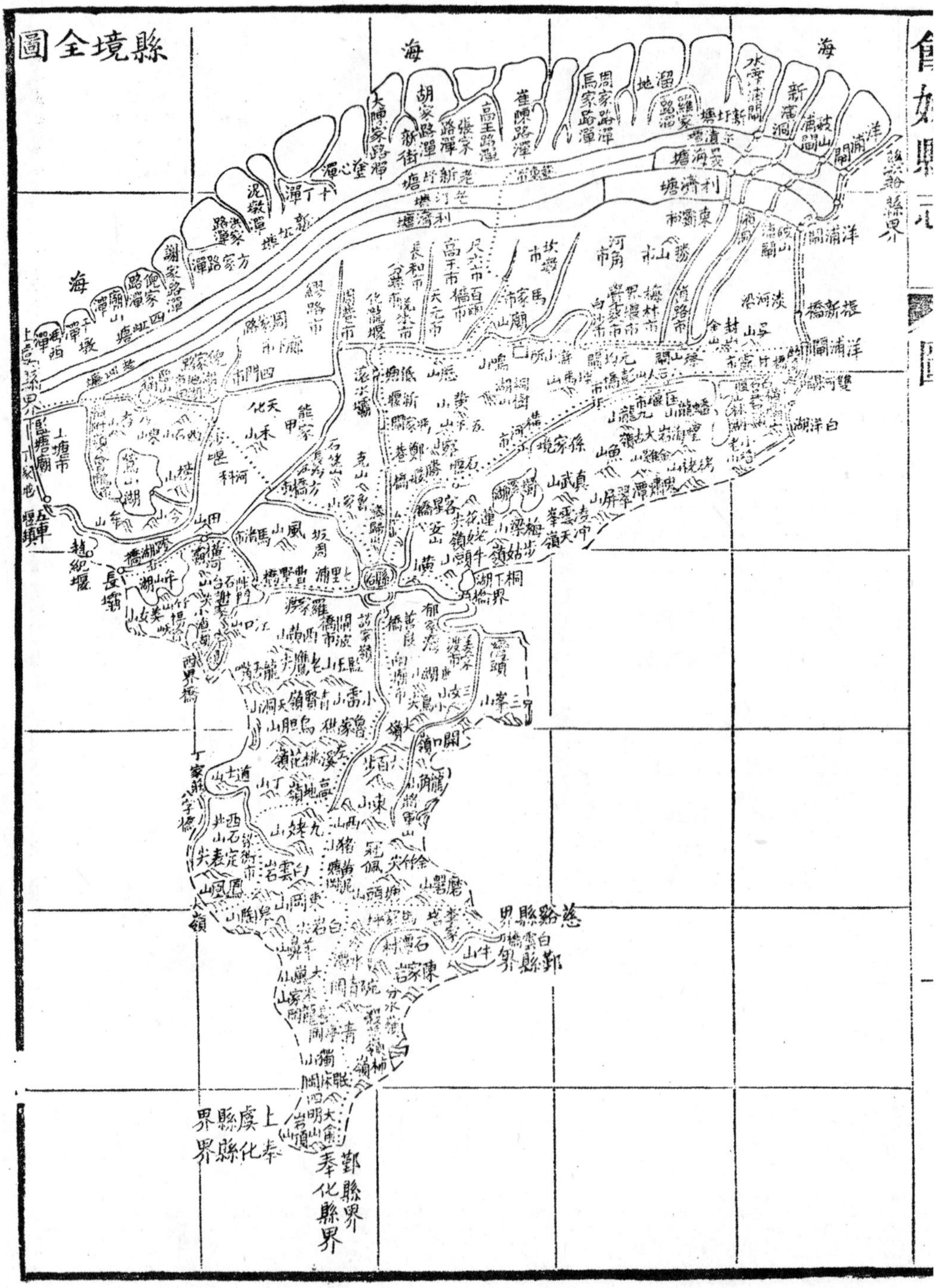

縣境全圖

分圖品式

二	一
四	三
五	
六	

縣境分圖一

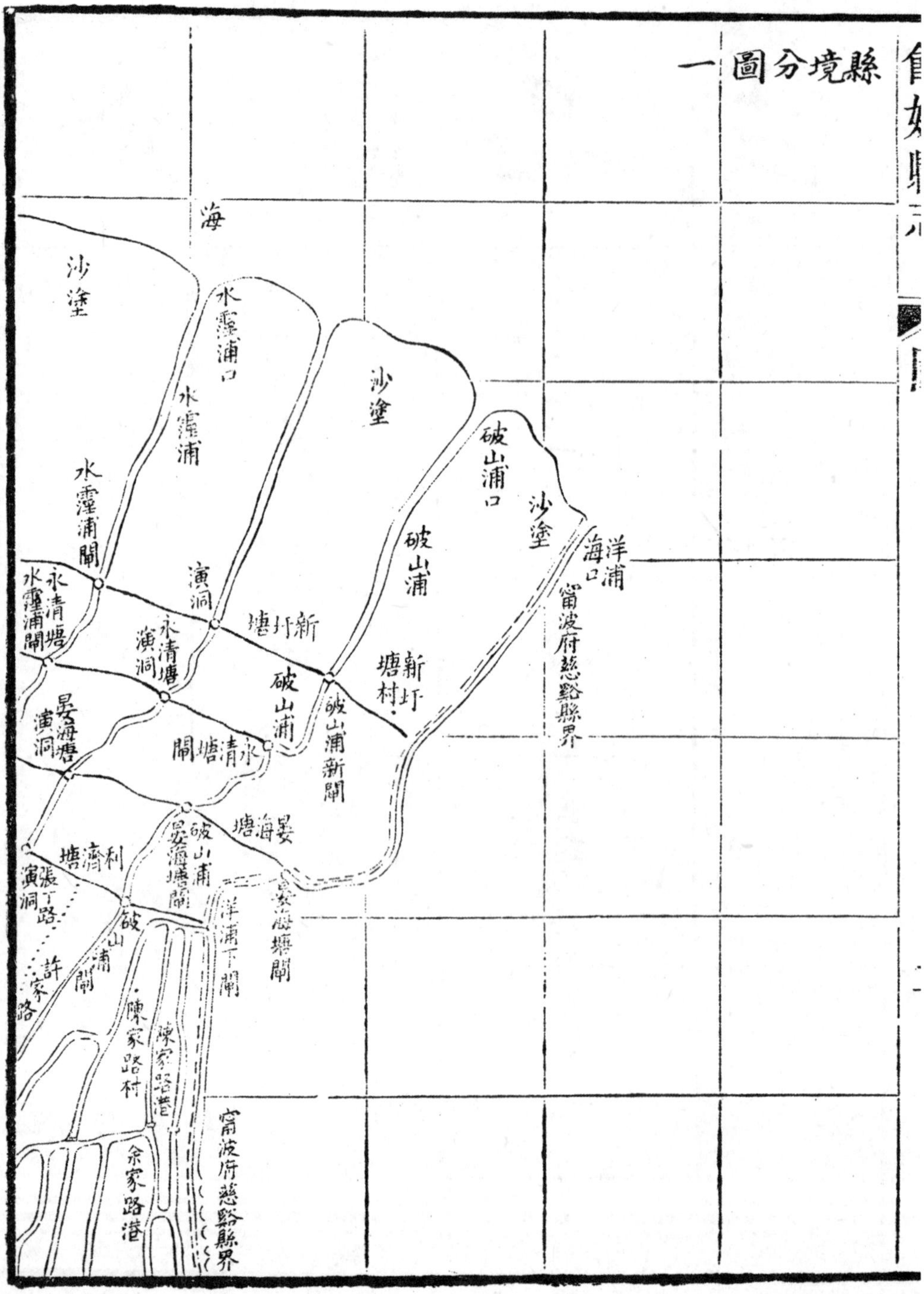

海
沙塗
水霪浦口
水霪浦
水霪浦閘
沙塗
破山浦口
沙塗
破山浦
洋浦海口
甯波府慈谿縣界
水霪浦閘
永清塘
演洞
新圩塘
永清塘
演洞
破山浦
新圩塘村
晏海塘
演洞
閘塘清永
破山浦新閘
晏海塘
利濟塘
張丁路
演洞
破山浦
晏海塘閘
洋浦下閘
晏海塘閘
破山浦閘
許家路
陳家路村
陳家路港
余家路港
甯波府慈谿縣界

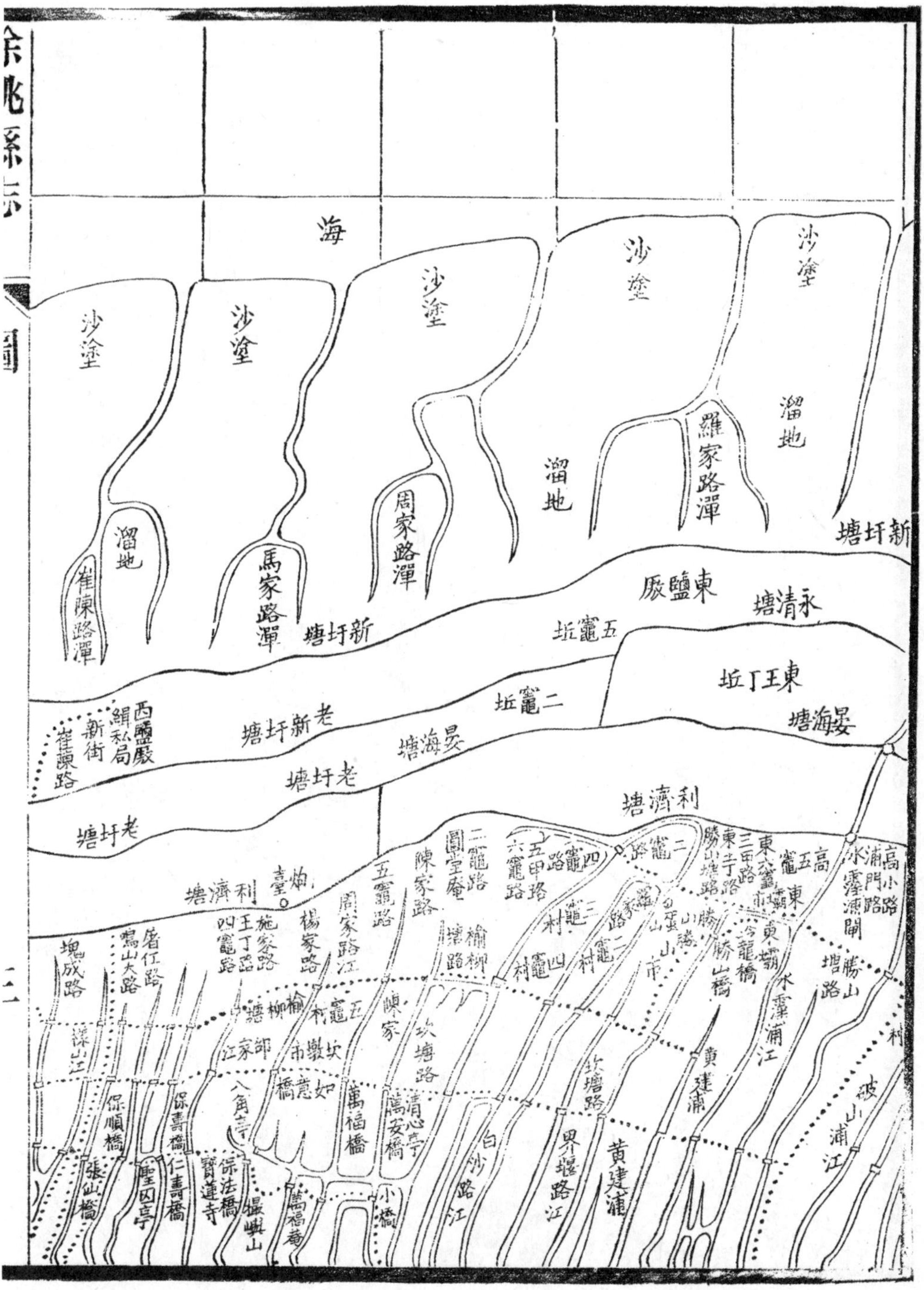

海
沙塗
沙塗
沙塗
沙塗
沙塗
溜地
溜地
溜地
崔陳路潭
馬家路潭
周家路潭
羅家路潭
新圩塘
新圩塘
東鹽廠
永清塘
五竈坵
東王丁坵
二竈坵
晏海塘
晏海塘
老新圩塘
西鹽廠
緝私局
新街
崔陳路
老圩塘
老圩塘
利濟塘
利濟塘
烽堠臺
五竈路
陳家路
周家路江
楊家路
施家路
王丁路
四竈路
屠仕路
鳴山大路
塊成路
榆柳塘
五竈村
江家部
坎墩市
如意橋
八角亭
保順橋
保壽橋
張山橋
仁壽橋
寶蓮寺
萬福橋
萬安橋
清心亭
坎塘路
白沙路江
界堰路江
黃建浦
東建浦
勝山橋
龍橋
水霪浦江
勝山塘路
滸山市
高五竈
高小路
水門路
霪浦閘
破山浦江

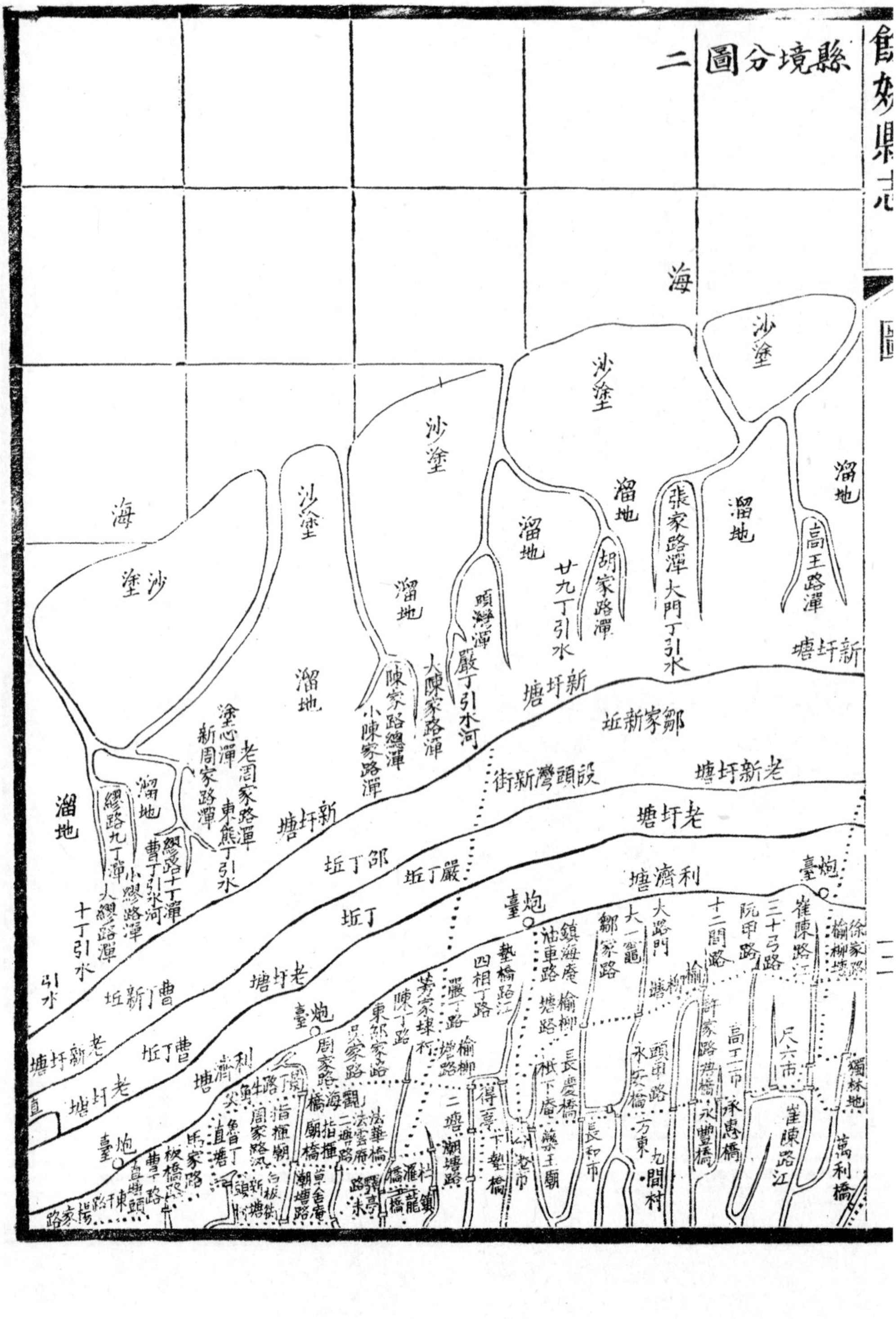

餘姚縣志

縣境分圖二

海
沙塗
沙塗
沙塗
沙塗
海
沙塗
溜地
溜地
溜地
溜地
溜地
溜地
溜地
高王路潭
張家路潭
大門丁引水
胡家路潭
廿九丁引水
頭灣潭
嚴丁引水河
大陳家路潭
陳家路總潭
小陳家路潭
老周家路潭
東熊丁引水
塗心潭
新周家路潭
繆路十丁潭
曹丁引水河
小繆路潭
繆路九丁潭
大繆路潭
十丁引水
引水
新圩塘
新圩塘
新圩塘
鄒家新坵
設頭灣新街
老新圩塘
老圩塘
利濟塘
嚴丁坵
部丁坵
丁坵
礮臺
礮臺
礮臺
礮臺
老圩塘
曹丁新坵
老新圩塘
曹丁坵
老圩塘
利濟塘
崔陳路江
三十弓路
阮甲路
十二間路
大路門
大一竈
鄒家路
鎮海庵
袖東路
四相丁路
塾橋路江
徐家路
榆柳塘
許家路
高丁二市
尺六市
獨林地
崔陳路江
萬利橋
永豐橋
承惠橋
九間村
方東
永安橋
頭甲路
長和市
藥王廟
長慶橋
枇下庵
老市
塾橋
潮塘路
二塘
榆柳塘路
陳丁路
東郎家路
周家路
觀海路
指揮廟
指揮橋
周家路
二塘路
法華橋
鎮龍橋
滙橋
馬家路
曹丁路
直塘頭
東千路
楊家路

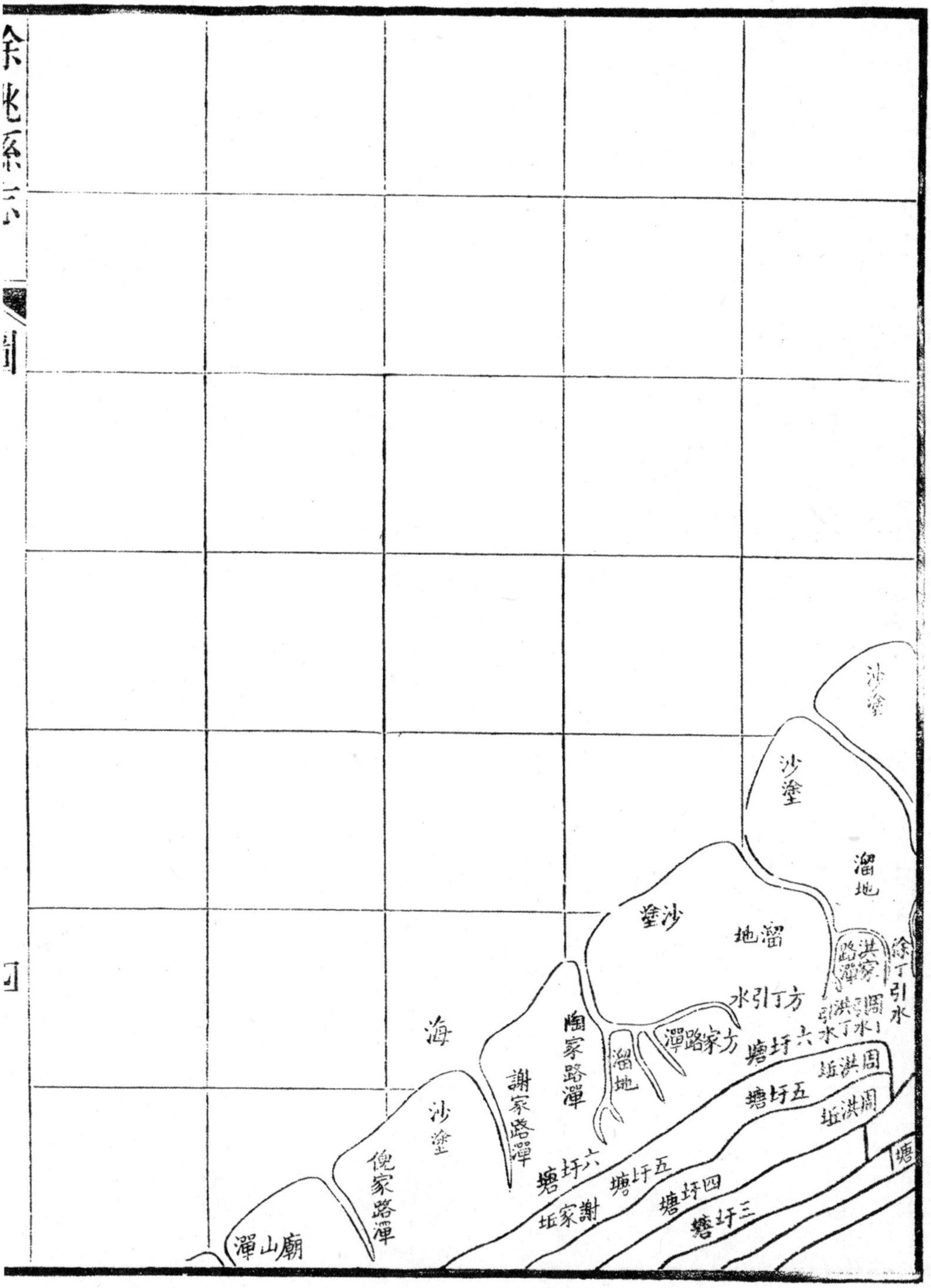

海

沙塗

沙塗

沙塗

沙塗

溜地

溜地

溜地

洪家路潭

徐丁引水

周洪丁引水

方丁引水

方家路潭

陶家路潭

謝家路潭

倪家路潭

廟山潭

六圩塘

周洪坵

五圩塘

周洪坵

塘

六圩塘

五圩塘

謝家坵

四圩塘

三圩塘

縣境分圖三

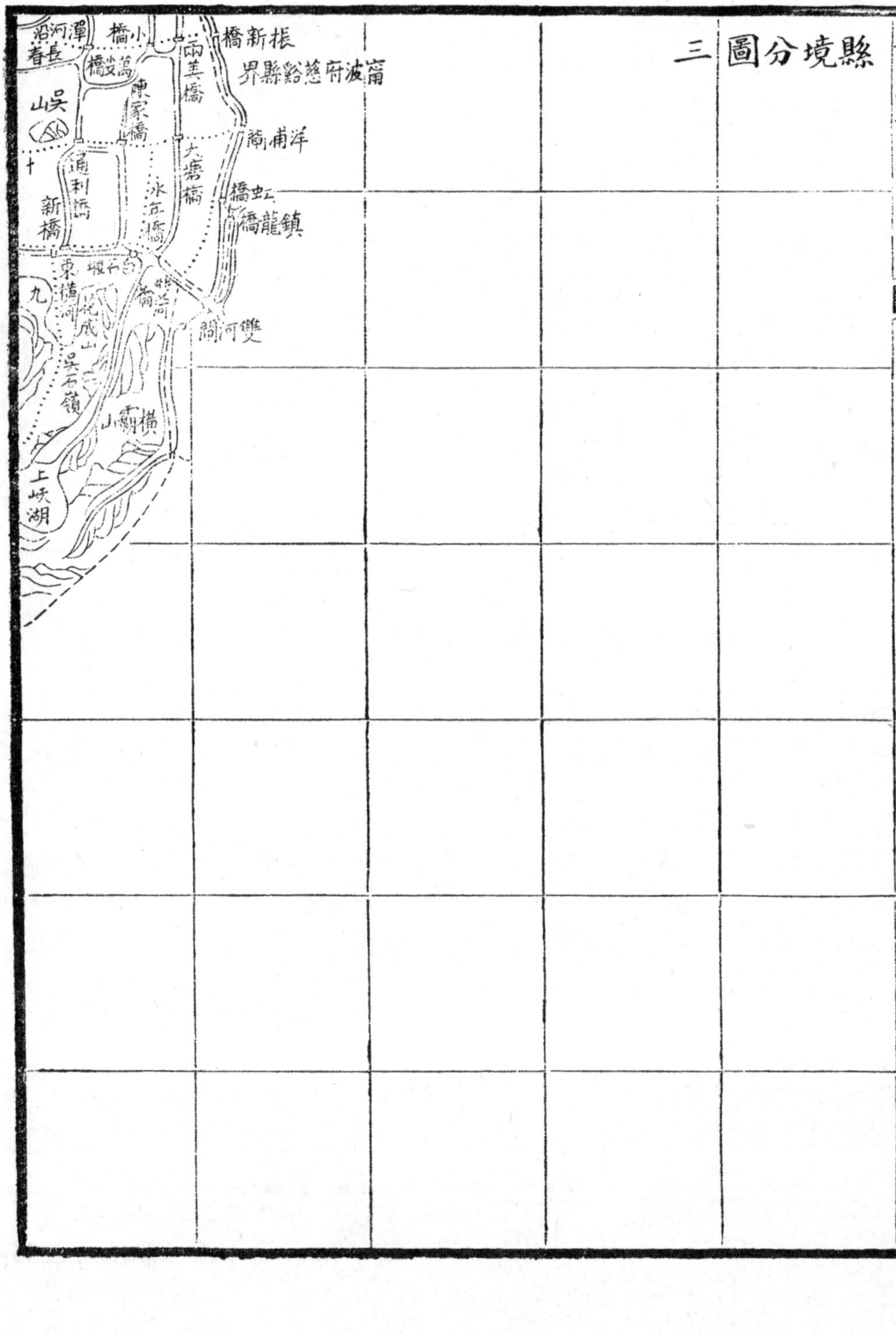

餘姚縣志　圖

寧波府慈谿縣界
雄鷲頭山
白石尖山
鏡台峯
護國庵
翠屏山
打倒坪山
方家岡
蘇郎岡
騎踏嶺
虎頭岡
施家山
澄溪嶺
楊家山
梅梁山
象鼻山
石匱山
梅嶺
燭溪湖
燭溪航渡橋
孤山
湖門橋
橫河堰
小洋山
七星橋
孫家境
繆家村
埋馬橋
埋馬市
羅墅港
大洋山
龍舌山
鯉子湖
寺山
彭橋
彭橋市
張峧
永安橋
沈附嶺
九龍山
夢橋山
劉峧
繆家山
牛山
下時嶺
大古嶺
魚山
包山
小古嶺
毛家尖
遊源山
小山
紗帽山
航渡山
遊涇港
遊涇橋
石人橋
石人山
長洋山
蔡峧山
包峧
趙時山
伍家板橋
望海巖
石炉山
妙山
瀑布嶺
叙淳山
金雞山
東峧村
上灘
下灘
蟠龍山
上林湖
石匱山
大廟嶺
湖閘
江山
甘露橋
封山
王家埭市
大古塘路
妙家山
炮台山
古新橋
破山
金山
上林汀
匡堰橋
匡堰市
大塘江
文武殿巷
華文武殿
界堰橋
界堰市
元均閘
萬全閘
萬全橋
孫家橋
東門市
金山
如意橋
大古塘路
三碰橋
廟山橋
光明亭
孫家塘頭
萬全亭
上四竈村
四成橋
河角市
保壽庵
下降橋
下高村
上高村
梅林市
大浦橋
水霪浦市
道路市
福安橋
大塘橋
蔡山閘
十八洞橋
永安橋
小橋
五豐橋
徐家塔江

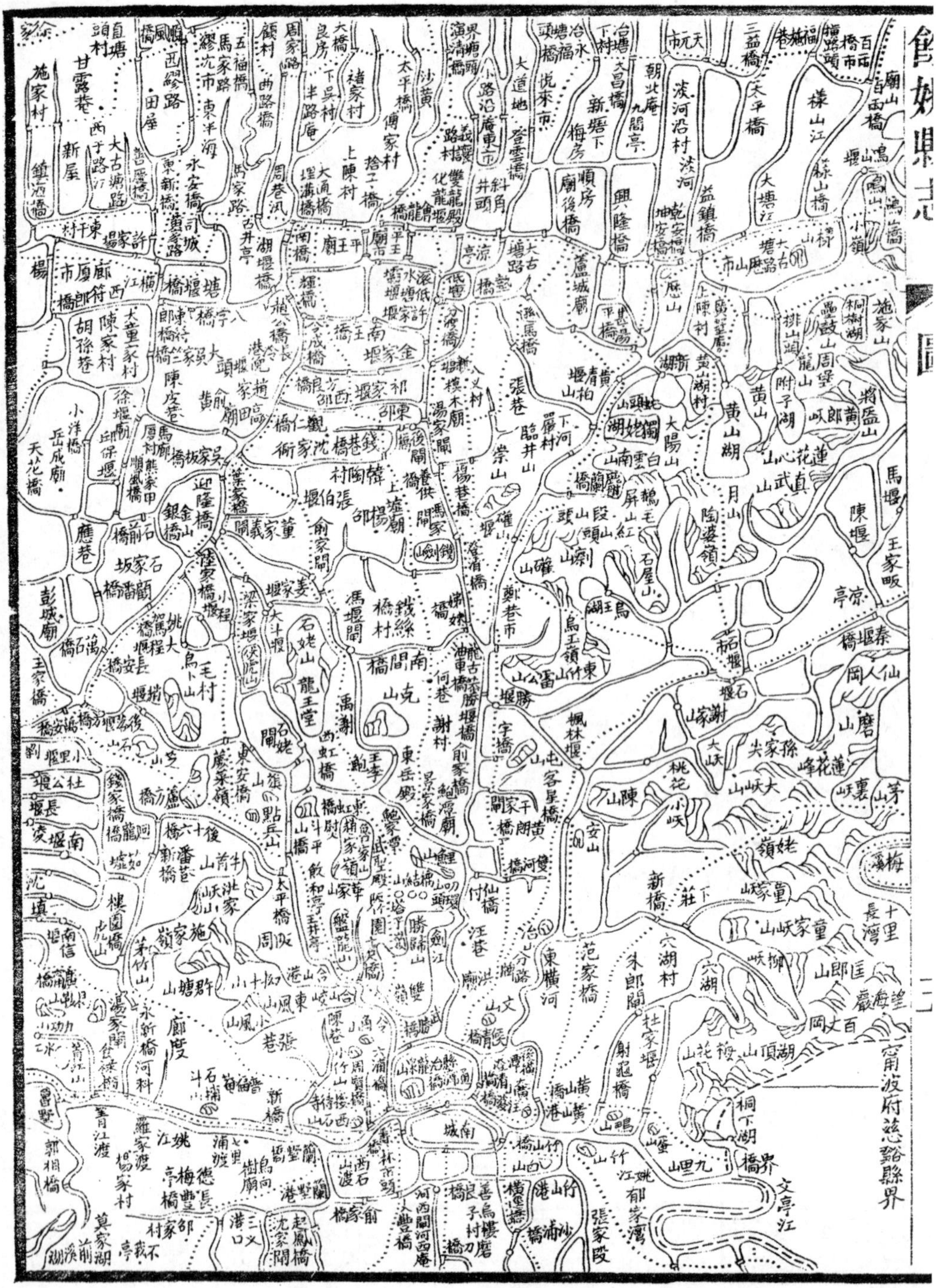

餘姚縣志 圖 二

寧波府慈谿縣界

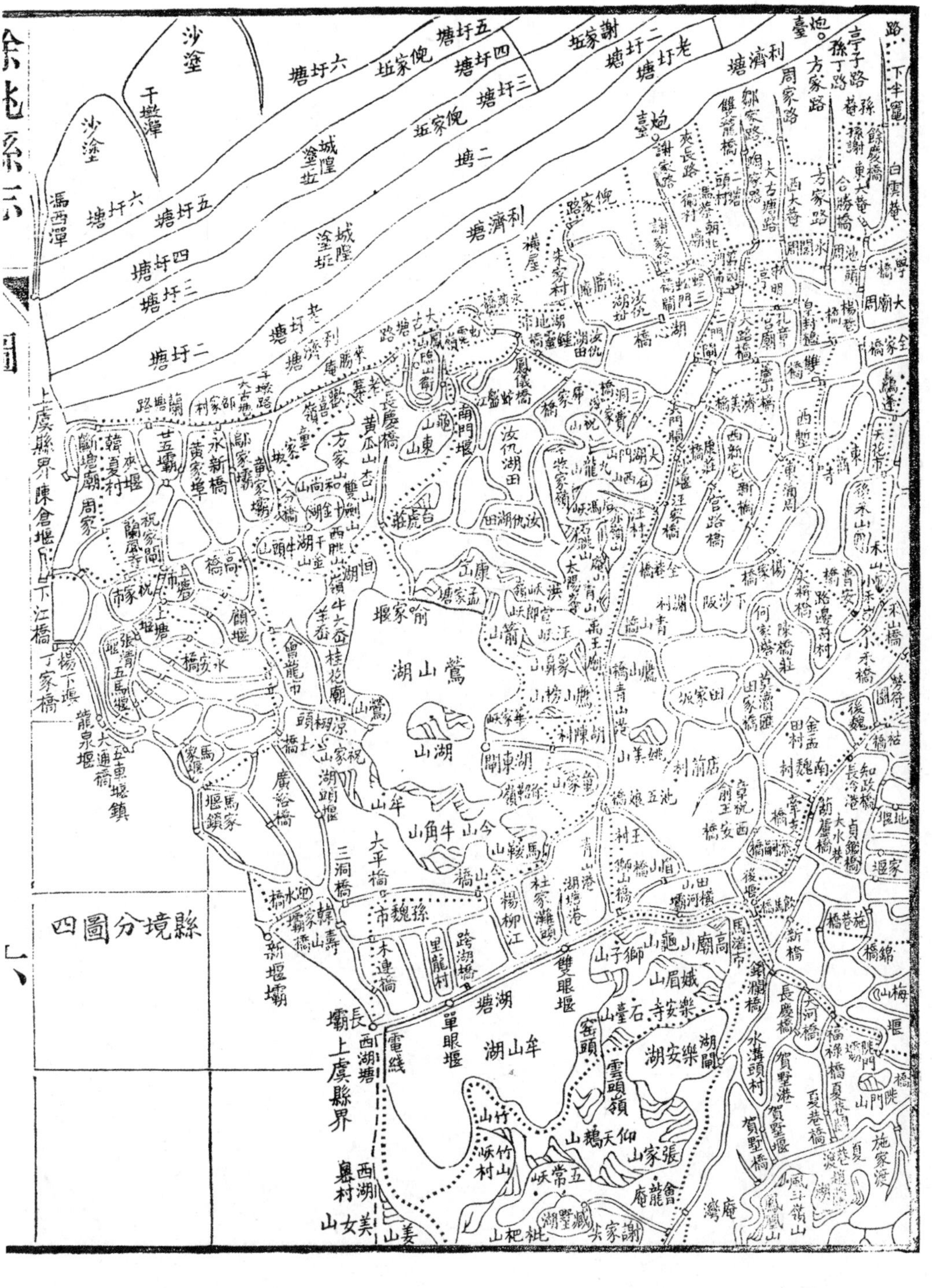

縣境分圖四

餘姚縣志
圖
蜀山渡
管船浦
姜家閘
葛將軍廟
雁蕩阪
胡家閘
胡家村
古路村
雙板橋
西河閘
塢山
西周
泉水廟
泉水坂
閘波橋
韓家村
電鐵
石公橋
白鶴橋
車洞橋
蝴蝶山
魏家嶺
寗波府慈谿縣界
金福庵
茅山岡
老鷲尖
清賢廟
清賢嶺
青山
蔡家尖
向家嶺
烏胆山
大嶺
大竹山
下塢山
下塢村
楊梅村
龍潭山
將軍山
梅樹山
後俞山
鐵帽山
萬太塢村
黃泥塘岡
楊坑村
金竹尖
九曲嶺
大方橋
太平橋
磨盤山
大溪村
上青村
大溪橋
全家嶺
祝家溪
寗波府慈谿縣界
紫雲庵
馬家坪
石潭
大善橋
白巖尖
黃石坑
東岡山
白水宮
章家峧
東岡山北頂
斤嶺
金山橋
老鼠山
巖頭村
橫山嶺
孔路亭

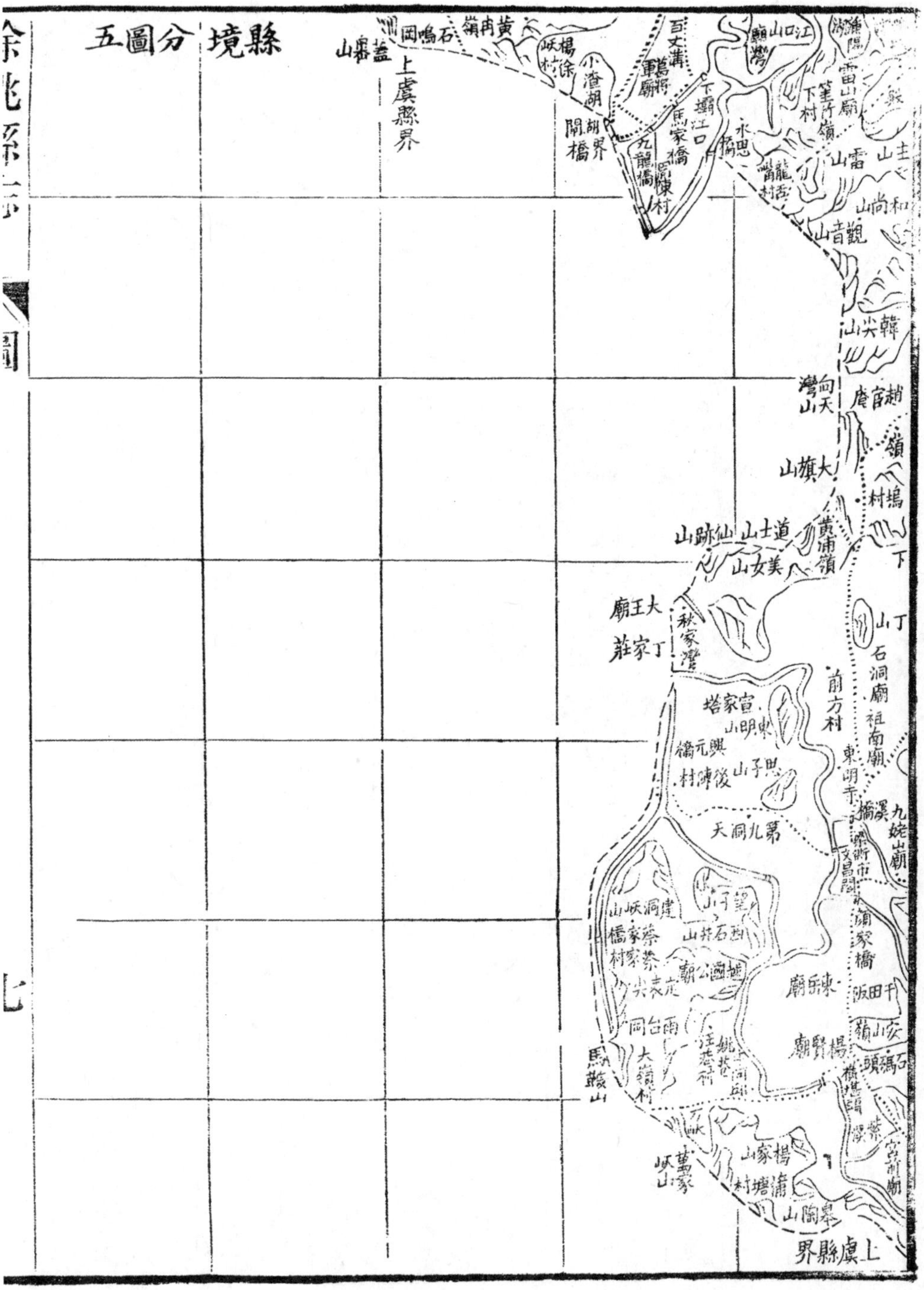

縣境分圖五

蓋山
石鳴岡
黃肉嶺
上虞縣界
楊徐岆村
小渣湖
胡界
閘橋
百丈溝
葛將軍廟
馬家橋
九龍橋
陳村
下壩江口
水思橋
顛山口
江灣
雷山廟
筆竹嶺
下村
龍背村
雷山
主山
和尚山
觀音山
韓尖山
胡官庵
天向灣山
大旗山
嶺塢村
道士山
仙跡山
黃浦嶺
美女山
大王廟
丁家莊
秋家灣
丁山
石洞廟
宣家塔
東明山
前方村
興元橋
後陳村
兕子山
祖南廟
東明寺
第九洞天
九蛇山廟
溪橋
文昌閣
虞洞岆山
蔡家橋
蔡家村
望子山
西石井山
蒲家橋
城隍公廟
東岳廟
走表尖
干田畈
南台岡
大嶺村
馬鞍山
楊賢廟
安山嶺
石碼頭
楊家山
蒲塘村
萬家岆山
皋陶山
宮前廟
上虞縣界

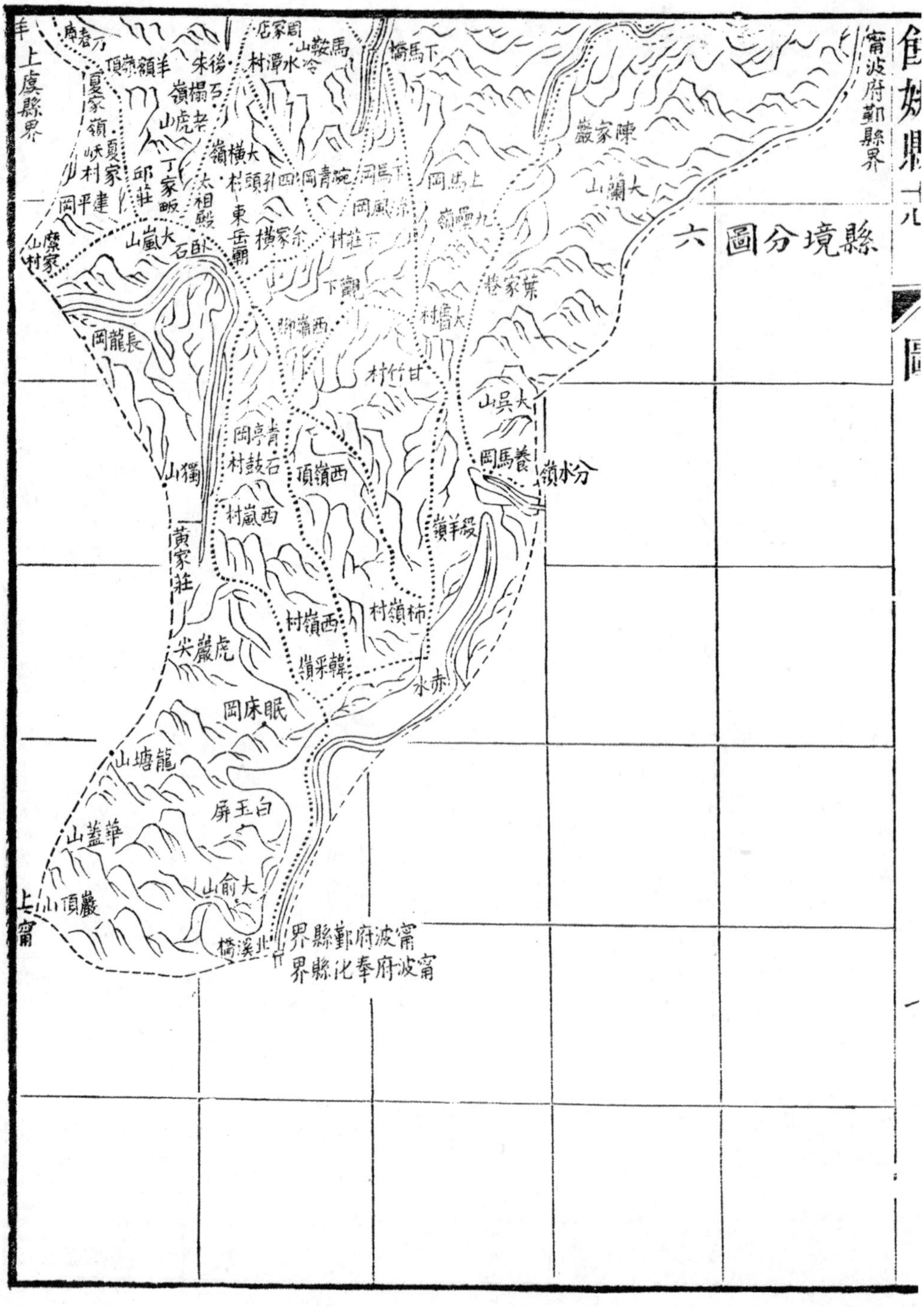

餘姚縣志 卷十八

縣境分圖六

上虞縣界
寧波府鄞縣界
陳家嶴
大蘭山
下馬橋
馬鞍山
冷水潭村
周家店
後朱
羊額嶺頂
石楊嶺
老虎山
夏家嶺
夏家岙村
建平岡
邱莊
丁家畈
大橫嶺
太祖殿
四引頭村
東岳廟
施青岡
下馬岡
上馬岡
徐風岡
九疊嶺
下莊村
徐家橫
大嵐山
臥石
蔡家山村
長龍岡
下觀
西嶺腳
大橋村
葉家巷
甘竹村
大吳山
青亭岡
石鼓村
西嶺項
養馬岡
分水嶺
獨山
西嵐村
黃家莊
殷羊嶺
西嶺村
柿嶺村
虎巖尖
韓采嶺
赤水
眠床岡
龍塘山
白玉屏
華蓋山
大俞山
巖頂山
上甯
北溪橋
寧波府鄞縣界
寧波府奉化縣界

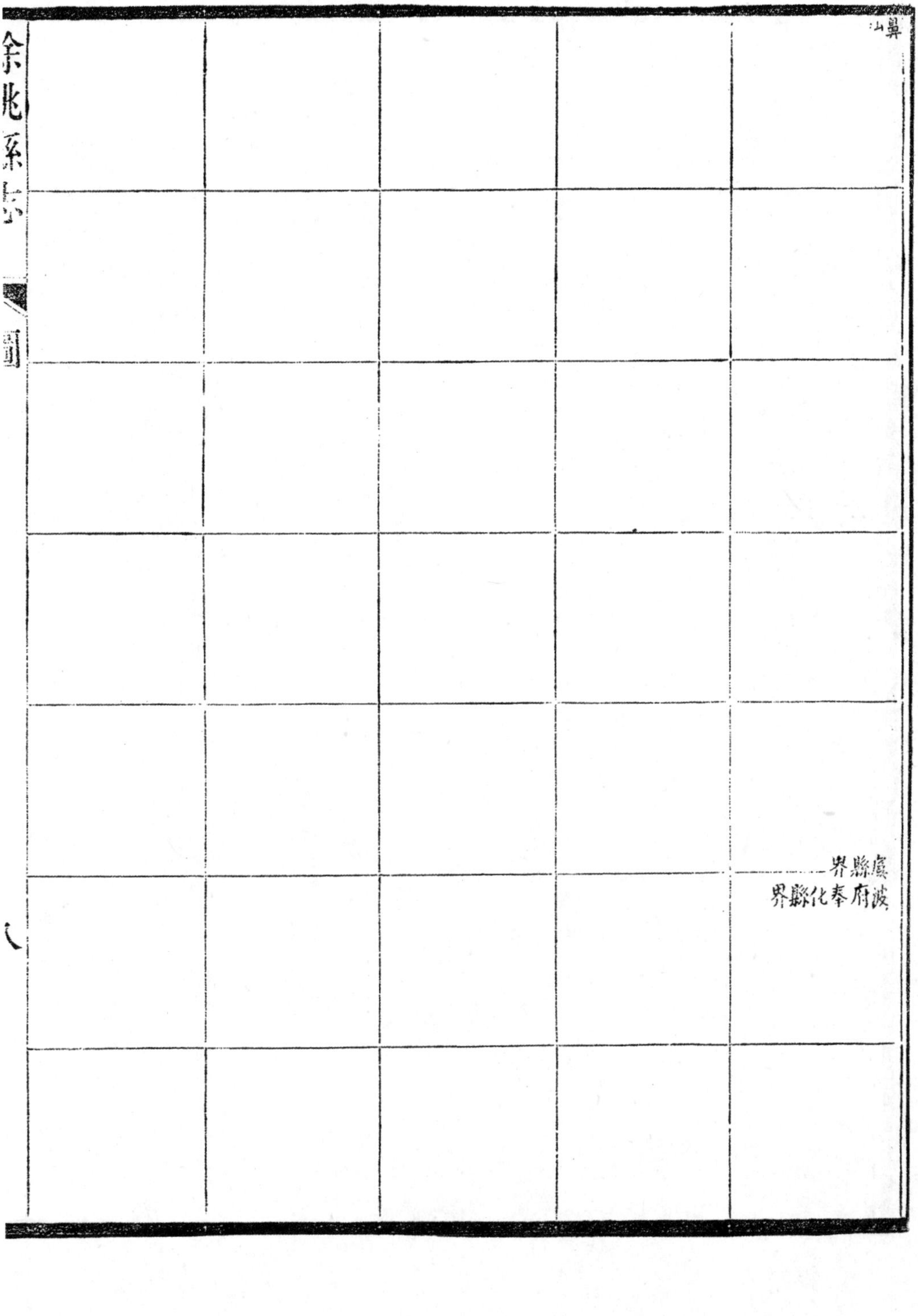

鼻山

虞縣界

波府奉化縣界

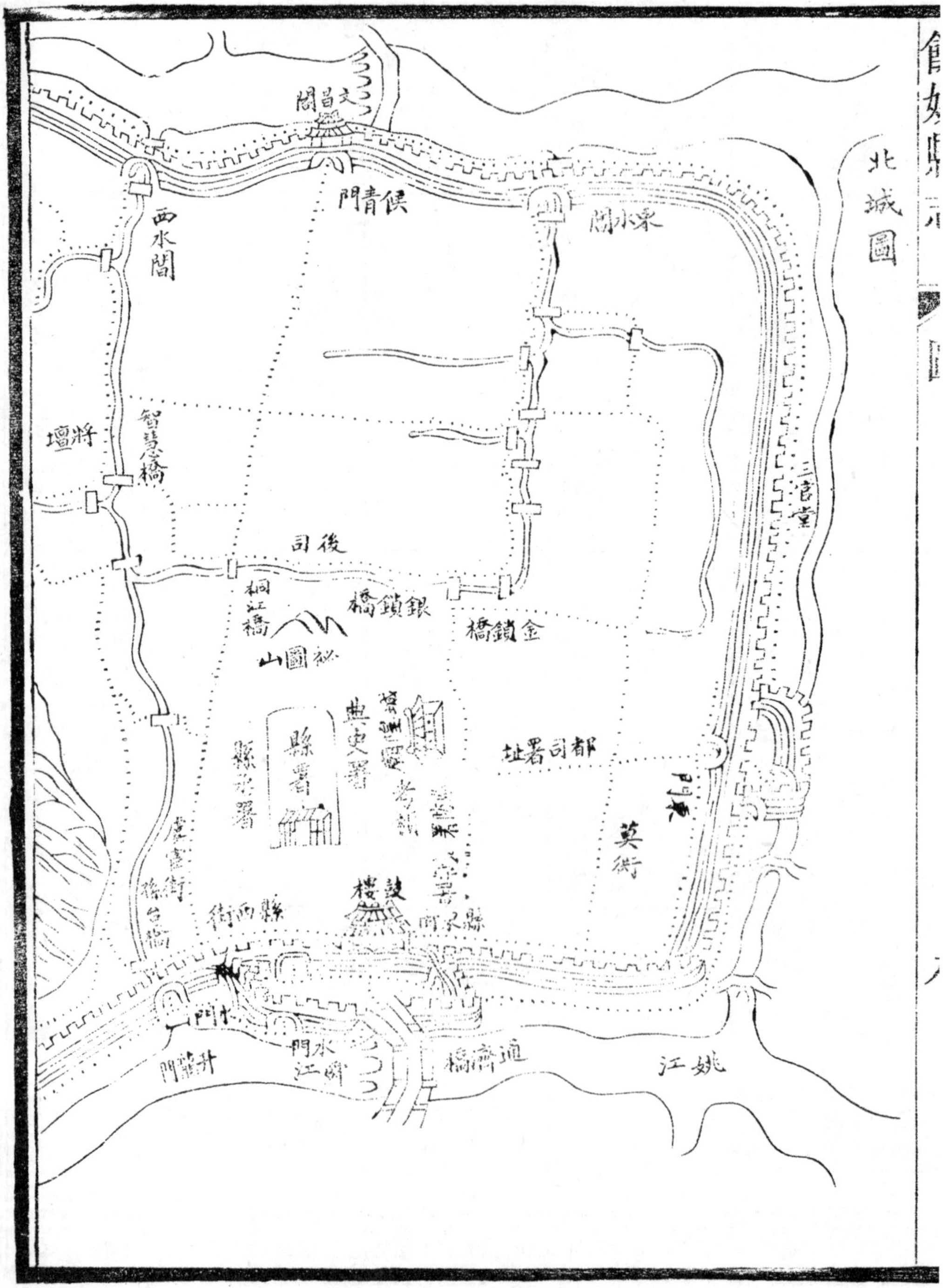

北城圖

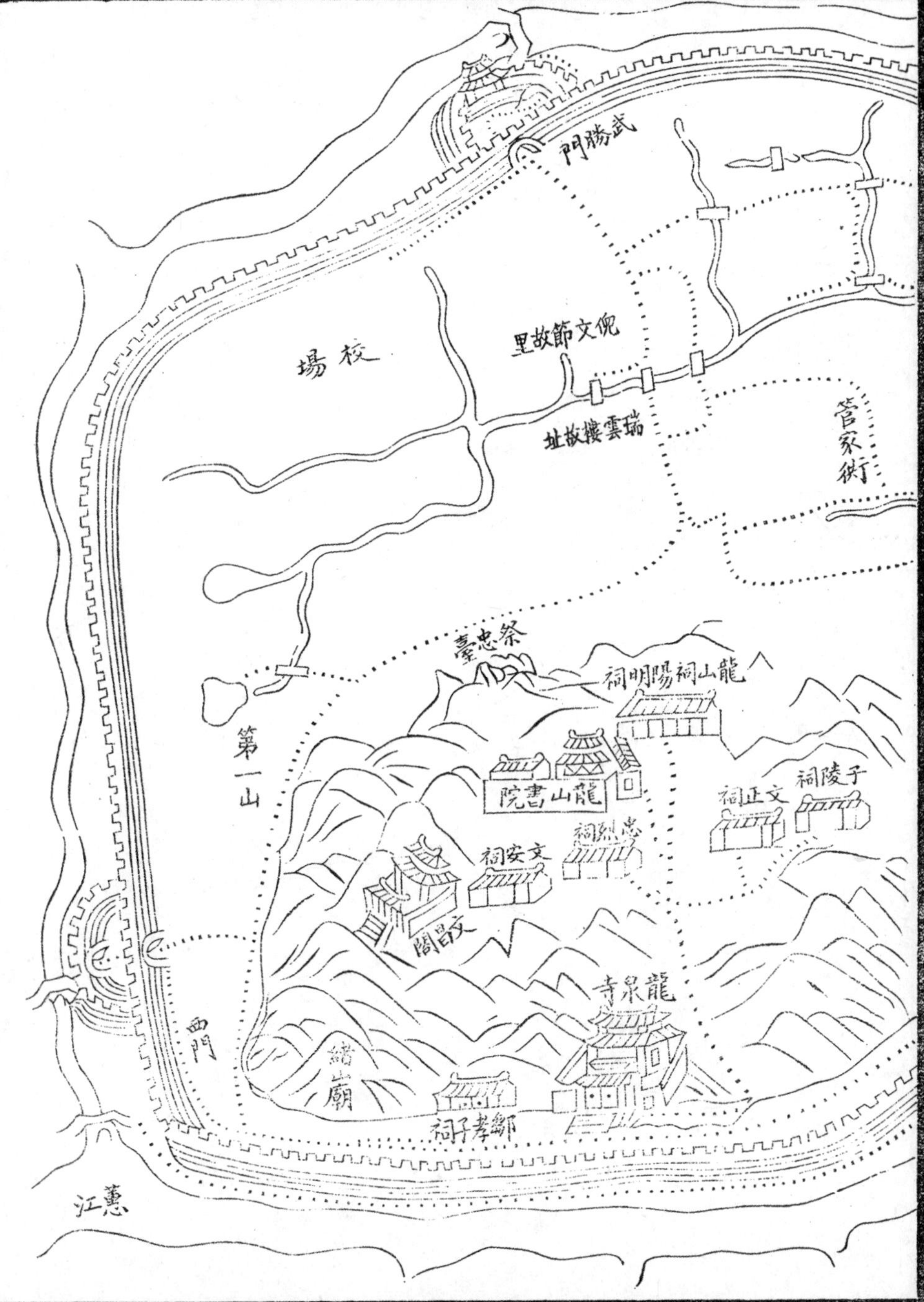

武勝門
倪文節故里
校場
瑞雲樓故址
管家街
祭忠臺
龍山祠
陽明祠
龍山書院
第一山
文正祠
子陵祠
忠烈祠
文安祠
文昌閣
龍泉寺
緒山廟
鄒孝子祠
西門
蕙江

南城圖

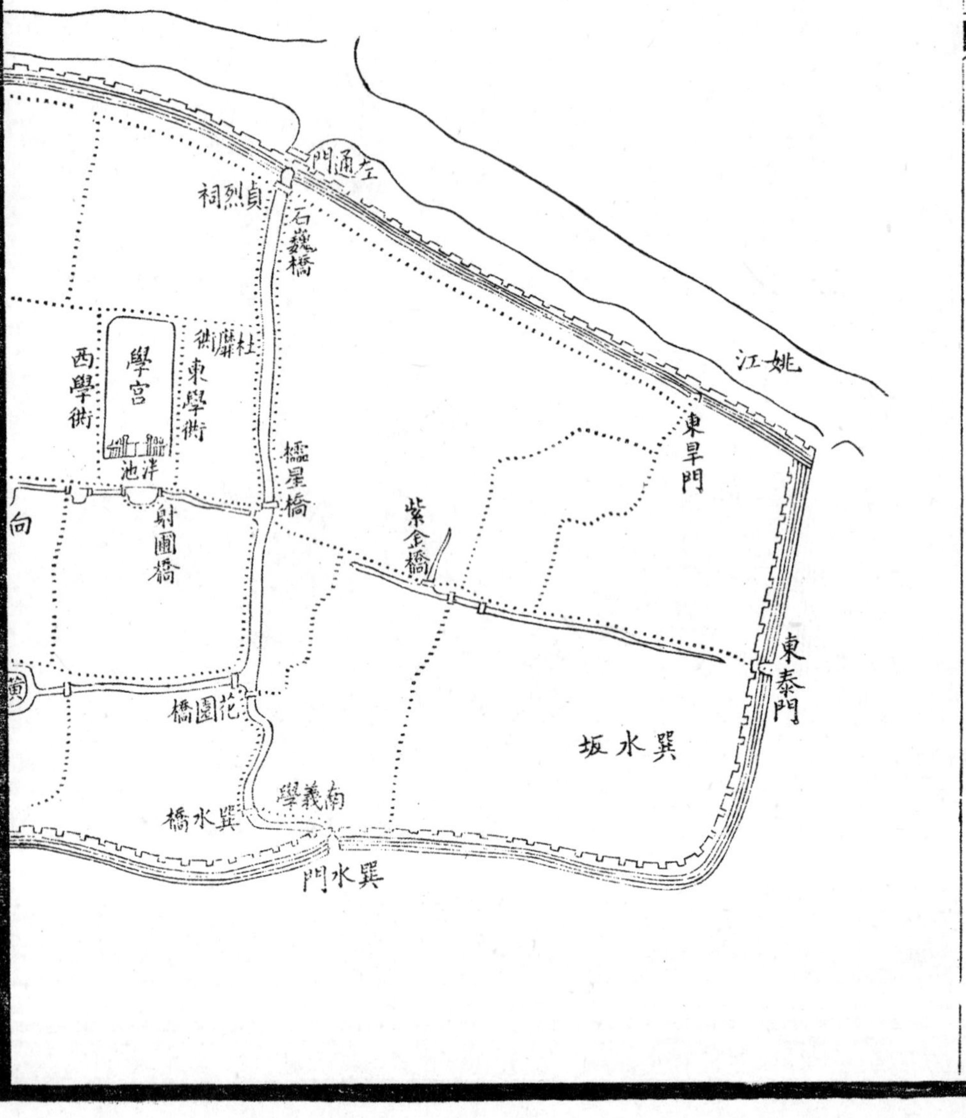

左通門
貞烈祠
石巍橋
杜廟街
東學街
學宮
西學街
泮池
欞星橋
射圃橋
向
紫金橋
東旱門
姚江
東泰門
巽水坂
花園橋
南義學
巽水橋
巽水門

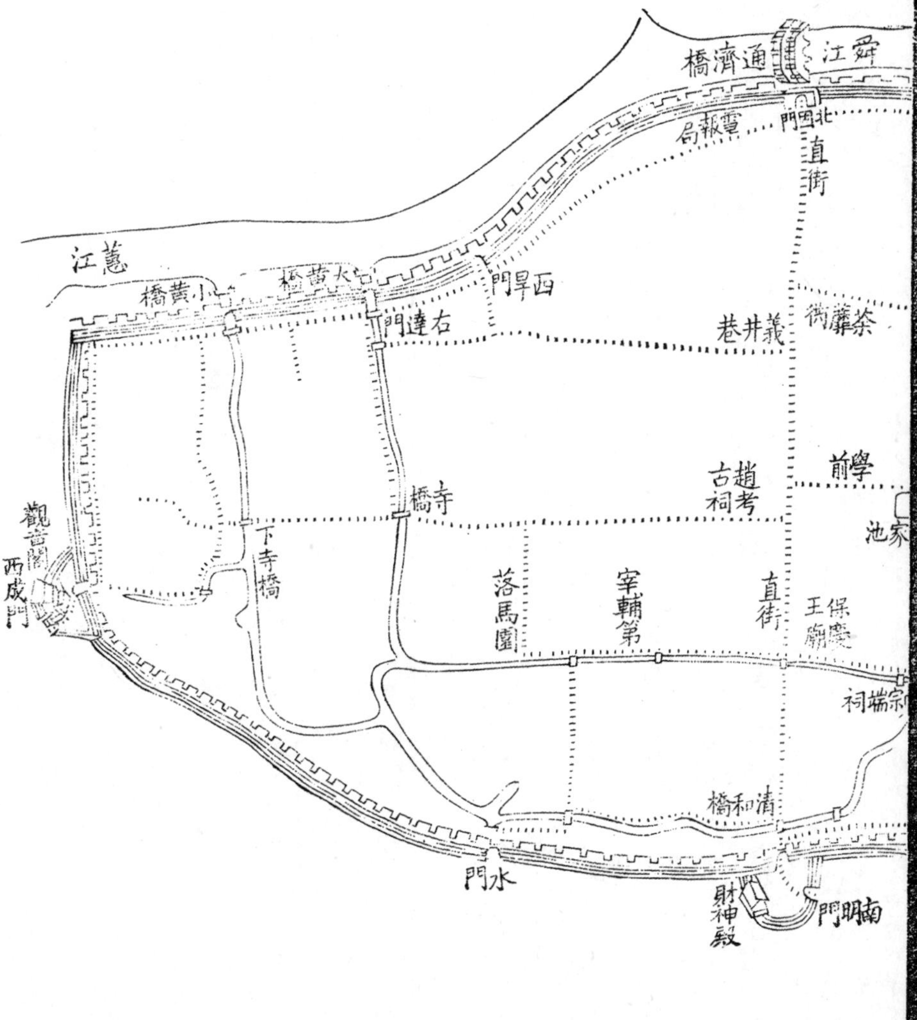

通濟橋
舜江
北門
電報局
直街
西旱門
大黃橋
小黃橋
蕙江
右達門
義井巷
荼蘼街
學前
趙考古祠
寺橋
下寺橋
觀音閣
西成門
家池
落馬園
宰輔第
直街
保慶王廟
宗端祠
清和橋
水門
南明門
財神殿

三山所城圖

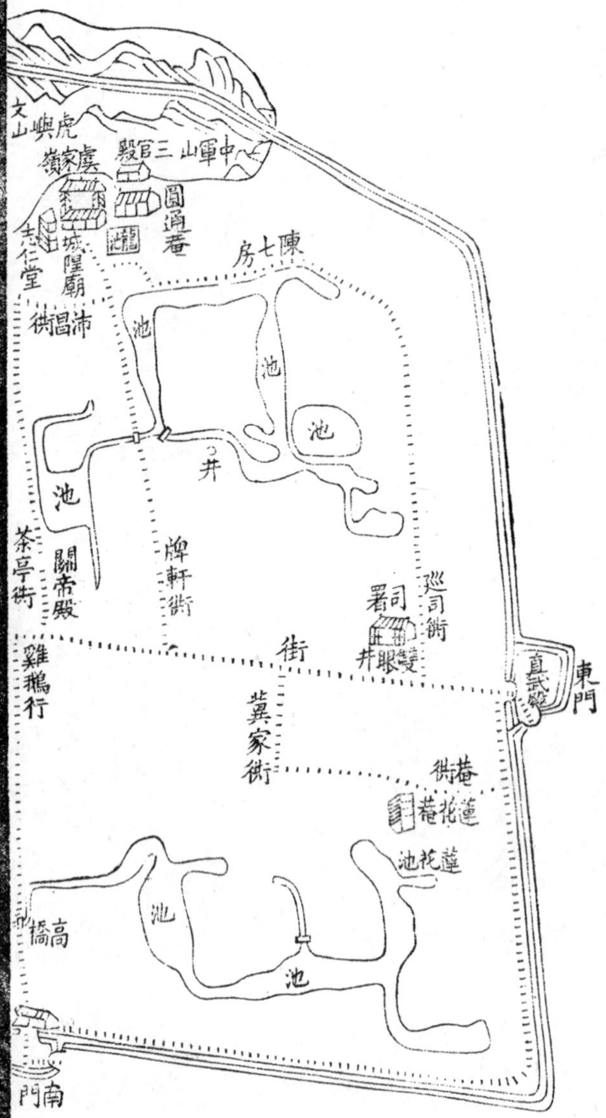

文山
虎嶼
虞家嶺
中軍山
三官殿
圓通菴
志仁堂
城隍廟
陳七房
沛昌街
池
池
池
井
池
茶亭街
關帝殿
牌軒街
巡司街
司署
雙眼井
街
雞鵝行
真武殿
東門
龔家街
菴街
蓮花菴
蓮花池
池
高橋
池
南門

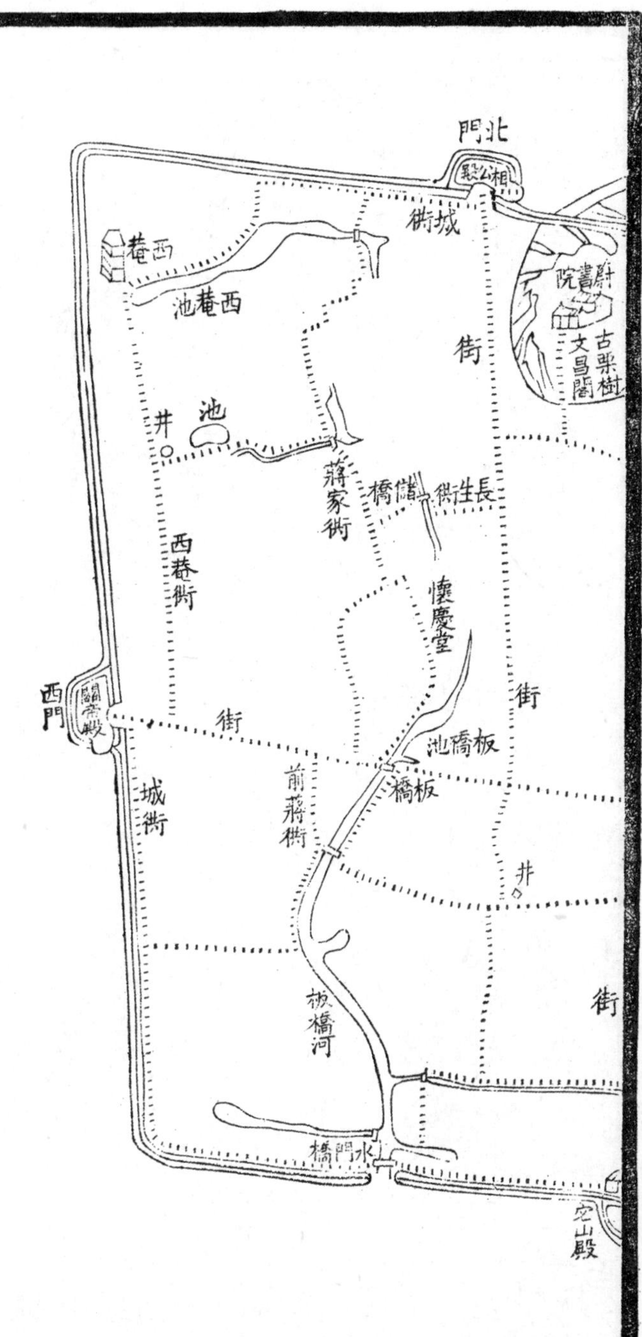
北門
相公殿
城街
西菴
西菴池
尉書院
古栗樹
文昌閣
街
池
井
蔣家街
儲橋
長生街
西巷街
懷慶堂
街
西門
關帝殿
街
板橋池
板橋
城街
前蔣街
井
街
板橋河
水門橋
空山殿

臨山衛城圖

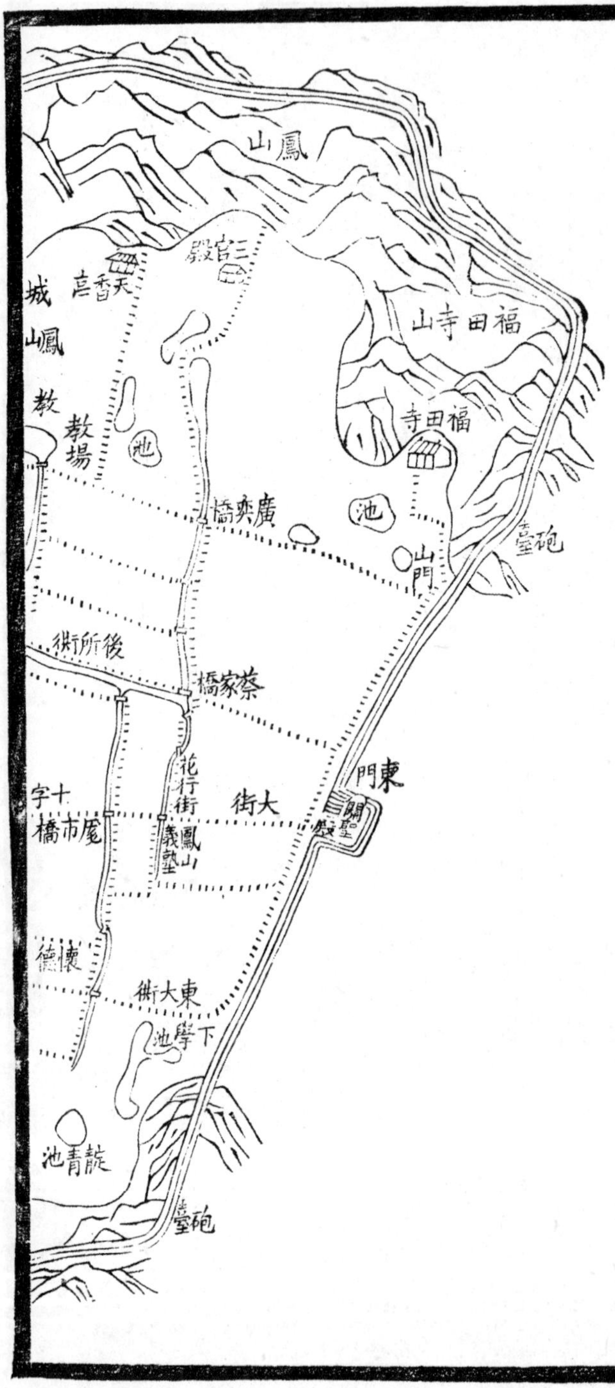

鳳山
三官殿
天香亭
福田寺山
福田寺
鳳山城
教場
池
廣奕橋
池
砲臺
山門
後所街
蔡家橋
東門
花行街
大街
關聖殿
十字
魇市橋
鳳山義塾
懷德
東大街
下學池
靛青池
砲臺

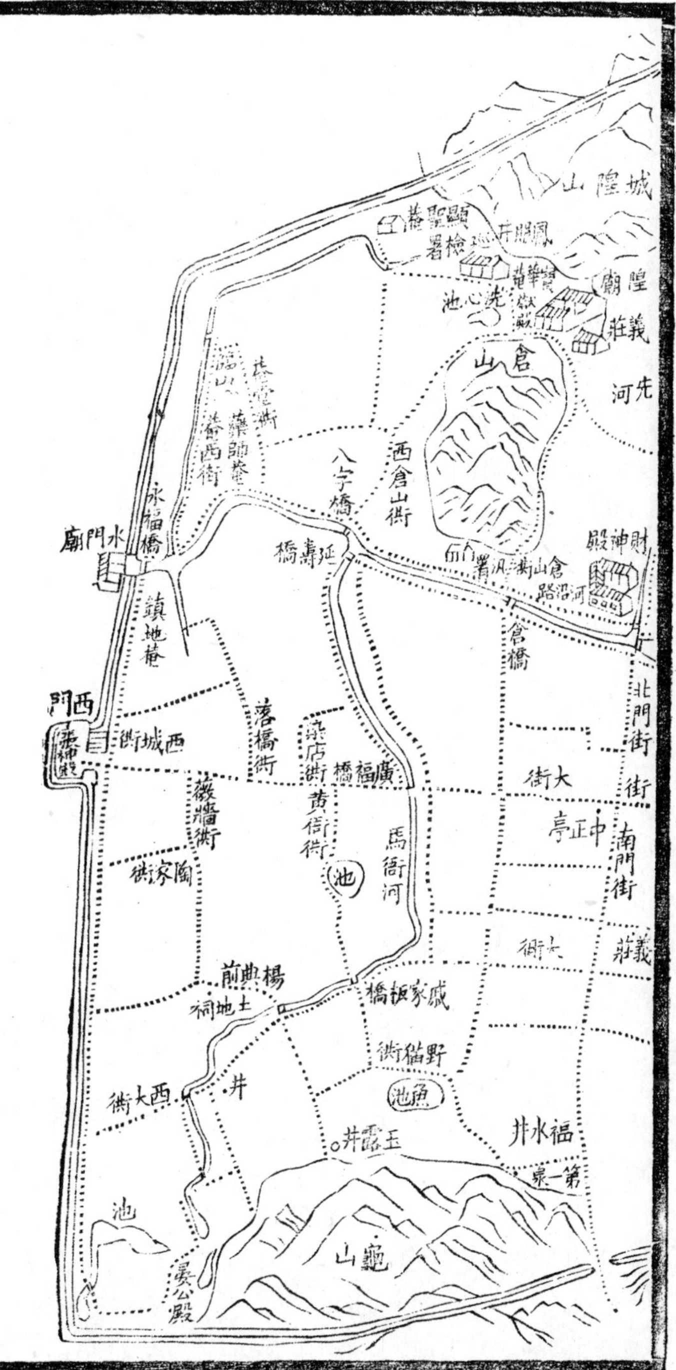
城隍山
城隍廟
義莊
倉山
先河
八字橋
西倉山街
延壽橋
財神殿
水門廟
永福橋
鎮地菴
西門
西城街
落橋街
廣福橋
大街
中正亭
北門街
南門街
馬衙河
陶家街
楊典前
戚家板橋
土地祠
野貓街
西大街
井
玉露井
福水井
第一泉
龜山
池

學宮圖

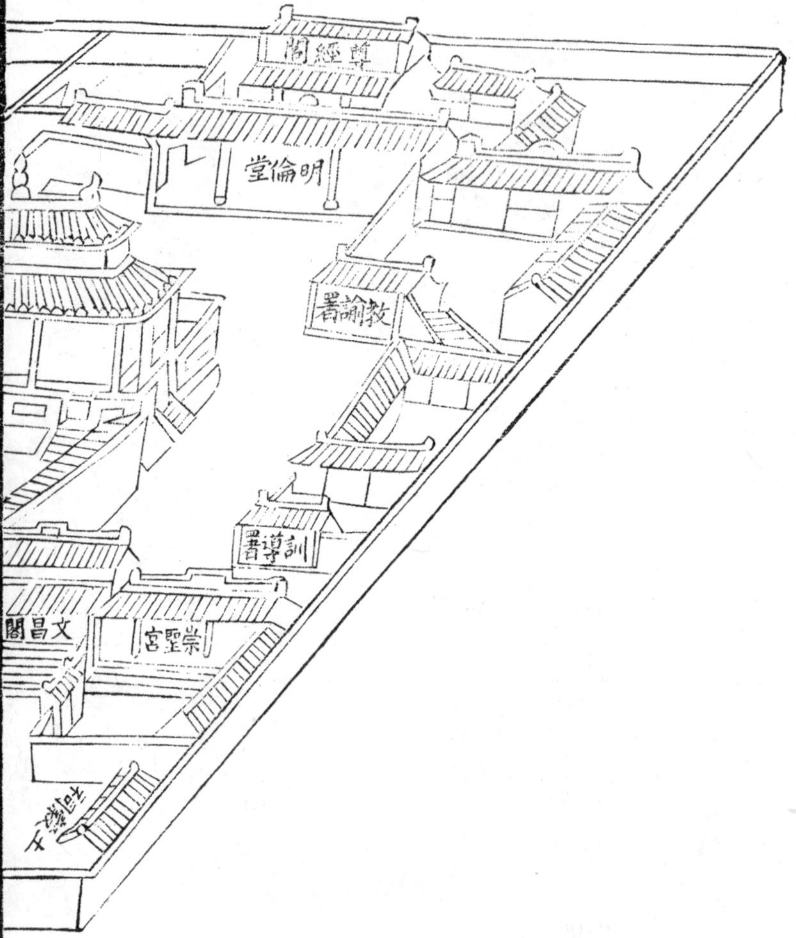

尊經閣

明倫堂

教諭署

訓導署

崇聖宮

文昌閣

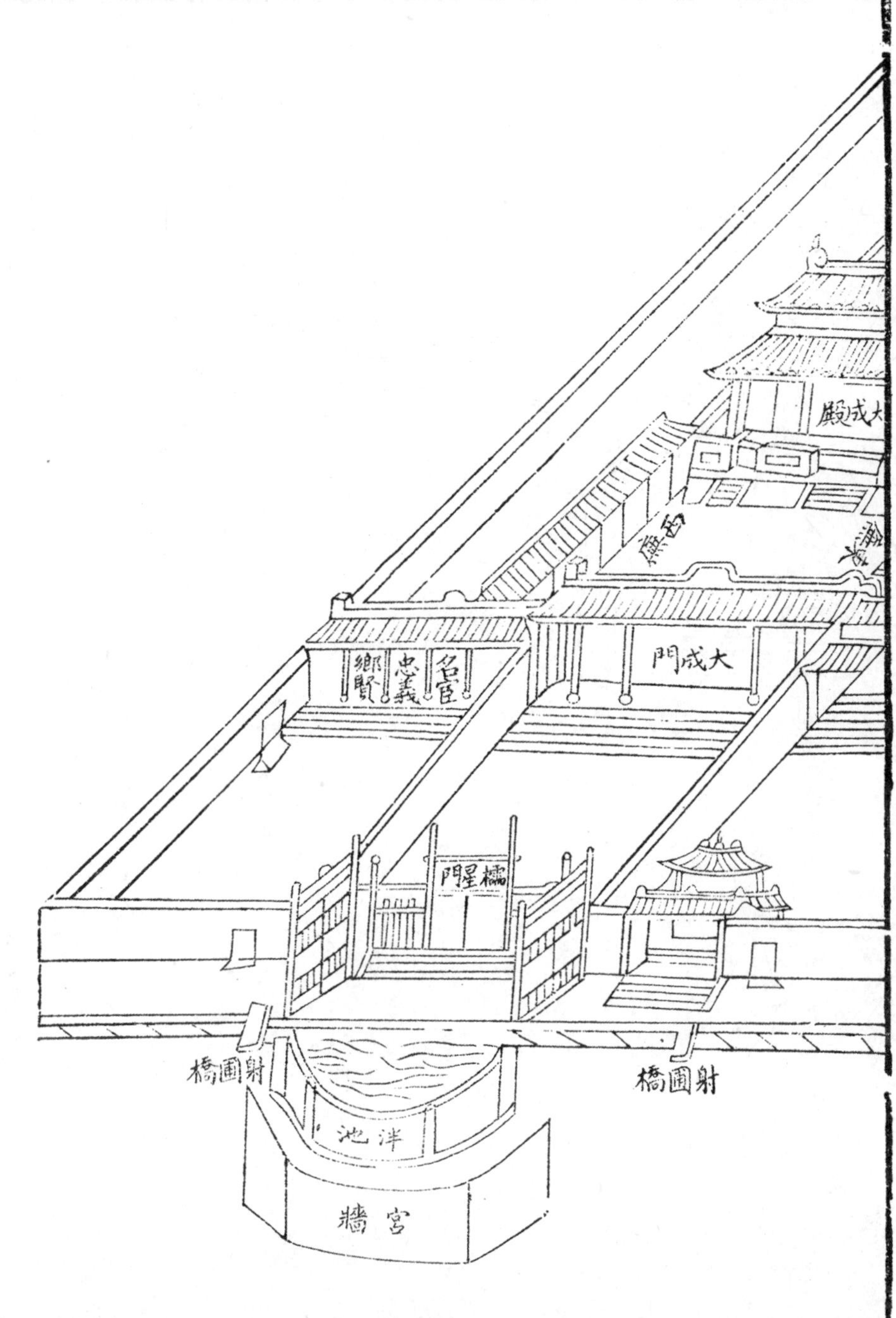

大成殿
西廡
大成門
名宦
忠義
鄉賢
櫺星門
射圃橋
射圃橋
泮池
宫牆

縣署圖

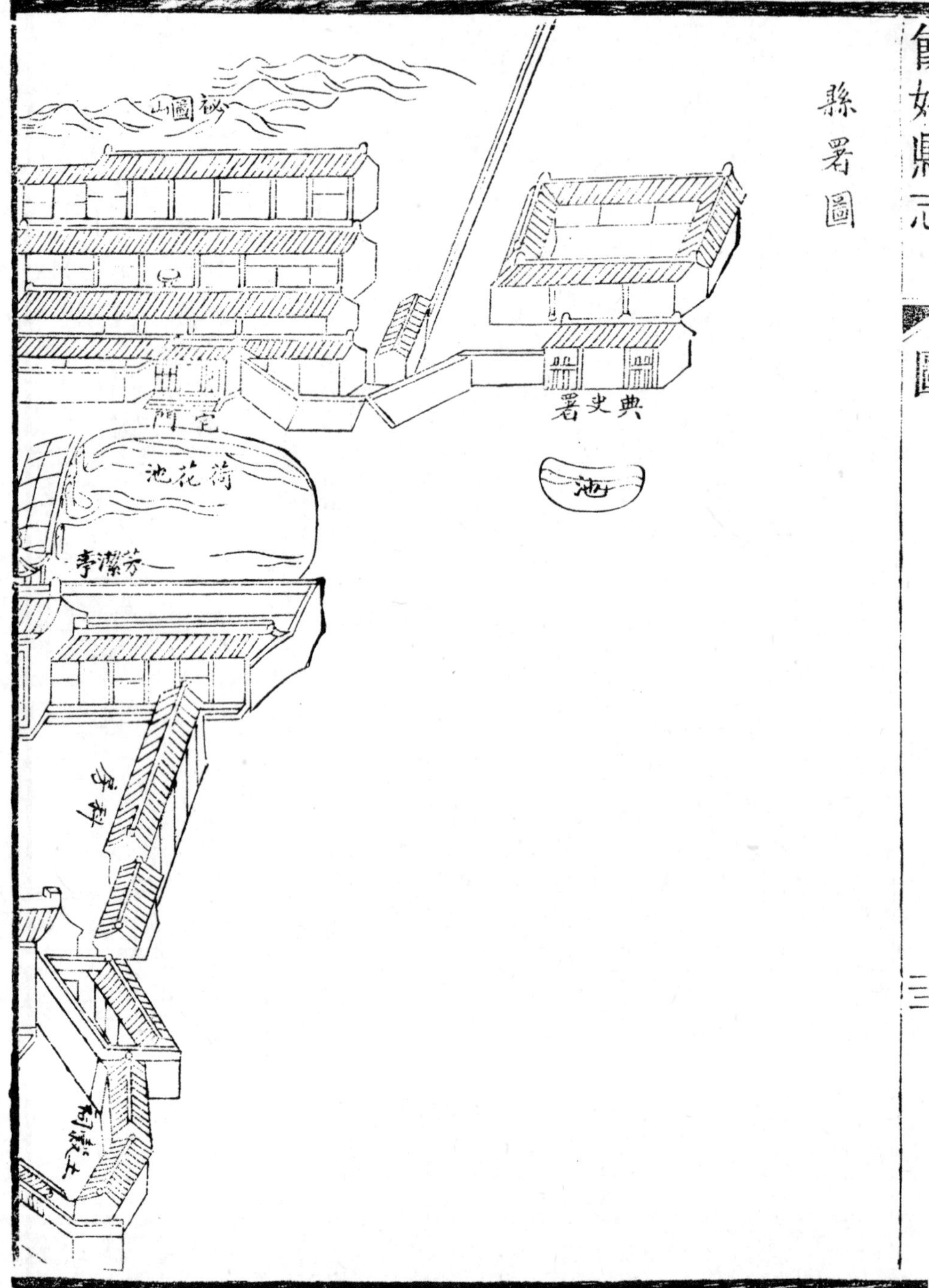

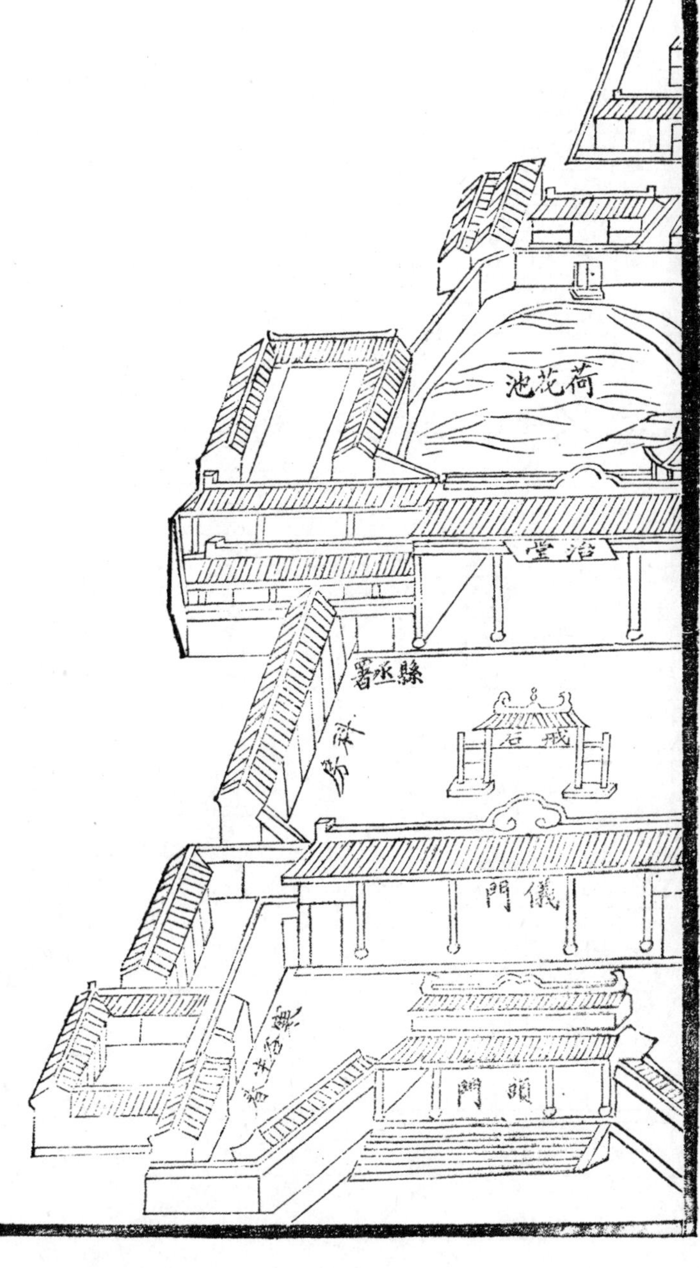
荷花池
治堂
縣丞署
戒石
儀門
頭門

試院圖

達善學堂

龍門

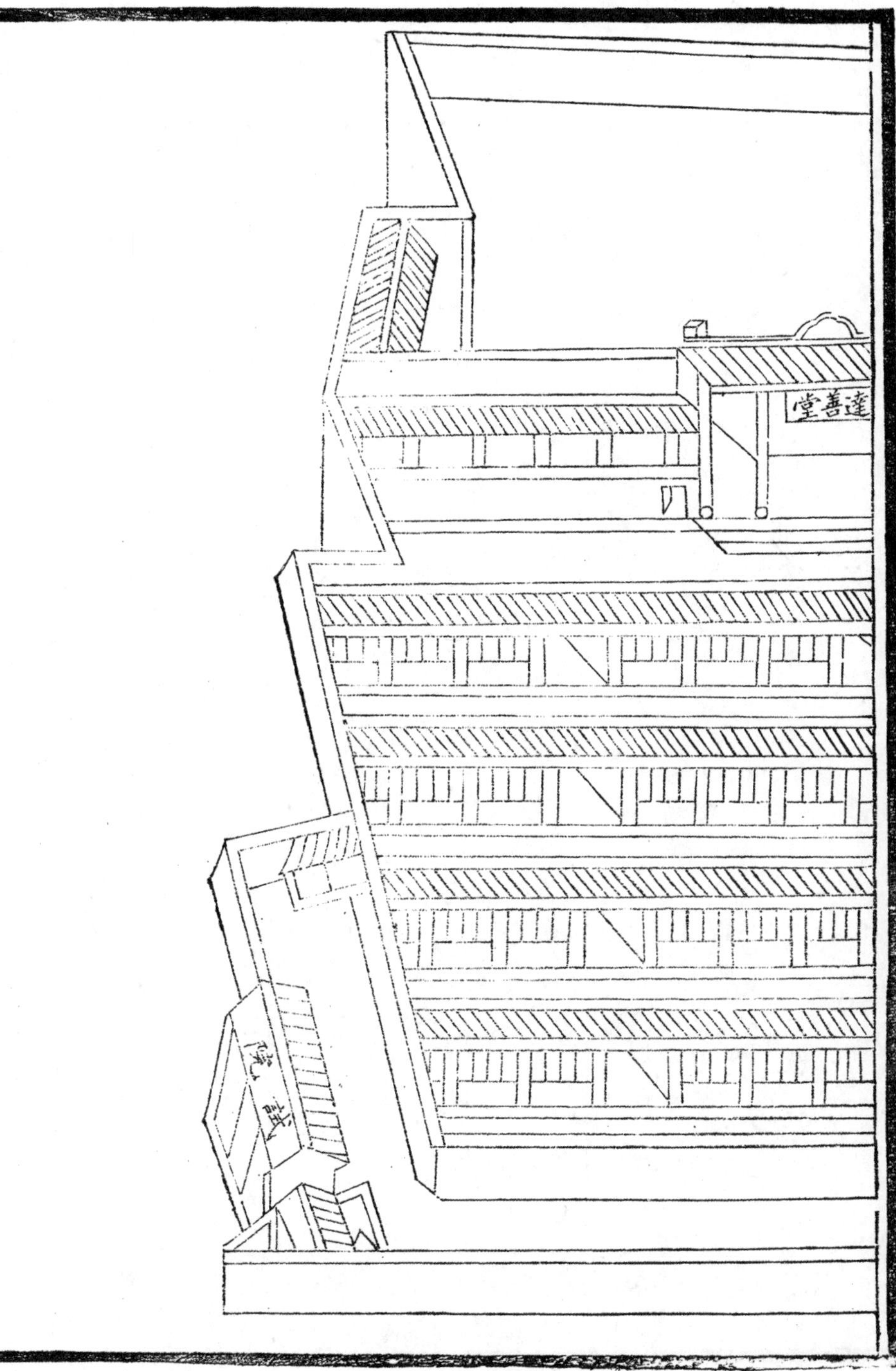
達善堂
試院

餘姚縣志圖終

餘姚縣志卷一

疆域

分野

南斗十二度至須女七度爲星紀於辰爲丑吳越分曰揚州而會稽入牛一度餘姚屬會稽郡晉書天文志

紹興府屬斗牛度兼入女度餘姚屬女度清類天文書

餘姚屬女七度十三分分野天文詳考

乾隆志案周禮保章氏以星土辨九州之地注云星紀吳越也爾雅載星名曰星紀斗牽牛也則吳越故地宜統屬斗牛分野然以今儀象考之地球與圖圖映照餘姚實在女度不得混屬斗牛考漢書地理志吳地斗分野越地牽牛婺女之分野是餘姚入女度在漢人已若預知之而未及明言者後來占驗諸家泥於爾雅所言星紀必欲舉斗牛以包吳越殆未之詳考也且爾雅所載星名祇舉大綱據晉書則須女亦屬星紀又可明周

禮注統言星紀吳越者爲不誤矣天文之學久而辨析愈精要不外於周髀之術卽以餘姚論之近日所推與周漢人若合符節故曰天地之道恆久而不已也至唐宋人立論之誤今不復詳述以省繁文

形勢

四明南列巨海北匯東接蛟門西通曹渡長江制其區宇巨浸帶其封域大清一統志波濤觸天渺若瀛海南起崇山高峻天表北際溟海橫截地維中望風山風原作豐今正若馳而南融爲秘圖姚江界其胸臆竹山西石鎮其中流龍泉二黃參衛拱翼而客星秀表經緯諸湖南北山海更復壯巖蓋山之交水之會風氣之委藏也於越新編

建置沿革

唐虞　荒服 方輿紀要

風土記云舜生於姚邱嬀水之內姚邱山在縣西北六十里 太平寰宇記

舜支庶所封之地舜姚姓故曰餘姚 元和郡縣志

乾隆志案元和郡縣志述餘姚命名之義本周處風土記寰宇記又引風土記謂舜生於姚邱蓋互據傳聞之辭未能核實也至許三禮歷代都邑考稱舜諸馮人今浙江紹興府餘姚縣則直以縣之馮村爲諸馮故墟矣三代以前書闕有閒其軼見他說者各有源流未可臆決也今存舊說用備參考

夏　揚州之域 一統志

少康封少子無餘於會稽以奉禹祀 越絕書

乾隆志案萬歷紹興府志謂無餘封會稽姚乃其屬邑故曰餘姚考應劭地名釋郡縣之名或以山川或以物產或以瑞應無取古人君爲縣名之理況句餘之山見山海經姚水見五帝繫固不始於夏之無餘矣

商　因夏制一統志

周　揚州域越國一統志

乾隆志案國語句踐之地南至於句無北至於禦兒東至於鄞西至於姑蔑餘姚地境當在四封之內

秦　屬會稽郡一統志

漢　會稽郡　餘姚漢書地理志

後漢　會稽郡　餘姚司馬彪續志

乾隆志案順帝永建四年分浙江以西爲吳郡以東爲會稽郡餘姚仍屬會稽

吳　仍漢制一統志

乾隆志案太平二年以會稽東部爲臨海郡永安三年以會稽南部爲建安郡寶鼎元年分會稽爲東陽郡餘姚仍屬會稽

晉　會稽郡　餘姚晉書地理志

宋　會稽郡　餘姚宋書州郡志

齊　會稽郡　餘姚南齊書州郡志

梁　同前一統志

陳　同前一統志

隋　省入句章縣隋書地理志

唐　越州會稽郡　餘姚　緊　武德四年析故句章縣置以縣置姚州七年州廢來屬越新唐書地理志長慶初廢上虞併其地入餘姚太平寰宇記

乾隆志案唐初置姚州州兼置鄞州其後姚州改餘姚縣鄞州改鄮縣並隸越州至開元中置明州鄮縣屬焉而餘姚之隸越州如故永樂紹興志謂餘姚隸明州誤矣考太平寰宇記云明州古舜後餘姚之墟又云上虞省入餘姚蓋唐時餘姚之境東包明州西轄上虞爲越州巨鎮未嘗屬於他州今慈谿白洋湖爲唐餘姚令張辟

疆所築鳴鶴鄉爲縣人虞鳴鶴所居猶可考見遺蹟云

案乾隆志引寰宇記前尙有引新唐書地理志一條云明州餘姚郡開元二十六年採訪使齊澣奏以越之鄮縣置今案此爲明州之沿革於越之餘姚無與乾隆通志建置表列此條於甯波府不列於餘姚縣是也

吳越　仍唐制一統志

宋　越州紹興元年升爲紹興府　餘姚望宋史地理志

乾隆志案太平寰宇記蘭芎山漁浦湖百官橋並載在餘姚考嘉泰會稽志則列於上虞疆界之分割當在南渡以後又咸淳臨安志鹽官縣東南與餘姚石碁山爲界則餘姚又嘗與海寗接壤矣

元　紹興路　餘姚州元一統志

元貞元年以餘姚之戶餘四萬升爲州永樂府志

明　紹興府　餘姚縣明史地理志

臨山衛觀海衛並隸餘姚海防類考

國朝　紹興府　餘姚縣乾隆通志

至到

東至慈谿南至嵊西至上虞北至海東十里爲桐下湖橋到慈谿界西三十里爲小樝湖到上虞界南一百六十里爲黎洲山到嵊界北三十五里入海案今北入海八十餘里又北包懸泥山跨海北到海鹽界東南四十五里爲楊谿村之石門山到慈谿界東北七十里爲上林濠塘到慈谿界西南五十里爲筀竹嶺到上虞界西北七十里爲烏盆斷塘到上虞界永樂府志

東西中橫廣五十五里南橫廣九十里北橫廣一百四十里南北袤一百九十六里乾隆志引萬歷志

乾隆志案通典詳四至八到餘姚之至到見於嘉泰會稽志者與永樂府志大致符合惟里數稍有盈縮耳萬歷舊志及康志並以永樂志爲據今從之

道里

至府城一百八十里至省城三百十里至　京師四千八百八十里康熙志

西水陸二道並由大江口壩經上虞之梁湖鎮渡曹娥江又一水道由菁江經驛亭堰渡百官江過會稽達於府城一百八十里由運河西入錢清經蕭山西興鎮達於省城

東陸道出德政橋案德政當作善政過桐下湖至慈谿縣八十里過西渡登陸達寧波府一百三十里又南經奉化至温台水道由姚江東過慈谿之丈亭渡達甯波府一百三十五

里東北出定海蛟門入大海南陸道由嵊縣至新昌達台州北水道絕大海入嘉興海鹽之澉浦松江上海之青村旁通海寧及蘇湖諸郡乾隆志引萬歷志

國朝黃宗羲餘姚至省下路程沿革記吾邑至省下其程不過三百里而曹娥錢清錢塘三江橫截其間又地勢卑下曹娥而東未入姚江率數十里而一堰船之大者不能容十斛不然則不可以拖堰風雨之夕屈折篷底躑躅泥淖故行者爲甚難自餘姚至曹娥其路有二分於城西二十里之曹墅橋入姚江而行謂之南路進曹墅橋入支港而行謂之北路南路二十里至下壩又分爲二挽上壩旁渣湖行支港中十八里至新壩挽壩而上十里即上虞治也不挽下壩仍遡姚江而行三十里至通明壩始挽而上至上虞縣城與支江之路會又三十里乃至曹娥初南路必出通明壩宋淳熙閒魏王薨於四明將葬於越詔遣刑部尚書謝廓然運副韓彥質護喪使者旁午州縣震動知上虞汪大定以通明壩高峻潮汐雖登僅過數舟則已涸矣於是增浚渣湖別於支港創小堰以通舟募遊手二百人別以旗色分列左右俟大舟入引湖水灌之水溢堰平衆力扶喪舟以進略無欹側舳艫相銜俄頃俱濟自是以

來反以支港爲通衢非大旱水涸則無有由通明者矣世傳史彌遠所開有恩多怨多之謠非也北路較南弱十里歷陸亹横河驛亭三三堰南堰挽舟設轆轤北堰則徒手舉之故其舟尤小也三堰盡掠夏蓋湖渡百官江即曹娥之下流也陸行二里至塔橋與南路會自曹娥而西路無支徑地勢平衍無拖堰之勞無候潮之苦較曹娥而東相懸絶矣然按周益公思陵錄錢清江者東自三江口來西過諸暨約三百餘里闊十餘丈運河半貫其中高於江水丈餘故南北皆築堰止水别設浮橋渡行旅大舟例剗載小舟則拖堰而過梓宫船欲渡待其潮水平漫開閘水勢奔注久之稍定兩岸以索牽制始放御舟將達南閘大舁轝繼之御舟受綱幸而篙工能事得入閘口轝舟不能入横截南岸册寶又往江流湍急舟人力不能加直衝其腰既而靈主亦來復衝册寶勢尤可畏運使趙不流頓足垂涕幾欲赴水當日之險如此今自麻溪作堰錢清上流之水引入錢塘三江口作閘潮水亦不入錢清而錢清與運河相渾有江之名無江之實矣不然與曹娥而東其艱難不甚相遠也錢塘之渡自昔爲難孫覿誌汪思恩云會稽錢塘舟人冒利稛載而行半途弭檝邀取錢物而暴風猝至舉舟盡溺死操舟者皆善泅獨免公爲臨安守日不戮此輩則殺人未艾也悉論殺之更造大艦十數每一艦受若干人製號如其數以五采别異之置吏監總渡者給號登

舟即過數而號與舟不類者皆不受舟人給直有定估除十之一備修葺之費抵今二十年無一舟之覆蓋錢塘暴風積水亦不甚險唯載人過甚舟力不勝則有覆沈之禍舟子僥倖頃刻往往以尋丈之舟載至百十人當事每每以空言申飭安得如汪守者而與之講濟人之事乎百官江本不甚闊而土人輪日取利止以一舟值渡餘舟不得攙入往來候渡甚艱爲令者苟革其輪日之例則行者不滯矣是故吾邑風氣樸略較三吳截然不同無他地使之然也然而民生愈促樸略變爲智巧是則非三江疊堰之所能限也不能不歸之氣運耳

附今道里記

水道 案此當與山川志姚江水道篇參觀 姚江自上虞縣東流至永思橋入邑境又北流二里至江口村又東北流折而西北一里二分至江口壩上虞縣十八里河自西南來注之又東北流七里一分至賀墅橋又東北流七里五分至曹墅橋馬渚橫河自西北來會之又東流一里强至菁

江渡又東少南四里九分至七里浦渡又東少南三里至蘭墅橋蘭墅港自南來注之又東迤北二里二分至仁壽橋分一支北流爲合山港自仁壽東流一里七分至通濟橋又東過汪姥橋分一支北流爲劍港又東至黃山港口分一支北流爲東橫河凡二里九分又東九分弱至竹山港口蘭墅港自西來會之又東一里七分至鴨山前又東南流折而東三里九分至界橋又東南流折而西五里至郁家灣又南流復折而東流三里五分至姜家渡又東南流三里一分至大橋官船浦水自南來會之又東流折而南六里二分至蜀山渡東與慈谿分界以上爲經流以下爲枝流

馬渚橫河舊稱西橫河自上虞

縣流至長壩入邑境東北流二里五分至跨湖橋其南爲牟山湖又東北流五里弱至師山橋又東流一里九分至横河壩又東流二里一分至馬渚長泠港水自東北來會之又東南流一里三分至鎖瀾橋又東南流五里一分至陡門壩下爲潮河又東南流二里二分至曹墅橋入姚江

長泠港舊稱長泠河起縣北周家路迤邐會東西衆小水凡九里七分至埋溝橋又南流二里二分至趙公橋又西南流五里二分至吳家坂橋又南流一里五分至董家義閘舊稱小馮堰又西南流一里弱至陸家橋又西南三里八分至萬石橋又西南二里二分至方橋又西南二里强至劉古木橋又西南三里六分

至葫蘆橋又西南一里二分至添嗣橋又西南流過後堰一里四分至馬渚入馬渚横河　大塘港自埋溝橋分長泠港之水東流四里一分至化龍堰又東八里九分至盆鎮橋又東少北五里至鳴山堰又東流折而東南又折而東少北凡六里至滸山所城北又東流七里至萬全閘又東二里至勻元閘又東九里至蔡山閘又北少東三里二分至道路市又北少東十四里八分至張丁路霪洞又北少東流過晏海塘永清塘凡九里至新圩塘霪洞入海　東横河自黄山港口分姚江之水曲曲北流三里至後横潭又曲曲東北流四里八分至冶山麓又北流三里至容星橋又東北流六里九分至

石堰市又東北流四里二分至泰堰橋燭溪湖水自南來注之又東北流四里三分至橫河⿰土朝又東北二里七分過橫河市至宏惠橋又東北二里七分至埋馬市虞波港水自西北來注之又東北流三里三分至彭橋市又東流六里一分過匡堰市至遊涇橋遊涇港水自南來注之又東流一里五分至石人橋又東北流二里六分至古新橋又東流三里二分至上林湖口上林湖水自南來注之又東流三里四分至新橋又東一里八分至白石堰又東南流二里五分至雙河橋與慈谿分界

蘭墅江發源破嶺北流少東八里至新家閘又東流五里五分至河西閘橫谿水自南來會之又東流一里

七分至橫涇橋以下爲竹山港又東流折而北三里五分過竹山橋至竹山港口入姚江　橫谿發源分水岡北流一里二分至茭湖村又北流一里三分至冠佩村又北流六里二分至金嶼橋又東北流五分七里至大橋頭又北流一里二分至詹家衕村又東北流三里弱至萬安橋又北流折而西一里二分至橫谿大橋又西流折而北六里強至西周畈山又北流二里四分至西河閘又北二里九分過詹家村至河西閘入蘭墅江　官船浦水自慈谿流至界石橋入邑境西北流一里六分至陸家大橋又西北流二里六分至廣霖亭北又西北流六里八分分水岡水自南來會之又北流六分至大橋入

姚江　分水岡水發源分水岡東流五里至金竹尖西北麓又西北流折而少東八里至將軍山麓又北少東流五里至下塢村又北流折而東五里五分至大竹山麓又東北流二里至姜家灣又北流三里三分至白鶴橋又北流五里至周家埠北入官船浦浙江輿圖道里記

陸道　北城東門即澄清門外幹路自東門外東少南行二里三分強至黃山橋又東少南行一里八分強至射黽橋又東少南行四里六分強至界橋與慈谿分界　北城大南門即齊政門南向臨江由城門外過通濟橋即入南城　北城老西門即迎恩門外幹路自老西門外西少南行八分至周賢橋橋不甚著名又西少北行四里三分至普福

菴又西北行五里一分强至湯家閘村又西少北行九里强至馬渚市又西少南行十一里六分至長壩與上虞分界　北城大北門（即武勝門）外幹路自大北門外西北行二里强至雙嶺又西北行二里四分至玉井亭又西北行六里二分至蕨菜嶺又西北行四里六分至方橋又西北行二里六分至南張村又西北行三里二分至大將橋又西北行四里五分强至康莊橋又西北行五里九分强至湖地市又西行少南二里二分弱至臨山衞東門又西行一里四分弱至臨山衞西門又西南行一里八分弱至歡喜嶺又西南行五里六分强至高橋又西南行二里七分至草庵橋又西南行六里八分至

五車堰西與上虞分界　北城大北門外枝路一自南張村北行八里七分强至謝安橋又北行一里九分至符郎橋又北行一里五分强至廊廈市又北行一里至東干村入大古塘路一自康莊橋東北行一里六分又東北行折而北二里二分强至蘆山橋又北行折而西二里五分强至萬安橋又北行一里二分至萬福橋入大古塘路一自臨山衞東門東北行四分强至虹霓嶺又東北行一里四分至淩雲橋又北行二里一分至永興橋入大古塘路一自草庵橋西北行折而北二里三分至上塘市又北行折而西曲曲行五里二分至下江橋與上虞分界　北城北門即候青門外幹路自北門外東

北行三里四分强至分路牌又東北行五里至安山橋
即客星橋又東北行過楓林閘七里六分至石堰市又東北
行五里强至秦堰橋又東北行四里九分弱至七星橋
又東北行四里七分弱至理馬市又東北行三里三分
至彭橋市又東少北行五里三分至匡堰橋又東行過
遊涇橋二里三分至石人橋又東北行二里六分强至
古新橋又東行曲曲過王家埭市六里五分强至新橋
又東南行四里四分弱至雙河橋與慈谿分界　北城
北門外枝路一自分路牌北行二里二分强至雙河橋
又北少西行二里七分弱至千家閘又北行二里八分
至勝堰又北行二里八分强至鄭巷市又北少西行三

里三分弱至馮家閘又北行過楊家閘四里八分强至新堰又北行過低塘市三里七分弱至化龍堰以下名大古塘路又東少南行七里七分至歷山市又東行五里二分弱至小嶺麓又東行過小嶺又東北行四里一分至三碰橋又東少北行一里至滸山北門又東行三里至孫家塘頭又東行三里二分至白沙路市又東行三里至覺爽寺又東行一里一分强至楊家路村又東行過勾元閘一里五分强至界堰市又東行二里五分至梅林市又東行二里二分弱至東利涼亭又東行二里七分至蔡山閘又東行三里二分强至封山橋又東行五里八分强至陳家村又東少北行三里强至楊浦閘與慈

谿分界一自化龍堰西少北行四里三分弱至埋溝橋（以下名大古塘路）又西行過古井亭七里六分至白雲庵又西行四里七分至萬福又西行五里八分弱至五里墩又西少南行七里一分至來勝庵又西行四里五分至黃家埠又西南行四里二分至斷塘廟與上虞分界一自彭橋市曲曲東南行二里五分至沈附嶺又西南行折而東南四里八分至大古嶺又南少東行七里四分强至翠屏山與慈谿分界

南城東門（即東泰門）外幹路一路向南自東泰門外南行三里弱至沙浦橋又南少東行四里三分强至隱鶴亭又南少東行一里五分至雙板橋又東行少南二里四分强至姚家店又東少南行八

里九分强至陸家大橋又東南行一里八分至界石橋
與慈谿分界一路向東南自東泰門外東少南行二里
二分至竹山橋又東南行四里四分弱至郁家灣村又
東行三里三分至姜家渡市又東行折而南少東三里
四分强至灣頭村又東南曲曲行五里八分弱至洋谿
浴村又南少東行三里八分弱至陸家大橋入向南幹
路　南城新南門幹路自新南門外南行一里弱至善
艮橋又南行二里三分至磨刀橋又南行三里二分强
至糜家橋又南行二里三分至南廟市又南行三里一
分至横谿橋又南行一里一分强至萬安橋又南少西
行二里六分弱至詹家衕又南少西行二里四分强至

後谿村又南行三里三分至金嶼橋又南少東曲曲行三里六分强至横山嶺又南行六里强至菱湖嶺又西南曲曲行三里三分至虎坑嶺又西南曲曲行二里至中窰村又東南曲曲行四里五分至大方橋又西南行三里八分至巖頭村又西南行六里六分强至石橋嶺又西南行五里一分强至丁家畈村又東南曲曲行三里至西嶺脚又南行少東四里九分强至青亭岡又南少東行五里至韓采嶺又南行七里至北谿橋與奉化分界　南城新南門外枝路自大方橋東南曲曲行五里六分强至大谿村又東行五里三分至上箐村又東行折而南二里一分至祝家谿又東南曲曲行折而東

少南六里五分至白雲橋與慈谿分界　南城西門即西成門外幹路自西門外西行折而南四里六分强至談家嶺又南少西行六里九分至亂灘又西南行七里至靈源山又西南行四里二分强至趙官嶺又西南行折而南四里五分至下塢村又南行五里七分至石洞廟又南少東行二里七分强至祖南廟又南少西行二里六分强至梁衕市又西行四里八分至後陳村與上虞分界　南城西門外枝路自梁衕市南行三里三分弱至干泉畈又南行二里六分强至橫堪頭又南少東行一里九分至宮前廟又南少東行四里九分至萬春庵又南行四里七分强至夏家畧村又曲曲東南行三里至

丁家畈村入南城新南門幹路　南城北固門北向臨

江過通濟橋郎入北城浙江輿圖道里記

坊隅鄉都里

宋附城爲十坊曰履仁待士清和崇理訓俗通德太平時

清永寧雙桂城外爲十五鄉曰冶山其里四萬歲賈福景

安賀恩曰通德其里四仁歸再生仁德多兒曰雙雁其里

四中埭南雷國霸王安曰鳳亭其里三許君顧伴宋恩曰

四明其里四白雲趙餘粱政蔣吳曰雲樓其里四九功永

明神護王政曰獨溪其里六豐山吉泰王勝王祐周班周

義曰雲柯其里五信天承福神像僧保天養曰東山其里

六李春姚娘安僧余福余支蔣德曰孝義其里四俞成王

壽壽俞黃金曰開原其里五汝仇宣訓閻琍趙孟戚余曰蘭風其里六孫兒惠藥施金馮明大悲班兒曰龍泉其里六羅滰傳太太慶王保施惠駱德曰梅川其里四劉榮長慶戴福謝芳曰上林其里五石人嚴順邵恩田熟王惠嘉泰會稽志

乾隆志案餘姚里都之可考者始於宋萬歷志謂宋之鄉以地遠近爲序鄉之名曰雙雁者用漢虞國事曰冶山四明燭溪東山龍泉梅川上林則以山川雜繫之然龍泉之山燭溪之湖及梅川者與所稱之鄉又錯雜也今考諸鄉名之見於載籍者蘭風見水經注雲柯見王文公集孝義開原見樓攻媿集而莫詳其義惟鳳亭之名因虞仲翔建亭於暨玉山有朱鳳之祥故名鳳亭見四明山志差爲可信耳至東山志稱余支爲東漢時人姚娘爲富而好施者遂以名其里近委巷流傳之語強事皮傳殊不足據

宋李光雙雁道中詩晚潮落盡水涓涓柳老秧齊過禁煙十里人家雞犬靜竹扉斜掩護蠶眠 明宋僖重過上林詩二十年前向此過涼亭寒露慰奔波當時未覺青山好此日重來白髮多投轄幾人懷往事煎茶何處聽新歌路

傍野老能迎客樹下幽居奈爾何（王守仁四明道中詩）每逢佳處問山名風景依稀過眼生歸霧忽連千嶂暝夕陽偏放一溪晴晚投巖寺依雲宿靜愛楓林送雨聲夜久披衣還起坐不禁風月照人淸

元附城四隅東南隅其坊雙桂待士東北隅其坊安定還淳肅淸西南隅其坊甘泉高誼西北隅其坊永寧袞繡閲武城外三十五都東山一都其圖六二都其圖六三都其圖七蘭風一都其圖七二都其圖七三都其圖五燭溪一都其圖七二都其圖八梅川一都其圖五二都其圖十一冶山一都其圖四四明一都其圖四二都其圖四三都其圖五開原一都其圖十二都其圖十三都其圖七鳳亭一都其圖十二二都其圖十三雲柯一都其圖十二二都其圖八三都其圖七雲樓一都其圖十上林一都其圖九二

都其圖五通德一都其圖六二都其圖五三都其圖六孝義一都其圖八二都其圖十六雙雁一都其圖十二都其圖八龍泉一都其圖七二都其圖九乾隆志引永樂府志乾隆志案萬歷志元改鄉爲都皆通其所領之都以一二起數而次第之獨餘姚三十五都繫宋十五都之名各以一二計之仍分四署曰東蘭燭川台四開原亭柯樓上德義雙泉官有所督視署爲先後與他縣異

明嘉靖間編審東南隅六里東北隅九里西南隅四里西北隅八里東山一都五里半二都六里三都七里半蘭風一都四里二都五里三都四里燭溪一都五里半二都七里半三都七里梅川一都三里半二都八里半台山一都三里半四明一都三里半二都三里三都三里半開原一都九里二都十里三都七里鳳亭一都十里半二都十二

里雲柯一都十二里二都七里半三都六里雲樓一都九里半上林一都八里二都四里半通德一都三里半二都四里三都四里半孝義一都八里二都十五里雙雁一都九里二都七里半龍泉一都二里半二都八里半　萬歷二十九年編審東南隅八里東北隅九里西南隅六里西北隅十里四隅共三十三里東山一都六里二都六里三都七里蘭風一都六里二都七里三都六里燭溪一都六里二都八里三都七里梅川一都八里二都十二里台山一都三里四明一都四里二都五里三都六里開原一都十二里二都十一里三都八里鳳亭一都七里二都六里雲柯一都十四里二都十一里三都七里雲樓一都十一

里上林一都八里二都五里通德一都三里二都五里三都七里孝義一都八里二都上區九里下區十一里雙雁一都八里二都六里龍泉一都八里二都六里四鄉共二百七十里乾隆志引萬歷志　乾隆志案明一統志餘姚爲里凡三百又二然永樂府志所載又與洪武制殊蓋里以編戶十年一更籍時有損益也今祇存舊志所載以備稽考

國朝康熙二年編審東南隅十五里東北隅十一里西南隅八里半西北隅十八里四隅共五十二里半東山一都六里二都六里三都五里蘭風一都九里二都十里三都八里燭溪一都五里二都六里三都七里梅川一都十一里二都十四里石山一都三里四明一都四里二都六里三都七里開原一都十三里二都十三里三都八里鳳亭

一都二里二都五里雲柯一都十三里二都十里三都八里雲樓一都九里上林一都五里二都五里通德一都三里二都六里三都六里孝義一都九里二都上區九里下區十一里雙雁一都九里二都二里龍泉一都八里二都七里四鄉共二百七十里康熙志

雍正六年總督李衛題陞三山所民地附入梅川一都計三里乾隆志

乾隆四十三年都隅在城四隅分三十五里　東南隅九里西南隅四里東北隅九里西北隅十三里　鄉三十六都都名分十五一百五十八里　東鄉龍泉一都五里龍泉二都三里梅川一都六里梅川二都九里上林一都三里上林二都二里　南鄉通德

一都一里 通德二都三里 通德三都四里 鳳亭一都一里 鳳亭二都三里 雙雁一都四里 雙雁二都一里 四明一都二里 四明二都四里 四明三都四里

西鄉 燭溪二都二里 燭溪三都五里 開原一都八里 開原二都九里 開原三都五里 雲樓一都六里 東山一都三里 東山二都三里 東山三都四里 蘭風一都六里 蘭風二都七里 蘭風三都五里

北鄉 冶山一都一里 雲柯一都八里 雲柯二都七里 雲柯三都五里 孝義一都四里 孝義二都五里 孝義三都七里 燭溪一都二里

城鄉共一百九十三里通德鳳亭雙雁四明在江南餘皆在江北　乾隆志案現編里數視昔稍減據原設版圖一百九十八里今編順莊二百五十四里既歸順莊條鞭按籍可考則里之增減亦無庸計矣

市肆

魚行譙樓南又江南北固門內　果行在譙樓南　柴炭行江南南溟門內　木棉行泥灣南口

又武勝門 米行 孫棣橋東又澄清門外杜家灣 雞鵝行 鄧家巷南 豬行 桐家橋 羊行 公館前 布行 澄清門外 臨山市 衛城南 許山市 三山所東門 姚家店市 通德鄉去城十八里 藍溪市 一名陸家埠治東南二十五里界慈谿 新壩市 鳳亭鄉治西三十里 梁衕市 四明鄉治西南四十五里 馬渚市 雲樓鄉治西二十五里 周巷市 孝義鄉治西北四十五里 天華市 開原鄉治西北三十里 方橋市 開原鄉治西北二十里 店橋市 雲柯鄉治西北四十五里 黃清堰市 雲柯鄉廢 埋馬市 梅川鄉治東北 匡堰市 梅川鄉治東北三十五里 石人山市 上林鄉治東北六十里 乾隆志引萬歷志 案新壩市在雲樓鄉 乾隆志案城中所設諸行今稍有移易然其名尚存東山志謂臨山市自東門至西門百貨叢集非在衛城南也與萬歷志異

王風橋市 塘堰橋市 徐家廊下市 第四門市 湖地戚家市

低仰堰市 沈塘餅橋市 大塘新市 廟山市 天中市 彭橋市 以上俱在江北 蔡家堰市 石婆橋市 俱在江南 康熙志

寶藏市在周家路悅來市天元市長和市百兩橋市俱在雲柯鄉迴龍橋市上塘市五車堰市俱在蘭風鄉乾隆志陡亹市在燭溪鄉廟後橋市歷山市庵東市高王市拆落市高興市長生市俱在雲柯鄉以上在江北郭相橋市在鳳亭鄉前方市在四明鄉南廟市在雙鴈鄉以上在江南

郵亭

郵鋪初自縣前及南官道置急遞凡六其後緣海置衞所增置北海道之鋪凡九治東四十步曰縣總鋪又十里曰常家鋪二十里曰桐下湖鋪入慈谿界治西一十里曰任渡鋪舊在治西七里名七里鋪二十里曰曹墅橋鋪三十里曰三十里牌鋪入上虞界是爲南官道急遞鋪治西北三十里曰方橋鋪四十

里曰化龍鋪四十五里曰道塘鋪六十里曰四門鋪六十二里曰臨山衛前鋪入上虞界治東北四十里曰眉山鋪五十里曰擔山鋪六十里曰蔡山鋪七十里曰洋浦鋪入慈谿界是爲北海道急遞鋪鋪各有廳三間有廂六間有郵亭一座有外門一間有司兵有吏一人領之今吏久無康熙志

衝要五鋪縣前鋪設鋪司兵五名任渡鋪曹豎鋪三十里鋪桐下湖鋪各四名偏僻九鋪方橋鋪衛橋鋪四門鋪道塘鋪化龍鋪眉山鋪蔡山鋪擔山鋪洋浦鋪各設鋪司兵三名乾隆志

迎送亭在治西南五十步負城面江爲古舜江樓遺址乾隆四十二年知縣唐若瀛建亭五間題曰姚江古驛築江岸石磡以便往來兩旁碑亭並新之乾隆志參康熙志今舜江樓詳城池

橋

通濟橋在縣南一十步舊曰虹橋嘉泰會稽志乾隆志引張樂府志江橋傍有碑云海船過而風帆不解其高大可見今名通濟橋橋在邑城南門外折而東三十步許宋慶歷閒令謝景初始用木跨江橋之名曰德惠尋壞崇寧五年邑人莫若鼎復建建炎三年金兵焚之紹興初令蘇忠規復建淳熙五年燬七年司業王遂復建咸淳三年壞王籍王應龍復建易名虹橋德祐二年張世傑焚之入元載建載壞蓋浮橋云僧惠興請作石橋道士李道寧繼之至順三年橋成下爲三洞名曰通濟元韓性修通濟橋記至順三年餘姚州通濟橋成餘姚岸北爲州之理所案宋圖經姚江在餘姚縣南十步橋曰德惠即今橋是也建炎中燬縣令蘇君忠規率十五鄉民重建至淳熙戊戌而壞司業王公遂方里居捐貲以創巨木互接架空負石勢若虹偃歷歲百餘至咸淳而壞司業之孫王籍曾孫應龍復創建焉壯偉加於昔易名虹橋建十年而燬縣入職方縣尹杜

君仲仁進王氏子孫而論之曰此君先世義事也不可不勉於是應龍郎舊址經營其族人濤湘等相繼盡力至元二十年九月橋成末備獸欄楯縣尹夏君杞使邑人趙孟嵩等助成之至延祐六年九月而壞行者藉舟以渡當是餘姚既陞為州同知州事夏暘孫率州民造浮橋屢修屢損人以為病有僧惠興言於官請作石橋為永久利州官許之經始有緒而僧亡州判官牛君彬恐遂廢弛命羽士李道寧繼其後且捐己俸為倡而力董之會奉議大夫監州拜住奉議大夫李侯恭來知州事與同知州事帖木耳不華買策判官張志學唐僑吏目陳天珏沈思齊咸勸成之至是而石橋成名之曰通濟風帆浪揖停潮依汐鱗居通闠東西相屬橋之名遂冠東浙非特一州偉觀而已道寧於橋傍浚井以利汲又為通濟道館以居其徒又為屋二十二間積其僦直以為修橋之用州之人士疏其本末至山陰澤中使性為之記夫涉險生民之甚病聖人有作取象於渙而舟楫之利興水涸梁成著於夏令造舟為梁周制略備矣安固而支久莫愈於聚石特其費為重而成之為鄞餘姚為州西抵越東適句章江界其中鄞傳之所出入行旅之所往來日憧憧焉江之有橋不可一日少也自建炎至今二百有餘年乍而成成而倏壞當其壞時顧盼千里貲於舟檝不能無蹴踏傾覆之虞浮橋少便矣然而波濤日涉纜絕艦解邑人疲於營繕繼材置枋始若堅

密淋炙之不勝朽敗踵之猶浮梁也惟聚石之利人之所知必有待於二百年之久不以其費之重而成之難乎今山林之人不難於勞遠近問者不難於施亦惟長民者有以勸成之也此人士之所欲記也興工於天歷二年四月閲二年而訖工橋長二十四丈其高九十六級下爲三洞用人之力餘三萬六千石以丈計者大小一千八百鐵以斤計者餘二千五百竹以束計者四千五百費可謂重矣計其大略庶幾後人知其費之重而成之難修葺之儀資之不足則協力而助俾勿至於大壞安固支久之利式被無窮此又人士之所欲記也至於成壞之歲月後之修郡志者所欲考并記之

明萬歷九年南洞圯邑人侍郎邵陛倡修之乾隆志引萬歷志

明邵陛重修記姚治瀕江江互二百餘里而通濟橋橫跨其上蓋山水之要衝明越之孔道也元至順開始建以石迄今三百年歲久數圯嘉靖戊午倭內訌始成江南城夾橋垣以石楔者四不勝震撼至萬歷庚辰南洞乃大圯行旅艱之余因出五千緡而屬南京兵部提領徐倫董其役經始於壬午之八月迄成於癸未之正月又置鐵經長數十尋於南洞兩傍率有急可緣而上是役也邑大夫丁侯秉乾用事於上而徐君佐貲輸力於下故以三百年將墜之緒數萬人難就之功非假肅於白徒藉貲於勸募不憚寒暑而告成事何其神哉

國朝

雍正四年橋圮九年重建

乾隆通志 國朝總督李衛重建餘姚通濟橋碑記略利涉莫便於橋故水涸成梁詳於夏令禮申關梁之謹史垂不梁之戒所以綦重況在東南水鄉尤不可缺姚邑城南有通濟橋跨於大江爲西抵曹娥東達亭建郵傳往來之路雍正四年橋圮頹石橫臥江心徒步舟行兩失所邑令募工發石甃建木橋稍通來往然當秋濤洶涌水道紆洄驛傳要路終多病涉令與邑中人士會議重建石橋請依七年田糧每兩出助少許鄉城遠近無不欣悅惟恐後期興工於七年二月至九年仲春而橋成是役也用石計價一千五百有奇用大小樁架木計根二千一百有奇用鐵計斤約二千五百用人之力計工約四萬其橋較前增長二丈五尺計長二十六丈五尺增高十級計高一百六級下列三洞俱通舟楫在官未嘗苛取在民未嘗傷財而巖險可恃興徒可通是爲姚人計深遠之一端也 甯紹台道孫詔重修通濟橋碑記姚邑新舊兩城夾江對峙潮汐往來其中湍悍而勢駛望之隱然若龍門巫峽舊有石橋横跨南北合兩城若一爲明越鄉傳行旅必經之所橋制共三洞長虹偃波年深易圮自宋慶歷開易木爲石更名爲通濟橋至明萬歷開南洞人坼邑人繕完之始獲如故 本朝雍正四年三洞忽截然並圮巨石沈水底號怒作灘聲舟子行人均苦之乃於治西暫構木梁以濟然難爲經久

計也苟晳憲心關民瘼飭涖此土者稽於衆詢謀僉同約按畝助貲少許一新舊制擇廉能紳士董其役適歲獲有秋物力頗贏民遂欣然願輸自七年二月興作閱再朞而工竣高廣之數視昔有加竊謂是役也小小之便於利涉大之關乎王政其在上爲不費之惠其在下有悅以忘勞鼓舞勸善之誠葉令曁諸紳士著有成勞余承乏廉訪茲土未追躬親畚挶承上憲檄催獲少襄緜力功成實與有榮施因不辭衆請而爲之記俾鐫諸華表之側與舜水姚江附垂不朽矣

胡天游代知府顧濟美通濟橋碑銘

周制自都坰逮乎郊畺立官師主興役馳見火覿期諸司里平遠塗欲井竇障陂澤成津梁無不便於民故著夏令志其時儆明受事之職爲政之要餘姚紹興郡東南邑雙郭縣峙大江中分洪流浩奔勢截子午城南門橋曰通濟綫石緪貫往來坦乘水浮闠闉陸走台鄞輶軒傳符賈旅征宦縣人逐徵千暮百朝負扶挈攜繹繹兟兟困就窘步雍正四年春鞬石隤圮平梁豁崩兩城劃張相望斗絕途子旅曹徘徊望洋遂歌渡河以增永歎墮石峗崿橫鎗江流觸沈艫艎咸用險患於是縣令葉君瑄文飭工徙石泊江南岸伐材構木置徒杠郭西偏規利道通路然而衝波怒輪騰潮激鰌谿淙谷湍衆匯緒赴暴疾彌歲困夫舟杭須之事聞制府制府檄下令必視舊法以爲民適令召父老度財算計力役謀膠鞏之制圖永底之業勤官分之務復百

姓之便於其歲常賦外十用取一俾暨厥工眾惟允和遂
上議於省郡首己酉二月肇工迄辛亥二月凡三年始成
崇從贔屓矯矢拔騫勱闘砥平駢陛窋緻蜿虹孤綳離雉
遙合周行安大壯於上悍溯殺蕩突於下騎乘聯闐篙柁
恬溜憧憧旋邁鮮遺阻艱邑之人樂蹈囊利以予方守是
邦庶刻乎文詞不沒其事夫國產美錦乘輿漆洧孟氏陋
之伯都惟惠析里既橋續頌艾康今序賢興庠課田字氓
日且重亟若夫聾毀治敗樹川梁以導津濟固囿不離於
政其勤有司宜所先焉其民不惓於取樂從令以安其功
是以彰敦慤之俗忠厚之美考圖志橋建宋仁宗時南陽
謝景初爲令始砟木跨江渡行者名之曰德惠元至順中
浮屠惠興以木久屢敗請於州判官牛彬更以石而道士
李道寧繼成其事乃易以今名銘之曰姚江之墟俊遺邦
豪湍峽束睥睨雙鯨濤振渡愁瞿缸藺倉喋喋謳吟嚨干
夫伐木空枝椿如堰鉅石或聚矼陽侯怒裂青龍腔睢盱
叹嗄隨逝瀧河梁雨雪驚飛鬃盤渦翻旋注瀕艭赤堇剖
礎何麗麗萬金椎牛擊鼓逢三年復我大路虒堐蛟倒影
東馳江洞門列扇鎖激撞重城中央貫高窗渠歌騎徒樂
負扛明星煜煜迴霄釭利茲姚人毋置杠不騫永與三犀
降　知縣葉煊文重建通濟橋記雍正二年春余承乏餘
姚秋遭海溢漂沒廬舍民居奔救不遑仰荷　宏麻卹而流
亡蠲荒賦瘞斷骼逾歲稍輯則又繕築石塘幾閱寒暑而

工成方謂姚民之福特此舉也四年春二月六日旦邑之通濟橋傾巨石縱橫怒濤奔激爲行旅郵傳憂爰鳩工徒斷石於治西偏暫構木梁以濟夫以億萬人往來必經之路倘謀之不臧非牧民者責哉集都人士圖建石橋則請以七年田糧每兩各出少許公溥而易從制府報可姚民投貯者相繼肇工於七年二月至九年二月而橋成望若巍聳實則坦蕩水陸利之橋之南北舊有舜江北固二城樓對起今復額者葺廢者舉飛閣流丹綵波掩映長虹中跨體勢騰輝東浙之偉觀抑又姚民千載之福也八載以來若隄若城若橋歲興土石取次告成不又涖茲土者之厚幸哉監工典史邢明德董事貢監生員徐世傑韓三益陸烈陳夢□炎徐世杲陸燕施有恩徐世桓李世傑沈汝昂谷昭度　知縣程明愫永禁江橋設市廛記建橋以利行也出姚邑南門東折數武有巋然隆起者曰通濟橋跨南北兩城而橫跨之聚會之處市利存焉始爲沿橋設市繼且比屋而居取徑廣不及尋丈往來病之歲癸巳余涖邑數月悉其弊即率隸驅之侵占之區頓還舊觀夫姚邑闤闠四達海貨通閩市自古誌之又何庸占是橋爲且余不惜數十人之徙業而使百千人獲安步之慶所得不已多歟勒石以告後之守土者勿聽其復萌故智也

又南曰南門橋　康熙志

戰場橋在縣南四里嘉泰會稽志宣和二年睦寇犯境縣遣顧秀才徵所部鄉夫鑿濠龍泉山後寇乃取道鳳亭自南門橋入越帥劉述古率官軍百許人克其衆數千人於此故名萬歷十五年圮里人史元熙盧公朝修康熙志明史元熙修戰場橋記略邑南城而南一里許曰戰場橋循橋而南達於四明蜿蜒數十里層峯疊嶂民鮮墳衍率資樵采蓺樹以自給筐擕綑載踵接肩摩即溽暑寒而纍纍於橋之上者趾相錯也橋左當西南溪谷諸水之衝霖雨信宿則奔湧而下奔騰澎湃趨橋而注之江萬歷丙戌橋圮余乃謀於太學盧君公朝君慨然曰是義舉也請盡撤其址之石若楗而闢之石加厚杙加密廣爲尺者二崇如之筴既定相與諗諸封大中沇翁翁力從與之余乃聞於縣大夫周公請約束公即斥贖鍰之羨二十緡且屬李尉布政令而程督焉於是諏日之良土石之備以次受直不數月而告竣長虹亙空江流無恙興徒負戴嬉遊往來一升橋而寓目則綠疇蒼莎千頃一色複岫迴巒紫翠萬狀漁歌牧唱時與潮聲相響答隱然爲邑南勝槩矣

國朝乾隆三十一年里人修乾隆志道

光閒邑人葉樊等重修改一洞爲三更名善良出南溟門外曰僊橋又一百三十步曰司馬橋又五百二十步曰楊溪橋三十里曰登明橋由此橋可登四明也四十里曰清賢橋六十里祠宇觀側曰觀橋白水山之下曰白水橋乾隆志引萬歷志

橫溪橋乾隆志在雙雁三里韓敬之建　案舊係平橋光緒元年舒仁智羅忠富改建圓橋三洞

起鳳橋乾隆志在雙雁鄉舊係洞橋乾隆七年改建平橋　案亦名三鳳橋光緒十九年修

鎮西橋在梁衕西嘉慶閒黃霖等募建石橋九洞

白雲橋在中邨唐貞觀閒建下臨石門潭鄞餘分界處

大方橋在曉嶺邨乾隆五十五年建

同善橋在石潭邨同治閒建

僊人橋在四明山閒石邨細石壘成約丈許疑非人工故名

震帝橋在縣南五十里嘉慶閒黃吉光等建

赤水橋在縣南九十里峙嶺當明越要道咸豐九年里人沈雲章募建

長生橋在陳巖邨道光閒建

以上橋在四明鄉

三閘石橋橋有三一名西河閘橋同治閒修一名直河善安閘橋一名中河青安閘橋光緒十三年修

萬安橋在潘家溪同治十年舒仁智羅忠富募建平橋五洞

和順橋在冠佩郵嘉慶二十一年重建

大彰橋在石門咸豐十年唐繪後募建平橋三洞

福壽橋在石門光緒元年羅祖梁募貲重建

新橋在衙坑平橋三洞

金鎖橋在金嶴郵道光二十年徐金雅儒募修平橋三洞

徐家橋在菖蒲塘光緒三年修

滑龍橋在香家衙舊係石步光緒二年新建

大豐橋道光二十九年建

余家橋舊係石橋已圮今更木橋三洞

以上橋在雙雁鄉

右在縣南

東射圃橋　西射圃橋詳學校乾隆志

櫺星橋在儒學東宋元豐元年莫當建嘉泰志作明星橋乾隆志引永樂府志　國朝乾隆三十五年修乾隆志

㬠星之北曰石鬼橋乾隆志案乾隆六年修自㬠星橋絕港而東曰紫金橋又一里五十步曰項家橋永安橋五里曰竹山橋乾隆志案乾隆十一年黃遂齡修道光二十七年姜懋運募修咸豐十一年粵匪斷橋梁寇平姜氏募金架木以濟行人光緒元年慈邑董氏仍易以石梁少南曰橫涇橋咸豐閒橋圮光緒初邑人徐屋塹募修未成而卒邑紳邵友濂出貲踵成之距舊址少東五丈許十九年工竣橋北建有涼亭先後用萬餘金六里曰沙浦橋七里曰百年橋八里曰石碑橋傍有界石碑也少東北十二里曰赤石橋十五里曰隱鶴橋唐莫盛攜鶴至此忽隱不見故云少南十八里曰江家橋二十里曰石公橋同治十五年呂玉安修其北有小閘橋瀦水溉民田四五百畝二十五里曰剡湖橋乾隆志引萬歷志剡湖之東曰鶴山橋曰上剡湖橋曰化安石子橋又東曰

陸家埠橋累圯未修復今架木曰界牌橋入慈谿界稍折而北曰南浦橋曰閘橋曰黃家竹橋一名官埭浦橋又名黃竹浦橋

康熙志

國朝陳梁黃竹浦橋詩百里溪山盡畫圖此中絕勝畫中無白龍勢動初離穴黃竹流迂細篆符一代孤忠光史册千秋大業走生徒應慚廿載停橈客衰鬢西風只故吾

雙板橋在隱鶴橋東南新墅橋在雙板橋東以上康熙志

聚星橋在巽水門外乾隆五年建乾隆志

延壽橋在縣東南八里光緒十九年修閘家橋在縣東南十里招賢橋在縣東南十三里樟埠橋在郁家灣浦大橋在姜渡市中東洞橋在縣東南二十一里以上橋在通德鄉

右在縣東南

黃橋在縣西南二百步水經云江水逕黃橋下注云黃昌宅橋也乾隆志引永樂府志後橋分爲二曰大黃橋小黃橋乾隆志案稍南曰樹橋出西門外跨清風港曰清風橋一百五十步曰待士橋四里曰蘭墅橋乾隆志案乾隆二十九年楊輝祖修道光二十三年圮咸豐五年邵海集資重修少南曰石婆橋亦名閘波橋十里曰長豐橋案道光八年邵海重建四十里曰驄馬橋乾隆志引萬歷志

沈家閘橋距蘭墅橋里許光緒十一年修五豐橋距蘭墅橋里許黃郎閘橋在蘭墅西南三里三朋橋馮家閘橋在蘭墅西南五里來福橋萬壽橋在蘭墅西南六里光緒元年韓穎金重修俞司馬橋在萬壽橋南以上橋在鳳亭鄉

右在縣西南

孫埭橋在縣西一十步舊名孫浦橋乾隆志引永樂府志
出西門百步曰陸浦橋橋內有六浦受大江之水光緒二十二年
修南爲仁壽橋乾隆志案乾隆三年圮後重建二里曰白鶴橋橋成時有
鶴回翔也七里曰黃童橋二十里曰曹墅橋乾隆志案乾隆十二年修
光緒十五年復修加高廣焉稍北並於九功寺者曰九功橋又北在茹
壚之前者曰茹壚橋少左曰景福橋又西南曰長慶橋光緒
四年周芝薌等捐資重建又少東北曰賽公橋三十里跨馬渚者曰馬
渚橋五十五里曰青龍橋今稱獅山橋光緒五年修曰跨湖橋橋凡九洞同治
八年修自曹墅橋西二十五里曰界碑橋蓋雲樓界也三十
里曰賀墅橋由新壩折而西當云在新壩南曰江口橋都御史周
如斗重建更名永恩俗又呼爲新橋同治六年修更名浙東第二橋光緒十四

年圯十七年楊福基修直上則爲通明矣自通明東十里曰西石橋入上虞界由新壩而南曰濟美橋疑即今慶源橋不知何時更名周如斗建又西曰姚江西界第一橋都御史陳克宅建子尚書有年修乾隆志引萬歷志

成家橋在西門外上畈邨光緒十四年修食祿橋在羅家渡西光緒二十三年重建湯家閘橋在食祿橋北後食祿橋在湯家閘橋北以上橋在燭溪鄉

鎖瀾橋在縣西三十里距馬渚橋里許舊名虹橋嘉慶十七年重建更名同治十一年修大河橋在縣西二十五里同治十年施潮福重建光緒二十三年子坤書修李家堰橋在李家堰邨

富靈橋在縣西二十里許燭溪雲樓分界處桂中橋在縣西二十里嘉慶六年董登陞重建

懷敬橋在夏巷渡東福緣橋在縣西二十里建善慶橋在福緣橋後乾隆五十一年建永功橋在縣西三十里舊名永安更名黃家閘橋同治初葉維泉等修更今名西通小楂湖五

公橋在五公橋郵郎五公閘西引檻湖及臧墅湖水東受大江水春築秋放灌田五頃餘光緒十七年沈在賢等修 東緣橋在縣西二十五里馬菴郵光緒十四年馬正祥等修 大浦橋在下新壩側

永豐橋在賀墅南嘉慶四年李作梁重建光緒九年洪康傳等修 和美橋在永豐橋西咸豐七年沈行九等修 鎮龍橋在縣西三十里馬渚下葉郵建 井頭橋在莫家堰內鎮旁有井故名

東橋近大河橋 蛾眉橋在縣西三十里許 以上橋在雲樓鄉

福寧橋在縣西七里有閘俗呼王蔡閘橋 鳳閘橋在縣西十五里俗呼閘橋 添子橋

阮公橋 陸家橋 萬功橋俱在縣西十五里 郭相橋在縣西二十里 史家橋在縣西二十五里 南盛橋在縣西三十里陳長如重建 界橋在南爲上虞俗呼小橋通上虞萬嶴菴 以上橋在鳳亭鄉

右在縣西

黃山橋在縣東二里二百步一名永濟橋一名善政橋乾隆

志引永樂府志橋旁有大小黃山土人因呼爲黃山燬於火宋紹熙間僧覺因合衆力重建廣九丈高二十丈有奇寶祐間邑人樊暉修元至順初知州李恭復修元韓性修善政橋記餘姚州之東距理所二里有善政橋橋傍有大小黃山土人因呼爲黃山橋嘗燬於火紹熙間僧覺因合衆力即舊址重建三年而後成其廣九丈其高一十二丈有奇下通海舟之桅浙東之橋莫與爲比逮寶祐間橋之建六十年矣寖及於圮邑人樊暉率衆修葺而橋完又七十餘年當至順年晉寧李侯恭知州事來視橋梁欹石漸泐過者凜凜則與僚寀議曰橋百年不修則壞壞而更爲不可以卒成如吾民何捐俸以爲之倡於是監州某同知州事賈宷判官某協力而成之侯以公餘日往視役用衆工而橋復完州人士環視踴躍謳謠西過山陰澤中偉性爲之記性不敢辭因爲言曰古之爲政非徒奉法制禁令而已將爲人司牧而生全之也是以興其利除其害就其喜違其戚害者戚者莫病涉之爲甚是故橋梁之利爲善政稱首以鄭僑之惠而徒杠輿梁之弗成孟子猶以爲不知政也李侯之爲治能急於是役則其政之善可知矣至正間又壞十九年僧自悅重建潮瀕湃

不可累石自悅虞禱潮竟日不至橋成名曰福星正統三年改二洞爲三洞以緩水力嘉靖三十四年知縣李伯生毀橋以禦倭事平架木以濟人隆慶改元翁司馬大立施閣道萬歷二十九年燬於火里人毛伏諸起鳳重建石橋三洞康熙志 國朝康熙八年修乾隆志 嘉慶初復圮二十三年邑人翁元圻葉樊等重建 國朝翁元圻重建鳳凰山橋記邑治北有二江受東北六鄉五湖之水分流至城外合爲一自北折而東又折而南而東至鳳凰山北又折而南匯姚江迤邐而注於海自鳳凰山而上不數百步閒水凡四折水鬱而怒潮落時雷洊電洩非駟馬之追也昔人即鳳凰之麓建橋跨江以通明越驛路初名善政橋後改名福星橋而居人咸謂之鳳山橋蓋以山名之自宋紹熙至明正統凡三經修建葺具邑志嘉靖三十四年倭寇逼海來犯邑令李公毀橋以保城賊平復建以石爲址而木爲梁排石其上隆慶中余族祖大司馬見海公易排石以板且架屋橋上俾往來者得以避風雨弛負擔余祖參政成吾公爲文以記萬歷二十

九年辛亥復燬於火邑人毛公伏諸公起鳳募金重建爲三洞石橋數年而後成至國朝嘉慶元年三月而圮自萬歷辛亥至嘉慶元年歷一百八十餘年中間惟康熙八年修理一次其始建之工可謂鞏固而經久矣既圮之後工大費鉅未郎興作因公捐錢千餘貫於橋西二十餘步建木橋以濟行旅月捐錢一千貫存息以資歲修橋低門狹舟行觸木柱多覆溺者是不可不亟圖復建也余時官湖南致書城鄉親友俾轄轉勸輸得七千金余亦捐俸以助并原存本息錢一千三百五十貫公舉邑人葉君樊爲董事郎舊址而廣之經始於嘉慶二十三年六月告成於辛巳二月其橋復舊加長而高巍煥堅緻與通濟橋埒洞門既寬水勢亦緩往來舟楫如履坦途夫木與石堅脆固殊然必及其未圮而修之費省成速可經千百年而不壞是不能無望於後來者僉曰可以無記余因識其巔末勸之石是役也凡用石一千二百八十丈有奇椿木二一千八百四十有奇石灰三萬四千二百有奇桐油一千二百斤有奇鐵二千六百斤有奇石工三萬四百有奇又修橋東二里之射瑿橋亦驛道所必經橋南有文昌閣關帝廟并葺而新之皆葉君措置之善經費之不敷者以己貲足成之捐輸姓名月立石以表示後人云

治東曰澄清橋俗譌爲登明橋乾隆志案康熙五十三年修光緒九年重修曰

汪姥橋汪姥所建乾隆志案雍正十一年修同治二年邑人葉堅修曰昇仙橋在驛之右以上康熙志

黃山橋迤東五里曰射龜橋道光元年邑人葉樊修南近大江曰外射龜橋迤北五里曰范家橋乾隆志案范家橋乾隆九年重建　以上乾隆志引萬歷志

萬豐橋舊爲孫家闢穴湖水所從出也　乾隆志

太和橋在縣東六里福祿橋在縣東七里永福橋在縣東八里萬壽橋在縣東九里水門橋在縣東九里界牌橋在縣東十里桐下湖廟西南橋之東爲慈谿界故名以上橋在通德鄉嘉泰會稽志

右在縣東

祕圖橋在縣北一百步嘉泰會稽志稍東曰小祕橋祕圖山之左曰桐江橋乾隆志引萬歷志

候青橋在候青門外乾隆志引萬歷府志嘉靖三十四年與黃山橋同毀以禦倭事平改爲平橋萬歷二十年圮知縣葉煒里人閻人羔徐倫重建洞橋如故康熙志明吳道光修候青橋序略出邑候青門數武歸然跨江而雄峙者候青橋也嘉靖壬子島夷寇海上所過輒殘破諜得其攻城狀守者懼亟毀之已而寇果薄城下不得渡引而去衆遂不敢復故爲高橋而架木爲梁砥石而平之僅通往來事甚草創寇既平父老興歎屢欲新之而未有舉也歲久而木漸朽石且隕裂存者如綫舟人慄慄行旅惕惕若不能朝夕待矣葉侯知餘姚之二年政通人和百度改觀一日履斯地曰斯非邑之要害乎而胡以傾圮若茲也且於度爲不協夫安民者在捄其危興利者必計其遠作而新之易卑以崇去險即安斯百世之利也顧費不可以煩度支爰出俸百金爲倡士大夫聞之而交相勸也積貲者輸任力者趨作之增增而橋不日成矣君子謂葉侯於是乎知政政者正也信而後勞施德及遠非正其孰能之侯以治行最擢爲司農郎其宅檄別有紀國朝乾隆十八年重建移東二十丈乾隆志國朝知縣李化楠候青橋記略候青橋未詳所自創適當候青門外故名候青

門者城北門也實臨劍江明嘉靖中撤橋以絕倭路城得完後復建則改洞橋爲平橋繼圮萬歷中葉乃重建洞橋其地勢東下潮水陡東入橋甚鬱怒船之西北來者其奔如駛稍不戒與橋擊撞船破而橋亦圮乾隆十二年三月都人士倪繼宗等舉藏經寺住僧日重新爲董事募一修此橋十六年振災其明年六月余蒞邑嚴前後捐振銀一萬三千餘兩尚餘銀九百七十兩請助橋工得報可鳩工伐石而已捐繳之銀亦集十八年十二月十五日橋成前後約費白銀二千五百兩有奇餘銀五千餘兩益以他公費自城門至橋築石塘若干丈以便行人僧重新自興工後日在工所余賴其力以克有成橋舊在城門口今東移二十丈用殺潮勢高逾舊洞惟三云　道光十三年圮十五年邑人葉樊重建改三洞爲五用錢數萬緡候青橋五里曰鄔公橋學使鄔景從建又五里曰愈嘉橋呂文安夫人夏氏建又五里曰宋堰橋今稱勝堰橋咸豐七年鄭金聲募捐重建又五里曰姊妹橋分名之則爲大橋小橋由潮堰以進河分爲二一進黃清堰一進低仰堰又三里曰鳳儀橋又

七里曰臨井山橋橋與謝汝堰相連西爲麝蘭橋又七里曰甚蕩平橋又三里曰茅家橋又二里曰虞望橋北曰許家路橋稍東曰大塘橋閘頭橋折而南曰章家橋曰迎龍橋曰借堰橋曰四板橋康熙志

分渡橋在低仰堰東百步乾隆志

劍江澄清橋光緒十一年修俗名張青橋　馬家閘橋同治十一年修　古湯家閘橋又稱天監橋同治十年修　澹法廟橋即古天監橋　橫逕橋俗呼閉口橋同治二年建　洋嘉橋以上橋均在姊妹橋北　白鶴橋與老低仰堰接　半路橋　中興橋在浦前邨　太平橋與新低仰堰接　丹鳳橋同治十年修即扶蘇閘橋　墊橋距兩低仰堰一里餘　古葉嘉橋光緒二十年修　遜馬橋光緒二十一年修　西成橋在甚蕩平橋東北光緒二十一年修　馬家橋　湖口橋距黃山湖閘二十步　安宅橋光緒二十

年修夾河橋　上陳橋　廣墅閘橋　高家橋　在朢橋

在迎龍橋北三里便農橋　耕耘橋光緒十年修古鮑家門橋在牌軒頭

郵王家堰橋在鱷子湖南以上橋均在大古塘南化龍橋在大古塘上雙龍

古迹橋光緒二十一年修清福橋　興仁古迹橋　雙龍橋

迴瀾橋在新塘上通濟橋　萬程橋在周塘上界塘橋在界塘上會眾

橋　西園橋　大興橋在潮塘承志橋在潮塘百歲橋在潮塘

唐家橋在潮塘以上橋均在泥場路港古太平橋　從愿塘在大古塘咸豐

四年修西團圈橋在界塘下古墊橋在潮塘心田橋在榆柳三塘以上

橋均在下墊橋港徒杠橋在大古塘顧家橋　通水橋　迴香橋在新

塘楊葉江橋在新塘楊葉橋在周塘團圈橋在界塘會源橋在潮

塘會通橋在榆柳三塘以上橋均在長和市港大路橋在周塘上永福橋在界

塘長慶橋在潮塘迴龍橋在杜家路萬安橋在潮塘下成心橋在榆柳三塘以上橋均在大路陳港寧遠橋在大吉塘道光三十年修光裕橋俗呼廟後橋咸豐四年修萬年橋興龍橋益浦橋白龍橋萬安橋在新塘永興橋在周塘太平橋在周塘頭甲橋在界塘永寧橋在潮塘大昌橋在界唐衆安橋在潮塘保安橋在潮塘長和市馮海閘橋在榆柳塘半路橋在永興橋北長安橋潭河橋在界塘清風橋在永興橋東稍北萬年橋在界塘古顯仁橋在潮塘光緒十年修以上橋均在潭河橋港普濟橋在大古塘上坤安橋在歷山西麓乾安橋在歷山東麓案以上二橋咸豐元年翁忠粹因歷山之麓塘路幽僻夜行者俱有戒心於塘之北購田闢路並建二橋以達塘路行者稱便計用錢三千有奇爲忠粹一人獨創云月橋咸豐閒修福壽橋同治十二年建益鎮橋在歷山市光緒四年修吉星橋在散塘光緒二十年修新安橋在新塘逢源橋在周

塘光緒十六年修 永遠橋同治十年修 進香橋 界塘橋在界塘陳南良建
同仁閘橋在界塘 太平橋 益郵橋 轉江橋 永豐橋
在潮塘光緒三年修 三益橋在同仁閘北 二友橋 四恩橋在員塘郵曲路
橋 通源橋在潮塘塘庵旁 保仙橋在新塘距同仁閘東二里以上橋均在隺陳路港
鎮東橋在大古塘歷山市東咸豐元年翁忠粹修 柯莊閘橋在大古塘 柯中橋咸豐
七年修 長春橋咸豐六年修 高橋 萬寧橋在斜新塘 萬安橋 承
先橋 萬和橋 永安橋 百兩橋 善慶橋在潮塘下大泥
路 益農橋在二塘頭高興市西以上橋均在樣山路港 蓮塘第一閘橋在大古塘
土名閘頭郵 蓮花橋光緒十六年馬道傳修 眉山第一橋光緒閒修 樂山橋
光緒八年修 太平橋在新塘同治八年修直北為馬家路港 永安橋在新塘同治八年修
以上橋均在廟山路港 廣濟橋在大古塘光緒七年修 咸寧橋 迎龍橋光緒

十年修如意橋　匯龍橋在河角以上橋均在房王路港許山第一橋在大古塘百歲亭前同治間修古大塘橋光緒八年葉采藻修保赤橋即舊永振橋同治八年張禹功修更今名在潮塘上直塘橋　保安橋在坎鎮以上橋均在趙家路港以上橋在雲柯鄉

右在縣北

客星橋在縣北一十里舊名安山橋以近嚴子陵墓故易今名嘉泰會稽志陳山舊有橋屢成屢壞湻熙十年僧清式改廣百五十尺翼以石闌六年乃成寶慶續志　宋孫應時重建客星橋記自漢建武以來千餘年嚴先生之高風激越宇宙天下尊之無異詞先生吾餘姚人也晚耕於富春山富春折而爲桐廬釣臺屬焉自文正范公建祠而記之釣臺之名大顯厓石草木亦得以衣被風采發舒精神傳繪於天下其邦人士尤以爲榮而吾邑之地靈人傑世反不傳非缺歟土俗所記吾邑少東江瀨鄰鄰潮汐上下常有聲是爲子陵灘蓋其

初之釣遊處也東北十里有奇峯曰陳山拔立千仞秀表一方而叢石隆起在山之陰據峻陘俯長川以望東海是謂嚴先生墓蓋嘗家是山而歸葬焉傍又有山曰嚴公山有古叢祠曰先生廟其應史如此豈誣也哉乾道中故太師史公鎮越始告縣表墓道起精舍曰客星堂而爲之田長吏以時奉嘗陳山臨大浦民橋其上善壞湻熙十年僧淸式大改作甃石如虹袤百有五十尺石闌翼之甚壯六年乃成里人相命亦曰客星橋將使四方之士舟車之過焉者喜其名而相告也江山其改觀乎先生之故里其與釣臺並傳乎向亦史公之志也哉噫嘻利欲昏人萬世同流非聖賢孰能興之惟伯夷之風廉貪立儒先生亦一倡東都之士凛然以名教風節相高千載之下猶與日月爭光信乎其得聖人之淸者也豪傑之士今豈無有况乎覽先生之遺迹想其人之如在其感慨何如也邑人孫應時敢記其事於石且歌之曰山川之靈人爲重輕風土之佳兮人爲晦明先生釣遊有榮一州先生故耶云胡弗求陳山雄雄石梁崇崇斯名斯歌以諗四方慶元四年戊午八月壬辰記

元元祐二年毀僧惠仁重建嘉靖十六年壞十八年重建（乾隆志引萬歷志）國朝同治三年知縣陶雲升倡修翁葉二姓董其事

二十里爲梅㠗湖曰梅龍橋稍東曰航渡橋永樂閒建爲洞五闊三尺有咫長五丈餘燭溪湖塘横截梅㠗湖口而橋當其閒康熙志云橋擅二湖之勝二十二里曰秦堰橋橋在縣東北二十五里咸豐閒修又東曰横河橋三洞下設閘蓄東北諸鄉之水又東曰七星橋道光閒孫式鑑修三十三里曰虹橋即宏濟橋乾隆十一年胡聖侯捐建道光二十二年胡誠重建三十五里在埋馬市者曰埋馬橋橋今圮架木爲梁四十里彭山之北者曰彭橋光緒十六年修四十五里曰匡堰橋游涇橋游涇橋光緒十三年梅川上林兩鄉募修五十里近石人山者曰石人橋乾隆志引萬歷志今改稱鎮里橋

宋高岵匡堰市橋晚坐詩隔眼風塵寢開心照水清牛羊歸古坂鷗鷺集浮萍倦我思垂釣知誰共濯纓湖光浮一鑑倒影夕陽明

國朝伍熹過彭橋詩負笈擔簦路尚遥近鄉穩步過彭橋當年酒債人猶識此日琴絃我自調薄

雨沾泥方滑𨂻䟽風吹裹正飄搖歸來新釀纔堪酌漉却烏巾任世嘲

如心橋乾隆四十年房尚德建案即三山所城西門弔橋也光緒九年葉鳴盛修　雙河橋入慈谿界以上乾隆志雙河橋光緒八年毛有餘重建

韓家橋在客星橋東北百步　胡家橋　范家橋　又新橋　翁郎橋　東石橋　南湫橋　以上橋在治山鄉

鳳凰橋光緒十六年胡啟榮修　鮑家橋　烏戎橋　王梁橋同治初普照寺僧修　鳳岳橋　馬堰橋橋圮河中年久不朽　馬山橋　田王堰旱橋凡三洞　水溼橋俗呼長石板橋在水溼港　龍泉橋　洋山橋在洋山港　宏惠橋在七星橋東三里　躍馬新橋咸豐八年修　轉龍橋道光二十三年胡誠重建光緒五年胡福昌募修　古洋山橋在轉龍橋北里餘咸豐七年重建　以上橋在龍泉鄉

廣福橋舊稱蔣沿橋光緒五年胡會昌修　古羅墅橋即羅樹橋閘同治九年陳載煒修

板橋　儲橋　高橋　水門橋以上四橋均在三山所城　三山所城東門吊橋舊在大古塘河南俗呼東門橋　普濟橋在三山所城南門吊橋　五福橋三山所城北門吊橋光緒十四年修　大塘閘橋一在三山所城北門外久廢光緒十二年葉瑞庭馬績傳胡德輝募捐重建名古大塘橋以去海水遠不復設閘一在光明亭西許山志所謂童家涼亭是也乾隆間里人童純如開塘建今廢一在白沙路市中郎萬全閘下閘處形迹猶存　太平橋大塘橋北稍東

仁壽橋　太平橋　增福橋　萬安橋　古保慶橋　得子橋　聚寶橋在坎墩鎮市南　落成橋一名梅川橋同治九年修　沈母橋即耕讀橋　羅墅橋在埋馬又名元隆橋道光二十三年修　黃家堰橋　三郎橋在花木嶴山麓　仙子橋今名天仙橋又名古木橋　府廊橋　普濟橋　高家橋

虞家大橋道光間胡振艮等修　橫街橋道光二十一年胡誠修　翁郎橋一名

丁郎橋又名文林橋　宜春橋乾隆二十年修嘉慶二十五年修　厚宜橋　酒仙橋

乾隆十一年胡殿元重建嘉慶二十九年光緒九年修　聚秀橋道光十九年修　何家橋今稱禾嘉橋　聚奎橋同治十二年修　會龍橋光緒二十年修　樂安橋　安樂橋同治八年修　太平橋在聚秀橋南土名盧家漕道光二十九年胡誠建濟山志謂在安樂橋西者今無考

起鳳橋　後石橋　里人橋　太平橋　萬安橋光緒十八年修　天香橋　新橋　中丞橋　瑞榆橋　跨龍橋光緒十八年修　伍家橋道光八年修　妙山橋有下閘處形迹宛在　匡堰閘橋有閘二道洩上林湖時下東閘洩燭溪湖時下西閘　潘興橋嘉慶中重建　壽昌橋在彭橋東同治十三年修　起鳳橋在彭橋西光緒十八年重修　凝鎮橋舊在埋馬橋西光緒十八年移埋馬橋東

福緣橋在匡堰文武殿側　豐登橋在梅林寺大古塘上有閘今廢　勻元閘橋康熙開徐文開塘造閘今形迹猶存　保安橋在坎直塘頭　如意橋在岳字東四竈　萬福橋

（在岳字東二竈）萬福橋（在禮字六竈）保赤橋（在潮塘）梅墅橋（在周塘）橫堰橋（在勻元閘東南）虞波橋（在虞波港咸豐十年修）古東津橋（距虞波橋里許同治十一年胡永昌胡貽坊胡貽浩修）萬安橋（在拔船塘光緒二十一年修）萬豐橋（在橫新塘光緒二十一年修）萃安橋（在水霪浦道光二十八年修）福昌橋（在烏山道光十年胡誠建）古岑家橋（在祝家園東今名安定橋道光十九年胡誠修）以上橋在梅川鄉

鎮龍橋（入慈谿界道光二十三年慈北重建橋上舊有文昌閣橋之西向有閘慈北杜白二湖與姚邑上澳湖決水分界處）廣渡橋（初名老塘橋在水霪浦嘉慶八年宋爆文建）瑞安橋（初名周塘橋在消路臺西嘉慶二十五年宋爆文修易石更今名）永福橋（舊爲五豐閘在道路臺市中）大浦橋（在水霪浦周塘光緒十七年周益亨馬家楨孫炳峯募建）洋浦大橋（在周塘孫毛余洪邨之東入慈谿界）以上橋在上林鄉

右在縣東北

新橋在縣西北一里乾隆府志俗稱智慧橋今少北曰後新橋折而西曰拗橋出武勝門曰武勝橋晉高雅之克孫恩於此故名迤北十里景家橋今家作嘉景星所宅也十二里曰洪家橋今曰東虹橋西虹橋吳家坂橋吳家笠橋吳家笠橋大小有二吳家輝橋乾隆志案乾隆初修更名宋學士橋由武勝橋轉西十里曰太平橋十一里近毛忠襄郵者曰忠襄橋又北曰盧方橋今改流芳橋錢家橋二十里亦曰新橋舊跨長泠港曰長泠橋又名方橋又十里曰大將橋三十五里宋楊子祥故宅東西者曰雙橋五十里近謝文正故宅者曰萬安橋其南曰濟美橋步雲橋登瀛橋並侍郎謝丕所建由方橋稍南而西曰萬石橋橋在方橋東北三里宋侍郎孫嶸叟建又西里許曰葫

盧橋橋在方橋西里許曰牵枝橋橋在葫盧橋西南二里許道光十五年劉涵修加檻俗呼大添子橋又里許曰剡莊橋今稱萬莊橋曰石鼓橋曰青山橋西入蘭風曰八士橋乾隆志案康熙四十二年修少南曰木連橋橋在孫魏市中極西曰舜橋寰宇記及太康地記云餘姚有舜橋舜避丹朱於此乾隆志引萬歷志

吳家輝橋側有王官人宅橋俗稱宅前橋徐官人宅橋今稱觀仁橋長泠港有姚家橋橋在萬石橋東北陸家橋光緒二十年南王郵王昆治募修舊三洞今改水洞一旱洞一蔡家橋方梁橋趙公橋淡畈橋以上康熙志在周巷者曰寧鎮橋乾隆二十九年重建曰萬豐橋乾隆三十一年周益凡重建俗呼師子橋曰榮公橋當作榮恭曰永勝橋曰八字橋在湖堰西又西曰符郎橋迴瀾橋在榮公橋東者曰延陵橋謝家橋體

仁橋乾隆間張廷王建東塘橋長嘉橋勞夔一建稍北曰唐家橋又北曰大塘橋稍西曰湖門橋又西曰乘龍橋同仁橋平王廟橋順治間勞文射建稍南曰寶善橋迤北曰捨子橋又北曰西上元橋傳家橋今名公仁橋太平橋在蘭風鄉者曰高橋乾隆二十二年張順裕修光緒十二年楊世珍邵學鱣張景拭募修天香橋乾隆三十一年張永懷修左高橋萬歷十六年張問仁建八分橋天啟二年修今稱伯文橋斗野橋康熙二十八年何予之修嘉慶二十五年修鎮龍橋明尚書沈應文建乾隆六年修案橋上建庵橋西爲沈郵毓薇橋順治中建在沈郵東惠安橋乾隆二十四年建萬安橋乾隆三十五年改木爲石在沈郵南安國橋乾隆三十九年胡國柱建石巷橋乾隆四年徐贍仁修長慶橋縣西北五十里橋東爲東山界老寨橋西北五十里今稱福隆閘橋橋下有閘限橋旁有堰儀橋在羅家山大通橋入上虞縣界以上乾隆志

明謝遷方橋答馮雪湖詩：方橋徒步記當年，今日經過一愴然。老去杜門深避俗，閒來命駕偶隨緣。乘桴嗤我從遊海，鍊石憑誰詫補天。邂逅行窩仍一笑，聯牀剪燭話心便。

國朝桑調元長泠橋詩：漠漠洲渚迷，沙禽叫相屬。舟人昧川涂，別巘誤已數。傴僂出前浦，沿源凡幾曲。煙樹兩厓分，春江雨中綠。滮滮陂塘水，噴飛瀨鳴玉。二麥際天青，萬頃漾遐矚。故鄉去遲遲，幽思紛綸觸。欲攜阿鍾歸，耕稷安土俗。

景福橋嘉慶間建　葉易橋更名震龍橋，光緒十八年陳龍慶修　大泠橋久圮　葉家橋　迎龍橋　通濟橋以上橋與萬豐橋、寧領橋、榮恭橋、進公橋、方梁橋、徐宜人宅橋、吳家坂橋、陸家橋、姚家橋、董石橋、方橋、劉古木橋均跨長泠港　萬安橋與忠襄橋、盧方橋、錢家橋均跨太平橋港　夏林橋　東安橋　萬安橋　鹽倉橋　萬豐橋　魚林橋以上橋跨梁家堰港及洪橋港　平橋在太平橋北　斗山橋在平橋北，以上橋跨平橋港　蓮橋在錢家橋北　魯家橋與延陵橋、永勝橋、謝家橋、唐家橋均跨吳家堰橋港　合成橋　登科橋　隆慶橋以上橋均在葉易橋東，跨南黃港　湖堰橋

在趙公橋西　新橋　鎮瀾橋在湖堰橋西　保安橋在八字橋西　徐堰橋

順風橋　正陽橋以上三橋在吳家竺橋南　金山銀橋　義橋二橋

在正陽橋東　開原橋　太婆橋　義元橋　順風橋　便農橋以上橋跨繆路港　曲路橋　五福橋　遍濟橋　太平橋以上橋跨曲路港　青龍橋　安仁橋二橋跨馬家路港　觀海橋　指揮廟橋　太平橋　萬德橋　萬安橋以上橋跨周家路港　普濟橋

大橋　小橋以上橋跨吳家路港　杜匯橋　太平橋　永鎮橋以上橋與西上元橋均跨驛亭路港　拾子橋　天順橋　濱浦橋　義護橋以上橋在沙黃港　永安橋在臨山衛城北　長生橋　眉山橋　扶桑橋　三多橋　增福橋一名家橋　咸井亭橋橋上有亭古曰井亭　天和橋　廟橋

在周巷十字街南北　埋溝橋即仁風陡亹　大通橋又東即體仁橋　集義橋在集義亭

西又東即大塘橋永寧橋又東即平王廟橋會龍橋在乘龍橋東以上橋與體仁橋大塘橋寶善橋同仁橋傅家橋乘龍橋湖門橋均在大古塘以上橋在孝義鄉

古木橋在方橋西南二里迴龍橋在古木橋西南二里光緒十二年邑人劉雅堂劉昂青創捐謝爲仁監修古義橋凡三洞咸豐四年南洞圮邑人劉月瑞修樂安橋在古義橋北潘車橋在樂安橋北相傳二姓合建故名鎮東橋在潘車橋北光緒十九年南張邨耆民俞有金募修以上橋在開原鄉

利濟橋　萬安橋　安國橋　今山橋　池五娘橋以上橋在東山一都

永壽橋　鷹山橋　震龍橋　鎮洪橋　滑家橋　鮑郎橋　全佳橋　施家橋　星郎橋　康莊橋

永安橋以上橋在東山二都

鳳鳴橋　泰春橋　大義橋　義佳橋　開原橋界開原　叢桂橋　宏濟橋第三門舊址　南窵橋

望湖橋二橋在四門張家橋 保合橋 鳳儀橋 鍾靈橋 巽地旱門橋以上橋在湖埭悅來橋 啟明橋 迎薰橋

長庚橋以上橋在臨山鳳鳴橋至此屬東山三都以上橋在東山鄉

壽山橋入傘山港傘山橋在傘山港客星橋橋北嚴郵為凝輝橋在孫魏市北以上二橋道光十二年建金山橋光緒間孫洲琴修正興橋在孫市郵樂安橋光緒間先後修明德橋光緒十九年吳華德修萬年橋咸豐二年建在小刻作郵太平橋在馬家堰南界上虞市雙邑橋在馬家堰市中南界上虞馬家堰閘橋 古小橋在後蔣郵前道光十一年重建三徑橋在老蔣郵西萬盛橋道光六年修文星橋在馬家堰東里許光緒七年修天湘橋光緒七年修登仕橋本名福祿橋在湖埭堰南嘉慶間魏德年重建同治十年吳瑞豐修崇福橋在湖埭堰北同治三年孫元耀修徒杠橋在湖門北嘉慶二十四年陳德琰建道光三十年同治十一年孫曾二次修東障橋在前鶚山

東湖東閘橋在余支湖東東三界德星橋　中和橋　七星橋光緒十九年陳惟志修鎮龍橋以上四橋均在前鷗山油車橋在後鷗山西北古木橋在迴龍市中道光十二年改建石橋光緒二年重修八仕橋康熙四十二年改建圓橋嘉慶光緒閒修港沿橋　鎮東橋俗呼華橋後牛閘橋光緒十二年修橋南潘蔣華村高陽橋　孝秀橋以上二橋在高陽邨南毓敬橋　慧渡橋以上二橋在兩灌注西北兩灌注橋在五里堰市東北二里餘東永興橋在吳莫邨西東南界上虞北永興橋俗呼新橋五車堰北在濟順橋在蔡邨東貫茫橋俗名家橋蔡永安橋在蔡邨北古草庵橋同治十一年修普濟橋建於明季俗呼官路橋嘉慶閒黃成鈺修古西橋嘉慶二十五年建迴龍橋在迴龍市北明嘉靖四十三年建乾隆五十四年何辰樞修孫婆橋在高橋東俗呼松節橋古竹橋乾隆閒改建石橋南涇橋在千金湖南涇港口趕山橋　石山橋　後張橋　迴龍橋　四福橋以上

二橋在于墩邨宰和橋在邵氏宗祠前康濟橋在邵氏邨西迴瀾橋在黃家埠市東
南乾隆二十七年黃斗文重建永順橋俗呼里郎橋在馬邨東南東濟橋俗呼朝東橋在馬邨
東南廿畝壩橋在邵邨南太平橋在徐邨東南乾隆七年徐廷玠建上河橋
永安橋在徐邨東永豐橋在韓夏市南迴龍橋俗呼陸家橋稍西西郎上虞界
濟橋同治九年光緒十八年修南濟橋光緒十九年創建種福橋俗呼諸鎮家橋
龍橋在楝樹廟北太平橋俗呼下畈橋萬年橋在楊氏邨前張港橋在上
塘市南楝樹橋在湯蒼堰上南郎上虞界大板橋在王邨東大吉橋俗呼打鐵橋
大興橋光緒十六年蔡榮修硯頭橋在湯邨東南道光八年重建落馬橋在楊氏邨
東東岱橋俗呼嶽廟橋光緒二十一年陳維義修古洞橋在上塘市南安心橋
在上塘市東南鎮南橋在上塘市毓秀橋在閘人邨西鎮龍橋以上二橋建於宋寶
祐六年廟橋在聖廟前顯寺橋在廣安寺前花神橋光緒三年王謙募修鮑家

橋已廢太平橋俗呼裏巷橋光緒十八年修祝家閘橋在上塘市北雍正十一年淨水庵女僧募修顧家橋巽來橋在金張邨西南青龍橋在趙家堰下以上

橋在蘭風鄉

右在縣西北

渡

陸家渡在縣東一十里案康熙志作十二里是鄒家渡在縣西一里啞兒渡在縣西七里霍家渡在縣西七里方家渡在縣西十里徐家渡在縣西一十二里吳家渡在縣西一十五里郭家渡在縣西三十里沈家渡在縣西三十五里燭溪渡在縣東北二十里黃家渡在縣東北三十里嘉泰會稽志 案邵家渡沈家渡今存霍家渡或即今七里浦渡餘廢

治北三十里曰黃沙渡乾隆志引萬歷志治之東曰旱門頭渡今稱盃渡五里曰竹山渡今廢十里曰下陳渡十五里曰姜家渡治之西曰倉前渡一名還金渡王尚書華幼時拾遺金還之其人祝謝後應所祝故名一里曰西石山渡六里曰蘭墅橋渡二十里曰菁江渡二十五里曰夏蓋渡三十里曰三十里牌渡以上俱在姚江餘支水不錄康熙志 案蘭墅橋渡今廢

七里浦渡在縣西七里羅家渡在縣西十五里史家渡在縣西二十五里以上在姚江

餘姚縣志卷一 疆域終

餘姚縣志卷二

山川

祕圖山在縣治北本名方丈山唐天寶六載改今名舊書謂神禹藏祕圖之所大清一統志其下勺水即祕圖湖康熙志

龍泉山在祕圖山西一里許舊名靈緒山亦名嶼山名勝志孔曄記云山有三足白鹿昔虞翻嘗登此山望四郭誡子孫曰可留江北居後世祿位當過於我聲名不及耳虞氏由是悉居江北也山顛有葛仙翁井山腰有微泉未嘗竭名龍泉王荊公少時隱居讀書於此嘉泰會稽志山半有神仙洞高數丈深不可測宋高宗飲龍泉甘之取十甕以去中峰高處有石曰絕頂石後名祭忠臺乾隆志引萬歷志祭忠臺詳古蹟西

峰曰第一山

唐方干登龍山絕頂詩未明先見海底日良久遠雞方報晨古樹含風常帶雨寒巖四月始知春中天氣爽星河近下界時豐雷雨均前後登臨思不盡年年改換往來人

宋王安石詩山腰石有千年潤海眼泉無一日乾天下蒼生望霖雨不知龍向此中蟠人傳湫水未嘗枯滿底蒼苔亂髮轟四海旱多霖雨少此中端有卧龍無

孟點詩汙瀆横鱣鯨螻蟻得而制所據非所容悲歎生賈誼吾疑洛陽叟所見未超詣卷之不能伸無乃為形累揭來姚江濱稽首龍山寺泓澄尺餘水龍乃於此憩斂之還可小泥蟠縱兀肆乘時大其用雲行復雨施出無而入有莫得窺其際茲龍之為龍所以超萬類彼哉横江鯨舟楫詫吞噬莫知屈伸理已大不可細滄溟有時竭鬐鬣何足恃惟龍神以天不足以迹泥洪濤載翻播勺水或游戲江河固所便巖穴亦可寄深潛若終隱奮迅倏已逝小大無定名變化莫擬議吾聞黃面老法門傳不二細能入無閒大可周天地芥子納須彌妙語言下契蟄龍徘徊久其亦悟此意

元韓性詩鳳凰不棲枳天馬肯就閑胡為九淵龍卧此數仞山苟無風霆威何異蛙蠙繁世網易嬰人有如百尺瀾悠哉志士懷眞欲甦人褒一朝躡浮雲游戲窮玄關甯知天瓢側不及智井蟠百年撫陳迹老木亦易刊名高雖易

毀志遠終難攀山中白頭僧笑我發浩歎　明陶安詩腳
底潮生鼓萬雷浪頭隱隱白雲堆諸洲地到海邊盡外國
帆從天際來但覺中閒浮島嶼不知何處是蓬萊生平登
覽今朝最彷彿珠宮貝闕開　宋僖龍山送客詩龍泉高
處爲誰登曲徑幽尋樹下倚黃葉又經秋夜雨青燈曾踏
歲寒冰西來山閣隨雲隱東去江船待月乘興遊浮生還
惜別吟詩落照倚蒼藤　謝遷登龍山絕頂詩邈逕蹬龍
接祕圖雨中臺殿半模糊神仙勝境餘三島狂客歸舟任
五湖地近東溟先見日樹連南郭曉棲烏高軒過處人爭
訝一片清冰照玉壺　王守仁憶龍泉山詩我愛龍泉山
山僧頗疎野盡日坐井欄有時卧松下一夕別雲山三年
走車馬愧殺巖下泉朝夕自清瀉　林俊詩龍山殘道落
巖泉古寺長松鎖夕煙風雨晦冥無丈室藤蘿昏黑隱諸
天看飛短錫知何日打賣殘磧不記年生滅大千還世界
白雲滿地故依然　于震神仙洞詩窗葉重重護彩霞也
知深處是仙家雲屏靜掩人開月春色遙連洞口花局面
山河移甲子樹頭寒暑記年華西風正苔瀛洲路願借谿
邊兩月槎　錢德洪思龍山絕頂詩龍山只在蕙江陽鐘
梵悠悠燕雀翔絕頂龍潛含雨氣中天山翠接江光夢迴
鄉國堂垂白秋到東籬菊正黃南望傷心一揮淚錢塘野
渡正蒼茫　譚宗登龍山懷友詩傷心百歲半東流經歲
關門補浪遊九日每含他席淚十年重見此山秋清江曉

堞寒生月衰草黃雲葬入樓恨不披襟最高處同君一散盡
故園愁　乾隆志案王安石二絕句康熙志祇載其一茲
從全集補入以李壁注考之當是王安石爲鄞令過餘姚
而作嘉泰志謂荆公少時隱居讀書於此亦傳會之辭

大黃山在縣東二里亦名鳳山方輿路程考略山之脊曰雁嶺以
漢虞國致雁而名萬曆志春末夏初嘗出神鐙憑高望之彌
山徧野下爲雁泉康熙志山巔有玉皇殿今遂名玉皇山
明皇甫汸詩鳳去山空尚有名翩翩色曉霞生遥瞻三
帝祠前火散作人間不夜城　譚宗詩鳳山培塿上東臯
山上藤蘿面面招草跡纔經秋後雨林端忽挂晚來潮僧
歸紫邏旃檀寂殿繞黃雲土木驕無限勝情殘日冷角巾
留取拂輕飈　國朝黃百家觀神鐙賦伊神鐙之奇兮惟
獨傳於吾姚當暮春之節候正禮拜之喧囂金鉦聯佛號
以鏗鍧旌旗雜裙裾以飄飖傾士女於岱祠恣儺踏而炎
歊靈曜初沈人蹤甫息神其厭苦駕言遠出莽憑高而眺
望紛靈光其煜熯始祗見其一二繼總總其無極恍傳呼
之有聲咸後先而擁蹕余固信而猶疑豈神光其顯赫雖
口述之盡然終未免乎耳食必親睹其形容始中懷之可
釋然其出也有候而其見也有地非夏之初必春之季天

欲雨而礎潤雷將聲而尚閉氣蘊隆而風伯無蹤雲靉靆
而夜光已死於是或登龍泉之頂或陟鳳凰之脊始得暢
平奇觀否則終於閴寂此抱願其有年究蹉跎而未得茲
四月其過半歎三春之已逝訪朱甥於城東惟刺花之滿
鼻天睹蠶而濕蒸庶此願之可蕢於是倏薄莫陟鳳巔叩
靈瑣俯九翅待歸鳥之既盡惟蟹火之熒然無何谷風大
作動搖林莽肌膚生棗殿鈴亂響僧告余以不遇羌迴山
以悵佚惟葉子之好奇彼閨知之甚恐邇前日之所見惟
龍山尤奇特因訂期於黃昏恨藏光之無術遂預約夫同
必候人定而俱陟及晻嵫之饒莫灑萬形於無色乃俯瞰
平郊原路幽昧以若漆忽一炬之熒然疑扶桑之吐日葉
子狂呼神鐙已出凝胖少選倏爾千百爾其始也煜煜熒
熒白山之址既暗復明孤停不徙或察衍而徐行或遷延
而復止豈伴侶之未偕乃疇踏而有所俟爾其繼也纍纍
而出如珠貫縷罔瞎一方俄焉四起遠則彌乎岡繹近則
興平尺咫總大地之盡然又何分乎城墅爾其徐也縱極
目之煇煌亦條分而纏析或渡水而後先晻映或乘橋而
往來絡繹或凝然延竹而將南究又何因而忽北爾其疾
也閃爍無常東西倏忽或千霄而直上或電馳而忽沒或
一炬而散爲百千或百千而倏焉合一怪怪奇奇不可髣
鬃初疑百萬之兵俱列炬於昆陽又疑彌天之星咸馳流
而如孛余乃目眩魂驚神移精奪若癡若夢信疑難決末

殘城鐘發響，山月吐焰，淸飈頓興，光輝零亂，若滅若沒，忽焉而散。客有問曰：此果何物耶？朱子緯曰：此天地之生氣也。萬物怒生，鬱氣蓬勃，光入虞淵，熛豔熠煜，此春夏之昭融，而秋冬之寂沒。葉公旦曰：此太陽之魄氣也。嚇曦照臨，徧滿寰區，一日所暴，萬物漸濡，故雖濛汜之之旣沒，猶餘光之未除。余曰：天地之間孰非此氣，何宇內之盡然，乃獨見乎此地？若夫蟹匡腐草，見火則明，豈白日之照臨，曾不如夫殘鐙？但往來之歷歷，甯無物焉是悪？客曰：然則究爲何物耶？余歌曰：神鐙熒熒兮，何者非鬼神之迹兮；神鐙熒熒兮，何者非鬼神之功兮。謂妖僧之造作以誑人兮，固祇覘其僞而未嘗覘其眞。謂吐光甚於丹室兮，亦逞夫胸臆而淺之乎測也。

朱一是姚江神鐙記

往余聞姚江有神鐙，以爲誕。詢邑人，曰有之，四三月閒始見，東郊嶽廟爲盛。余候其時，輿同輩往，數數不獲遇。廟僧曰：天驟熱將雨，遇矣。余又候熱，往日暝抵廟，登山巔玉皇殿，憑高俯眺，忽見二鐙冉冉從廟出，若懸於足底。回首四望，俱有所見，如晨星落落布野，已漸稱密，百千萬億，熠燿往來，不可紀極矣。有一鐙獨行者，有並攜二鐙者，有百什鐙排列徐徐若官人出行鹵簿前導者，有若二隊相値各分去者，有相値若揖若語而別者，有高犖者，有下移者，有置鐙憩坐者，有穿林踏險而行者，有渡江者，始渡若揭衣躊躇，登岸則速者，其光或頹若有所幪，或光動若庭燎，或滅或復現，或數鐙合爲一或一分爲數或迎風疾行礮反向而熾或徐行則斂或駐則漸微或排列一綫若星橋鐙市或獨燃幽處若寒窗爇鐙熒熒然或高在山半若懸竿或出江開蒹葦中若漁火或遠或近在數十步内熱眎鐙下若有二足影喁喁若聞語聲而實無語余見鐙聚處使入疾趨眎則無有其人回眎余所在反有之余不覺也至初更鐘鳴則盡滅鳴呼其神耶非耶以余所見洵神也然神之德盛塞天地貫古今無乎不在而必姚江必東郊必四三月必熱將雨是豈神耶夫儒者探賾索隱採傳聞覽怪誌其疑惑聚訟宜也余目所經見且久立凝聯而不知所由然求爲博物君子不其難耶抑誠有不可知者耶不可知則神矣余故詳逃焉以資世之多聞者其年丙戌其月癸巳其日己卯同遊者爲年友湛侯子君進及恣沈葉三君俞秀才咫顔余門下士

竹山在縣東南五里形如龜其北趾踆於江是爲縣水口下爲竹山潭古今圖書集成職方典

明謝肅竹山潭秋望詩　一峯卓雲際不受江潮吞維舟陟層崖爽氣舒秋旻蒼蒼古松柏寒溜凝孤根百年事往復城市煙塵昏目送東流水遥向滄海奔青氣從何來知是南溟雲逝將稅塵鞅高舉隨劉樊

白山在縣東南三里亦名蛇山萬歷府志山少西有墩曰紫墩乾隆志引萬歷志 叅康熙志白山象蛇竹山象龜與江北龍鳳二山謂之四靈又曰明天啟初邑人於治東三里運兩城瓦礫堆一山名之曰麟以易蛇山俾足四靈建文昌閣其上旋燬於火云云今遺址既不可識國朝陳梓曾改臨山爲麟山刪後詩存麟山詩序曰吾鄉有龍山鳳山龜山獨無麟山因改稱臨曰麟考舊志山川並無臨山其臨山衞城內外諸山又各有主名陳氏改名之山今亦不能確指其處謝起龍東山志曰以臨山名衞者倚山臨海故非別有一臨山也

以上五山爲縣之鎮山祕圖龍泉在治城內鳳山在江北龜山蛇山在江南從浙江通志載諸山前志乾隆志

西石頭山在縣西二里嘉泰會稽志落星石高七八尺江潮浩漫石亦不沒故老云星隕化爲石太平寰宇記吳越寶正六年題爲寶石山邑人莫若鼎以其壤并鑿去方輿路程考略

童山在縣西三里嘉泰會稽志

風山在縣西北五里永樂府志以其形象風字唐地理志餘姚有風山是也舊志作豐山非康熙志東西二峰相峙俗呼東豐山西豐山十道志云山少木多石又云通始甯及剡非也山今在江北與上虞猶接境嵊則太遠矣山周迴未及十里舊志廣四十里亦未然其上多古冢有穴可入中室或寬四五丈或二三丈傍有砌甎間有二三室者俗呼爲老人冢云萬歷府志

明倪宗正豐山詩此山高且險上與霄漢侔石道掛松崖髣髴飛虹遊山童輕以捷步步恣騰蹂而我隨之上不敢輕回眸風高動寒慄天闊益傴僂躋攀極分寸詎肯中途休不惜瀕顛沛但欲搜怪幽怳怳出寰宇飛步神仙樓白雲流其下羣山青萍浮澄江一絲藐綠野文綺綢俯見滄海痕只在山麓流長嘯天地中鳥革霜花秋荊棘化桑梓

壑海沈山邱块漭幾變易唐晉及漢周撑開萬古眼看破萬古愁仙迹宛然在仙人不可求藥臼對丹爐苔草何疊㷟烟光從地起暝色生松楸落日萬丈暉倒照寒山頭衣袖映餘光光景爲予留風骨尙塵埃歸路披颼颼

伯山在風山東南初亦名竹山後以新建伯祖墓所在改名葉維廉姚江小志

滸塘山在風山西

馬鞍山在縣西二十里

菁江山在馬鞍山西

九功山在菁江山西以上乾隆志引萬歷志

馬渚山原作渚山在縣西三十里舊經云秦始皇飲馬於此嘉泰會稽志

國朝程鳴遊馬渚山石洞詩披榛覓徑破朝霜洞口陰森走鹿麞雲鎖山眉愁葉瘦烟凝石髓透衣涼留儕古壑頑

俱韻餉客新蔬樸亦香午後蒲團諸籟寂好收禪氣入詩囊

吳女山在縣西三十八里周七八里舊名蛾眉山天寶六載改今名嘉泰會稽志

竺山在牟山湖中高一百二十五丈周七八里康熙志

姜山在縣西北五十里袤十五里有五峰曰金雞曰蛾眉曰積翠曰淩雲曰白馬山下有姜女泉精舍嘉泰會稽志山中小池廣不及丈俗呼爲姜女池姜女不知何時人山之得名亦以女也其水大旱不竭積雨不盈池中草嘗蕪沒稍芟治即泉竭禱祈久之始如故寶慶續志

吳越僧智覺延壽金雞峰詩松蘿高鎮夏長寒透出羣峰畫恐難造化功成彰五德洞天雲散露花冠又蛾眉峰詩盤空勢險通巖眼深洞寒聲落白泉好是雨餘江上見水雲僧出認西天又積翠峰詩翠壓羣峰地形直落日猿聲

在空碧天風吹散斷崖雲古松長弄三秋色又淩雲峰詩煙蘿高巘勢淩雲影瀉斜陽出海門會與支公採隱去夜寒雷雨上方聞又白馬峰詩雲外層峰瀉危瀑天際陰陰長寒木南北行人望莫窮秋雲一片橫幽谷

右江北池西之山乾隆志

小黃山在縣東二里嘉泰會稽志案山在大黃山少西北今俗稱小玉皇山

烈山在縣東五里乾隆府志引舊志

九里山在縣東九里嘉泰會稽志一名九壘山乾隆府志

桐下湖山在縣東十里與慈谿界乾隆府志引舊志

蜀山在縣東少南十里

國朝邵晉涵姚江櫂歌輕帆東騖曉煙開卻繞咸池去復迴特恐奔湍留不住五丁飛送蜀山來原注陸游入蜀記蜀中自一山缺其半與餘姚江濱山相似柳待制集姚江東去蜀山青

右江北東去之山乾隆志

勝歸山在縣北三里（嘉泰志作聖龜山在縣西北二里）相傳晉劉牢之勝孫恩歸屯此改名山少草木多石土人采用之呼爲打石山嘉靖末年謂縣之坐山也禁開鑿（萬歷府志）邑令胡宗憲主其事（乾隆志引萬歷志嘉靖二十七年邑令胡宗憲出公羨銀贖毛宏元等山五十餘畝魯維曾等西面山宕二畝邑人王太守正思以近北山宕六畝史同知鵷又以北石宕三處具書契以歸官而皆辭其值其每歲額課議出辦於公以杜請佃之端是胡侯永奠此山靈而篤祐我姚人也）後宗憲爲總督勝倭寇歸飲至山下邑人李本譔記勒石山上（記載金石）

明孫鑛詩爽氣朝來勝相偕但阿咸幽林尋鹿豕古廟看松杉劉守曾無礙胡公尚有巖人生幾兩屐山路自巉巉

國朝程鳴勝歸山避暑詩一徑山門外松陰夾古樟輕雷傳鼓韻新穟纂荷香倦臥苔堪藉枯吟水可觴歸來餘夕照遠岫半蒼茫

史在官勝歸山煙雨詩夜宿禪房花氣侵晨鐘初動聽鳴禽霏微村郭迷春曉縹緲巖巒起夕陰野草霑香來曲徑爐烟裊篆出叢林勝歸遺跡千年事流水高山雲樹深

邵元榮立春日同倪三太眞遊勝歸

山詩好友相逢卻遇春同尋勝跡出城闉斷碑夜月摩殘字暮靄空山弔晉臣小鳥試啼初煦日老梅應識舊遊人文章大地無陳跡獨我知交不倚新　霍維瓚遊勝歸巖洞詩徑向秋山去不知山路深洞門晴有雨巖壑晝長陰怪樹懸崖挂游魚帶葉沈會須風雨夕來此聽龍吟　呂廸詩山石犖确無人行攝衣著屐我獨登浮嵐飛翠撲眉睫谽眼石壁朝暾升靈巖大士拈花笑笑我犯曉躋峻嶒捫蘿陟磴膝過腹石洞次第窺泓澄白雲流出魚可數山鳥一呼巖爲麤怪松龍掛倒飲淵懸崖藤絡危將崩颯然陰風起林莽吹我毛骨寒淩兢欲上絕頂舒鸞嘯膽怯刀劍磨山棱倚樹且自息腰腳下看方郢分田塍村民安堵雞犬靜往昔故事誰能稱劉叟破恩兵屯此奇蹟廟食神依憑後來胡公擊倭寇此地再息烽煙騰兩番奠安厥功鉅至今深谷不爲陵我來原不爲弔古偶爾感觸愁何曾還乘餘興下山去投食竹院尋詩僧

鯉魚山在縣北五里弘治府志

儀桐山在縣北十里弘治府志

烏戎山亦名烏玉山下爲烏玉湖在縣北少東十七里乾隆

志引萬歷志

礶山在烏玉山北少西去縣治十八里成化浙江通志

剡山在縣北二十里嵬然獨秀爲一方之宗乾隆志引萬歷志

鏌劍山在縣北二十三里嘉泰會稽志

松山在縣北二十五里嘉泰會稽志今名從山互見寺觀普明教寺

柏山在縣北三十里嘉泰會稽志案萬歷府志作拍山雍正府志引方輿路程考略云五代時胡輔成家此遶山種柏更名柏山

嚴公山在縣北三十里相傳爲子陵故里方輿路程考略今子陵裔侚聚族而居少東曰陶婆嶺乾隆志引萬歷志

黃山在縣北三十里陶婆嶺北下爲黃山湖康熙志

月山在縣北三十里直北羣峰簇簇狀若蓮花曰蓮花峰

乾隆志引

萬曆志

眉山在縣北三十五里海中望之如修眉故名嘉泰會稽志　案縣北眉山有二嘉泰志所載在周巷東二十里其一在周巷西三里巡檢司故城內二山實皆離縣四十里

槎山在縣北二十八里方輿路程考略

歷山在縣北四十里有象田舜井石牀諸蹟康熙志　原注野客叢書云歷山有四而餘姚之歷山不列其閒然自漢以來餘姚上虞之名縣皆以大舜彼四歷山之所無此一證也舜禹同時禹之蹟在會稽人所不疑舜之蹟在會稽乃獨疑之乎此又一證也虞氏子孫盛於姚江者數千彼四歷山未聞有顯者此又一證也合此三證則歷山之在餘姚者爲是　葉華茲曰歷山方廣僅數畝高尋丈計磊磊皆石循東麓而上有圓石出土卯之有聲山陽石壁鑴耕隱二字有石嵌空橫覆如牀可坐數人相傳爲帝舜耕時避雨處雙蹠隱然折而西有石圓如盆盎盛水一泓亢旱不竭郎舜井也　黃宗羲孟子師說案史記舜冀州人耕於歷山漁於雷澤陶於河瀆作什器於壽邛就時於負夏冀州今北京山西境歷山晉地雷澤曹地負夏衛地皆中土也孟

子何以云東夷乎是史記不足憑也今餘姚上虞兩縣皆以舜得名其水之經餘姚者曰姚江亦曰舜江其水之經上虞者曰百官江餘姚有歷山上虞有握登山舜母之名也有虹漾握登見大虹意感而生有象田其土中耕者往往得古陶器舜之古蹟在此兩縣爲最多故會稽舊記云舜上虞人去虞三十里有姚邱卽舜所生也周處風土記云舜東夷之人生姚邱此皆與孟子之言相合顧野王云餘姚舜後支庶所封之地是乃附會史記而後人反信以爲實然大槃舜之生在餘姚上虞故曰東夷之人遷於負夏始在中土耳卒於鳴條史記云南巡狩崩於蒼梧之野葬於江南九疑是爲零陵今湖廣永州甯遠縣是也案竹書記年云五十年舜陟鳴條鳴條在古之海州今山東萊州府膠州境其地有蒼梧山與孟子言合永州無鳴條則知非卒於彼矣　嘉泰志案舊經云歷山在會稽縣東南昔舜耕所也又云越有歷山舜井象田者以舜之餘族所封舜姚姓故曰餘姚蓋其子孫思舜故鄉取像於此亦猶漢新豐之義蓋此山雖非舜之耕所亦因舜而得名也王閔介甫歷山賦序餘姚縣人與季父爭田予爲直之將歸閔然望歷山而賦之歷山在上虞界中案此山實屬餘姚介甫謂在上虞界中誤矣蘇鶚演義云歷山有四一河中二齊州三冀州四濮州雷澤又其二不聞所云其二不聞者豈此山乃其一耶梁江淹歷山詩愁生白露日思起秋風

年落葉下楚水別鶴隟吳田嶂氣陰不竭日色虧半天酒至情蕭瑟憑尊還惆然文通會稽永興人所題乃此山也

右江北北去之山乾隆志

文山在縣東北一里弘治府志

治山在縣東北五里本作二里從康熙志改傳云歐冶子鑄劍之所嘉泰會稽志

明陸一相治山舟中詩曰將幽賞息塵機未省尊前有是非鷗鷺一羣隨釣艇芙蓉千樹隱江扉風狂喜有潮相送秋老兼無葉可飛欲訪治山王處士菊花枝畔醉餘暉國朝胡清江舟過治山灣詩疏雨過江城孤帆趁晚行斷雲初月出新水亂潮生漁艇歸村急禪鐙倚樹明睡鷗呼不起蘆雪壓篷輕

屯山在縣北五里晉孫恩屯兵於此大清一統志

安山在縣東北十里嘉泰會稽志

陳山在縣東北十里治北眂之卓峭如筆頂平廣可十畝

周顯德中建靈瑞塔院其上遺址尚存高千餘仞少石饒草木嚴子陵墓在焉故又名客星山山半有泉曰華清泉永樂府志案泉實在山下路側其謂之陳山者宋古靈先生陳襄子孫散處此山之下也有嶺曰陳山嶺少北曰小嶴大嶴其南曰姥嶺又南曰柳家嶴曰照山衙南與九疊山相連東入燭溪湖康熙志

元黃溍陳山晚泊詩一杜孤撐杳靄間八言此是客星山流風百世今誰繼應詔諸賢故未還荒冢草衰迂石路高齋月滿閉松關窮年漫迹蒼江上及此維舟獨厚顏

明潘府紀遊序丁丑之秋訪舊姚江值重九日故事當登高姚士知余者請尋客星山之勝余曰此吾志也遂命舟偕往仰子陵之高風瞻客星之絶巘攝齊踰峻攀蘿翦棘案志求之得子陵墓於亂石數峰之間掃地陳饌酹酒墓前諸君咸興今古之歎乃命酒載酌因取雲山江水歌分韻賦詩而予記其事予惟世道日降嘗仰止先生維持風教之功恨不可復作特為是遊以舒感慨顧瞻不能去復取

山下華清井之泉人酌之子飋然曰此殆非貪泉也諸君飲此幸他年毋負茲泉吾老矣猶當知戒　國朝鄭性詩

姚邑東偏聳客星十分孤秀十分青

看花霧眼看山雪幾度經過爲少停

磨山茅山列燭溪西湖之中康熙志注燭溪以塘路爲東西環湖之山三四十里其最名者曰孫家尖萬歷府志

孤山在縣東北二十八里南麓臨燭溪湖四峰如筆格有墩曰漲沙墩浮出湖中雖大水溢不沒於越新編絶湖而南曰梅嶺康熙志

石匱山在縣東北二十二里峙燭溪湖中三面皆水其脈自梅嶺來自高山望之正方如匱上有烽堠舊址大清一統志

航渡山在石匱山東成化浙江通志明塘溪出焉康熙志

梅梁山在石匱山南二里萬歷府志宋理宗御書梅梁之山相

傳燭湖旁舊有大梅樹伐其幹斷而爲梁三其一在郡之禹廟其一在鄞之它山堰其一留燭湖中風雨大作之時居人每震其靈異也梅溪水出於其西康熙志

許郎山又名海郎山在航渡山東一里許山北向甚闊自趾至腰不可行上則陡峻必由東西逶迤乃上山巔亦有烽堠址俗呼爲雄鵞廊萬歷府志　案康熙志作雄鵞折

眞武山在許郎山東甚高峻北面湖自山肩東下折而中高阜隆起如人危坐拳手著於腹東龜山西蛇山前亙出湖中排列甚整自孤山望之儼然天造之勝由巔而南聯緜數十里不絕少東曰栢壘方輿路程考略

流亭山在縣東北二十里下爲石堰乾隆通志引嘉靖志

虞山在縣東北二十三里乾隆志引萬歷志　案太平寰宇記嘉泰志並云在縣西三十里寰宇記又引太康志云舜避丹朱於此

石屋山在縣東北二十三里空洞如屋萬歷府志旁有嶺曰蛾眉嶺乾隆志引萬歷志

嶼山在縣東北三十里嘉泰會稽志

烏山在縣東北三十五里方輿路程考略　案嘉泰志作烏山在縣西北二十里疑卽下烏卜山明宋僖重過烏山卽事詩冬晴重過烏山寺年老今非白面郎石髓汲來櫻葉井塵軀浴罷菊花湯三生有約誰能記一醉無愁自不妨酒醒出山空極目獨憐白髮對斜陽

滸山在縣東北三十八里其下爲三山所讀史方輿紀要

虎嶼山在滸山南里許俗呼虎山滸山志

埋馬山在縣東北三十五里舊有石臥水如馬或云宋高宗爲金所逐徒步行中途忽得馬疾馳向明州至此馬化爲石於越新編　案康熙志云相傳秦始皇觀海埋死馬於此或云宋高宗得馬化石皆因山石象馬而附會也存參

彭山在縣東北二十八里乾隆通志引嘉靖志

匡山在縣東北四十里一名康山弘治府志

塗山在縣東北四十二里乾隆府志引舊志

包山在縣東北四十二里狀類襆包橐曰包結橐方輿路程考略

石人山在縣東北四十五里山之陽有立石如人山陰有石人洞大清一統志洞北向高廣各六尺許常若掃溉其石壁如粉昔有浮屠裹糧持炬而入越信宿邃杳不可窮其底

聞鵬聲而迴嘉泰會稽志

元岑良卿賦余里有石人山下有石如人與家居鼎峰相望以其類隱者號曰居士設爲鼎峰老人與石居士問答之辭云鼎峰老人披鹿裘躡芒屩好怪嗜奇畢意探索躋攀嶄巖徙倚林薄有石居士倨傲自若匪鬼匪人逼視無愕老人進揖而問曰巖洞杳冥草木紛錯子居是焉何取何樂栽籍遨亡歲月緜邈罔究端倪孰能測度請無問其詳顧問其略乎石居士曰昔者鴻濛既判混沌乃鑿陽沓陰交胚胎堅確凝精結氣磊塊盤礴維媼神之姫娠亦女媧之鍊魄蒙養日月之光乳毓雨露之澤藏玄屐黃揭揭中立俯瞰塵寰流光瞬息聡茲土之雖陋有垂華之遺蹟極海濱之斥鹵亙終古而窮僻既託身而何之棲已久而無戮九州錫貢匪怪罔及曲沃焉言匪余之職金華羣年笑彼呵叱鄙南翁伸匪我儔匹顧支機之何賤思補天而無力遨安期於渺茫訪王母於寥閔睨世態於萬端殆浮雲之變易既世俗之我遺亦何勞於記憶感邈逅於知已冀畢露其胸臆嗟余懷遵握瑜隱避卜邑矩矱是持禮法是式沈靜淵默端莊謹飭任吾天眞不假修飾招白雲以爲蓋藉芳草以爲席衣薜蒻兮鱗鱗冠蒼若兮茇茇猿猱爲侶麋鹿在側若夫林和日暗蹶鳥欣懌山明月麗羣鶴翔集景物暢美余固自適至於電掣雷驚虎嘯猿聒霧晴

煙昏松杉失色氣象荒寥余亦自得此因安於所性而不知夫悲歡得失也老人曰子之所負余旣獲聞之矣然吾聞之望高山而仰止世賭企以爲則方海內之蒐賢何迷邦而懷璧恐鶴書之專致來蒲輪而遠辟願奮起以慰俗而無事乎深匿也居士曰可君言是矣然余揆資質之頑礦愧形軀之寒瘠素沈淪於草萊久捐棄乎巾舄感誨言之勤渠動余懷之惕惕志雖企乎雲霄材莫齊乎金錫在昔神禹東巡是極錫土與姓弗遇咫尺祖龍戾海入神咸惕駕濤成梁我迷其擊大庭雍熙嘗沐盛德億萬斯年復覩今日言未旣老人御立而謝曰子負世長予弗子識追余舌之淺近嗟驪馬之難及幸鄰德之匪遙將覽夫搏天之翼　國朝高穀石居士詩羨君高不染塵氛薜荔爲裳襯白雲獨立山中無歲月浮漚眼底任紛紛

蔡山金山破山三山相峙如鼎足因名鼎峰俱在縣東北名勝志蔡山北有巖曰望海巖金山巔多塊石行列甚整昔有人依石結亭望溟海又名海亭山萬歷府志破山在縣東北六十里案康熙志去治五十里乾隆志引名勝志作三十五里當是五十五里之譌酌刪正文錄此存參

一名三山嘉泰會稽志相傳葛洪剖之取石鍊丹萬曆府志

元黃叔英詩爲問當年葛稚川剖山煮石功貪天爐殘火斷山亦合造化物者還故然　明宋僖三山晚宿詩白頭兩度過三山三宿西峰紫翠開明月再圓潮滿海寒雞亂叫石當關論文半夜新知樂齋佛長年老子謁榻下諸郎總清秀雲中丹桂許人攀

吳山在縣東北六十里其陰有吳山洞萬曆府志面滄海巨浪激撞巖石嵌空旁產牡蠣嘉泰會稽志

懸泥山在縣北七十里本作六十里從康熙志改孤懸海中其上多橘下有湧泉冬夏不竭嘉泰會稽志　山北浸於大海今俗呼爲勝山嘉靖中屯兵備倭有營房萬曆府志　乾隆志案今勝山產甘菊而嘉泰志及舊省志府志俱作橘豈因音近而訛歟　案勝山嘉泰時懸海中萬歷時尚北浸于海今則距海十數里矣

繆家山在縣東北三十里山巔北見大海西南陡峻北望

如牛形負軛處脊峰宛然平坦易上有池廣數丈曰光池東曰白石尖鏡臺峰乾隆志引萬歷志

游源山在縣東北四十里游溪之水出焉其山多大谷坳僻人跡罕到有嶴曰金雞最深者曰鄒嶴乾隆府志引舊志少東曰妙山介金雞妙山間有大阜曰敘惇山相傳有陸氏祠墓窮嶴以入有潭曰鬼嘯神龍是宅大旱禱之輒雨北有嶺曰大古小古西走銀塘東入上林諸山乾隆志引萬歷志宋高翥詩籃輿清曉入山家獨木橋低小逕斜屋角盡懸牛蒡菜籬邊多發馬蘭花主人一笑先呼酒勸客三盃便當茶我已經年無此樂爲憐身久在京華　明宋僖詩餘春紅紫尚菲菲話舊傷情故老稀秉燭山林連夜雨思家道路幾人歸龐公采藥知何往杜老誅茅願豈違他日幽居山谷裏與君開戶看雲飛　國朝黃宗會詩適客支笻撥曉嵐偶從水北問山南入林已失人間籟絕嶂來看鬼嘯潭旖旎晴雲眠鹿麛蒙茸腥霧引龍男境清不許尋常

住又放芒鞋過草菴

傌居山在縣東北六十里一名栲栳山嘉泰會稽志居人以其雲氣占雨有雨靈之名其狀類栲栳東峰曰東栲栳西峰曰西栲栳西原誤東峰之下有盤蘿石卓立三四丈上覆方石可坐數十人俗呼釣魚石有石筊笠一俯一仰在西峰之半出爲栲溪溪旁有石高二丈餘曰鬬柴石有石如屋曰石谷亭飛瀑或四五十丈或二三十丈不下五六處皆會於石谷亭之左有莫子純讀書墩甃石爲基陁然在莽中相傳有兩寺西爲清波寺東爲隆教寺子純嘗寓食焉汲井泓然鴟吻礎石猶存不知廢自何時其北一隴二支曰小蟠龍大蟠龍環爲上林湖諸山康熙志

宋謝景初詩落泉下峭壁陡絶千萬丈濺急雪片飛望若匹練廣曲嶺隔青林三里已聞響其旁有巨石平澗可俯仰愚俗所不道我輩數來賞須期秋色清攀蘿將爾上又山水有奇秀何必耳目親茲地世未知偶遊良可珍平湖矚其中翠巘圍四垠青松千萬植落瀑如懸巾佛廟聳殿塔裝點繪畫新清溪與斷崖水石聲粼粼巔見滄海日出常先晨花草時節異穿閒秋夏春陵谷千萬古豈無稱道八德徽言不信又恐遠故瀝尊酒且樂我醉來事事均

高翥上林山行詩落盡桐花春已休過牆新筍籜初抽山行步步黃泥滑小立溪橋聽雨鳩　朋伍得茂登栲栳山詩栲栳山何峻攀援喜陟巔泉峰環翠壁一握去青天闞闞雙扉石流懸百丈泉香風吹我袖瀏瀏欲乘仙　國朝邵晉涵姚江櫂歌西峰急濺灑松林匹練縈迴掛玉岑晚飯花樓無箇事臥聽雙澗送清音原注栲栳西岑有瀑布數十丈

石匱山在縣東六十里傳云禹藏書於此山有大石礨磈其形如匱嘉泰會稽志　石匱東亦曰東山有泉曰淨聖泉大旱不枯旁有神仙之跡其址下跋於林湖而多支山並以栲

栳爲宗乾隆府志引舊志一在燭溪一在上林乾隆志案餘姚有兩石匱山近時省志府志俱詳述燭溪之石匱而在上林者隱矣然嘉泰志祇載餘姚上林之石匱與山陰會稽之石匱並數爲三則在燭溪者名由後起耳

右江北之東北諸山乾隆志

塔子嶺在縣西北三里即勝歸山西南隴萬曆府志

魯家山在縣西北五里由塔子嶺而入方輿路程考略

熨斗山在縣西北六里於越新編

點兵山在縣西北十二里晉高雅之討孫恩於此點兵今呼爲點碧萬曆府志

蕨山在縣西北十四里乾隆通志引嘉靖志其嶺曰蕨菜嶺康熙志

芝山在縣西北二十里是產靈芝方輿路程考略

石姥山在縣西北十五里有白龍湫禱雨輒應萬歷府志

克山在縣西北十五里萬歷府志

花藭山在縣西北十五里是產香藭方輿路程考略

鳥卜山在縣西北二十里乾隆府志引舊志

禾山在縣西北二十五里案乾隆志據名勝志作在縣西北二十里又云永樂紹興志縣禾山作何山考嘉泰志原有何山云在縣西北四十里康熙志所書禾山道里與之適合然今禾山實在縣西北二十五里禾山之南曰小禾山高僅十丈大十餘畝 康熙志案舊志曰謝康樂云山海經有浮玉之山北望具區今餘姚鳥道北禾山與具區相望即浮玉山乃山海經之誤案山海經曰浮玉之山北望具區苕水出于其陰北流注於具區謝康樂云浮玉之山在句餘東五百里便是句餘縣之東山乃應入海具區今在餘姚鳥道山北何由北望具區也此節本有脫文難解原康樂之意浮玉山在餘姚東五百里則是定海對岸之山而餘姚之北與海甯一帶對面可以北望太湖浮玉既在極東其北亦非太湖矣康樂本文並無禾山而鳥卜亦非鳥道不知何緣附會之也以

爲二山即浮玉山夫苕水所出乃天目山也餘姚無苕水則無浮玉明矣

東山在縣西北四十里環余支汝仇二湖閒三五十里旁多支山其最名者曰雞鳴山曰杏山曰茅山曰牛屯山相去數里許皆以雞鳴爲宗其東巖最勝林壑茂邃巖嶠崎嶇案康熙志東巖侍郎謝丕經營精舍於其閒有夏公墓又有滕珙墓有怪松枝柯拳曲狀若虬龍乾隆府志引舊志　乾隆志案浙中郡縣凡有東山者皆援引文靖不獨餘姚也餘姚東山有三一在四明一在上林并此而三近時撰東山志遂確指此山爲文靖所遊寓矣然此山居汝仇湖之濱牛屯杏山閒前明謝文正之故居在焉風流輝映固不讓於文靖則此山當以文正而著不必援引寓賢爲重也東山志徵遊漢唐宋故實語多傅會不足爲據惟所疏支山可備一鄉之圖經今約舉於後　謝起龍東山志鞍山在東山一都遡東曰康山又東曰徐韜嶺嶺之南曰童家山曰牟山北曰今山遡東曰鷹山又北曰牟梟曰青山曰犀甬峰曰巷山在余支湖東者曰華嶺嶺之東曰榜山西北曰象鼻山東北曰箭山其在東山二都者曰洪

畚嶺有高峰曰大雲峰北有太陽峰嶺之西曰宜郎畚東南曰瘞雞山南曰謝公畚東北曰睡象隴北曰牧家嶺迆西曰洪谷西北曰汪畚迆東曰阮禮嶺又北曰滕琪峰曰絳溪嶺曰石眺山曰琴山曰九龍山曰赤嶺迆西曰馮畚其在大湖門者曰龍首山曰石山曰竺山曰瀛山其在汝仇湖之西南者曰雞鳴山西曰牛屯山曰喻家山曰駱家嶺曰正覺山其在汝仇湖之西者曰西眺山曰茅山曰余季墩曰洹湖嶺曰桃花畚曰寺山曰杏山

明會稽陶諧東巖詩畫船杭席泛東湖遙指東巖復挈壺聚景遠同安石眺破顏眞見輞川圖　謝遷牛屯莊詩白石岩犖綠樹重雨中煙景淡還濃遠雞報午遲郵饁靈谷占晴急晚鐘苔徑行蹤雙屐補竹窗吟料四山供勸農喜見循良令匹馬西來一鶴從　馮蘭酬木齋過洹湖嶺見訪詩軒車忽過草堂開草草春箋盡此杯花惹蟲絲垂碧落鶴翻松粉灑蒼苔閒情自與煙霞契短鬢從教歲月催公在山南我山北不妨健步歷崔嵬

鶯山在縣西北五十里乾隆志引萬歷志謝起龍東山志山有石壁相傳鸚鵡從壁開飛出因以爲名邑志誤作鶯湖經省作嬰其南爲獅山　爲案東山志鶯作鶚未知孰是存參

老寨山在治西北五十里有嶺曰歡喜嶺乾隆志引萬歷志謝起龍東

山志山在臨山衞城西門外衞城內有山曰倉山曰方家山其在北門者曰廟山迤東曰虹蜺嶺曰羅家山臨海者曰鳳山在南門者爲龜山又南爲余家山

姚邱山在縣西北六十里周處風土記云舜生於姚邱嬀水之內今上虞縣縣東是也太平寰宇記

右江北之西北諸山乾隆志

四明山在縣南一百十里高二百一十丈案名勝志作高一萬八千丈周圍二百一十里山四旁皆虛明玲瓏如牖故名孫綽天台賦云涉海則有方丈蓬萊登陸則有四明天台今奉化鄞縣諸山皆此山之分脈也嘉泰會稽志會稽地記云縣南有四明山高峰軼雲連岫蔽日太平寰宇記山二百八十峰西連上虞東台慈谿南接天台北包翠竭中峰最高上有四穴

若開戸牖以通日月之光故號四明司馬紫微曰第九四明山洞名曰丹山赤水天其初總名天台山故孔靈符會稽記曰天台山舊居五縣之餘地五縣者餘姚鄞剡台甯也後割天台而別爲四明一名句餘山山海經曰句餘之山無草木多金玉郭璞注今在會稽餘姚縣南句章縣北晉地理志曰餘姚有句餘山在南至唐書地理志則易以四明今二縣相界別無句餘晉唐之志二名亦不並列固知爲一山矣王應麟七觀曰東有山曰句餘實維四明是也但今山於餘姚句章皆在南而郭云句章北者指當時故城而言也四明山志乾隆志案句餘改稱四明舊志未詳其始道藏有梅福四明山記疑漢時已有此稱然道藏語多傅會不可爲據惟樂史引晉太康地記作縣南有四明山則晉初稱爲四明確有明證矣丹山

圖詠謂秦將王翦驅山塞海於此李思聰危素遂謂秦時百靈勞役奔入此地因名鬼藏山此道家無稽之言不足與辨也元和郡縣志作山在縣西一百五十里寰宇記作西南一百里嘉泰會稽志作縣南一百十里永樂紹興府志作縣南一百里方位里數互有出入惟嘉泰志爲得其審

唐施肩吾詩半夜尋幽上四明手攀松桂觸雲行相呼已到無人境何處玉簫吹一聲

宋孫應時詩平生抱遐尚撫劍遠行遊跡謝聲利牽心與巖壑謀東征泛滄海南鶩踰丹邱西登岷峨嘯北望闕隴愁匡廬挽歸轡巫峽紆行舟劍閣最險壯龍門更奇幽歷覽雖末飽勝概略已收邇來臥燭湖清夢長夷猶家山唯四明名字橫九州出門宛在眼欲往輒不酬人事真好乖山靈若吾仇忽近益可笑投老空自尤茲辰正芳春會心得艮傳贏糧幸易足快策遂所求中宵雨聲斷逗曉霽色浮天容極瑩淨風氣亦和柔瘦筇挾籃輿野服兼輕裘遥遥指林麓欣欣聽溪流試展清賢嶺彌蓋白水湫飛湍響淙潺怪松韻蕭颼艱哉上羊額喘若料虎頭礬石坊嵗期貟樵歌道周百折快一眺千里森雙峙峰巒何緜聯脈絡相纏繆化鈞妙融結神功強雕鎪長風動溟渤洪濤播瀛洲巨灌出巔巖游龍繞蚴蟉鯨鵬怒摩盪蟲魚紛疊稠萬怪各起伏干帆近行留或坦若几案或峩若冠旒或排若劍戟或剡若戈矛或舞若

鸞鳳或騤若驊騮或戲若猨猊或搏若貔貅儼然開明堂
玉帛朝諸侯赫然會岐陽長圍方大蒐慶戰臨長平堅壁
持鴻滿廣野列車騎中軍嚴旆府開闢浩茫茫變化久悠
悠愕眙不得語形容那可作僊樹數十圍蟠桃幾千秋老
幹枯不死新榮翠相樛颻馭定來止桑田行驗不遺跡信
所聞輕舉當何由東南徑崇岡左右羅平疇人家散雞犬
村塢來羊牛官徽畢薪炭春事勤鋤稷土膩少沙石氣寒
無麥粦荒蹊夾桃李密蔭開松楸是中可避世何勞更乘
桴騈巖下蒼峭別岫爭崒嶒執云二刹勝逝肯中道休杖
錫既巉絕雪賚仍阻修停雲胡漠漠剛風晝颸颸盤磴渡
方橋廣字連飛樓珠璣錯藻繡金碧照雕髹撞鐘食千指
鳴板登亙籌眞來天上居不涉入閒憂周遭富佳致徜徉
得窮捜妙峰遠色湊錦鏡波光劉兩溪赴聒聒千丈落淹
瀌深瀑漂隨覓品潭隱靈蚓倒規凜欲眩俯搠淸可漱潤
草高下積巖花零亂抽掛壁見猱捷食芩聞鹿吻日長嚩
晛晥霧暗啼鉤軥修竹奏竽瑟細溜鏘掀璆占晴喜弄鵲
畏雨愁呼鳩何妨共齋鉢且復薦茶甌老僧頗好事名德
肯見投隨意宿山房無眠聽更籌念昔身萬里及此天一
陬登臨世界闊俯仰歲月適榮辱兩蝸角聚散一海漏壓
鞅自東縛名場相敵讐不念猿鶴怨坐令泉石羞心期晼
乃愜俗駕我尚優勝具學支許奇蹤非阮劉時哉山梁雉
樂矣濠上儵聊追興公賦不嘆柳子四招招知音子爲我

商聲謳　孫子秀詩四明洞天居第九巨靈劈石開窗牖
捫蘿陟巘不憚勞同行況遇忘年友老苔護石蒼虎閒飛
瀑懸巖玉龍吼谽然人與境俱勝醉欲拍浮忘升斗囹知
壺中別有天未必醉翁眞在酒徘徊步月蟾忘歸世事浮
雲竟何有　唐震詩四明光照九霄寒闘苑神仙日往還
瀑布遠從銀漢落洞門長鎖白雲開深崖瑞木金文潤絕
頂靈槎鐵色斑無限遺蹤人莫識落花香泛水潺湲　元
危素銘越山之峰石穴玲瓏天欲雨浮雲蒙眞人上昇遺
木屐潺湲古洞閩流水白鶴徘徊旂蓋戾止玉童采得青
櫺子于能食之可不死史素作銘式告千禋　明張宣詩
野人放浪山水情小弄雲海遊四明半空下見日光動中
夜起聽天雞鳴松風濤卷出萬壑耳邊無處無秋聲綠蘿
碧瀾月欲上澹煙遠岫天低橫山中招隱者誰子相看擬
如遊仙行山川奇絕境復清秀色可攬難爲名安得仙人
衛叔卿身騎白鹿下來迎粲然
一笑白雲裹授我寶訣教長生

石窗土名大俞山南有石室高五丈深倍之廣如深而六
之中界三石分一室而爲四其謂之窗者俯臨無際自下
望之猶樓之有窗也謝遺塵云有峰最高四穴在峰上每

天地澄霽望之如牖戶相傳謂之石窗即四明之目是也謝康樂山居賦注四明方石四面自然開窗窗固有四總在一面以四窗爲四面康樂亦據傳聞未嘗親見耳昔劉晨阮肇遇仙女於此是時此山但名天台故云劉阮入天台其後分之爲四明則以此事歸之天台而石窗之蹟無有知之者矣四明山志乾隆志案四明因石窗而得名其地實在餘姚大俞則四面諸峰固餘姚之分支也名勝志謂由餘姚入者曰西四明由奉化雪竇入者竟曰四明是追不知有主峰矣

唐陸龜蒙詩石窗何處見萬仞倚晴虛積靄迷青瑣殘霞動綺疏山應列圓嶠宮便接方諸祇有三吳客時來展隱書

皮日休詩窗開自眞宰四達見蒼崖苔染渾成綺雲漫便當紗幅中空吐月扉際不扃霞未會通何處應連王女家

劉長卿詩四明山絕奇自古說登陸蒼崖倚天立覆石如覆屋玲瓏開戶牖落落明四目其星分南野有斗掛簷北日月居東西朝昏互出沒我來遊其間寄傲巾半幅白雲本無心悠然伴幽獨對此脫塵鞅頓忘榮與辱能

笑天地寬仙風吹佩玉

明張瓚詩　七十峰巒起碧空巍然石頂四窗通光分日月玲瓏處氣吐煙雲遠近中西控稽山低莽蒼東臨蓬海接鴻濛自從劉阮遊仙後溪上桃花幾度紅

唐之淳詩　會稽東南秀四明名更佳蜿蟺三百里慘澹青蓮花伊昔天地初山川始萌芽六丁運神斧斲削如人家四牖遺古制玲瓏吐雲霞側聞劉樊徒於此鍊丹砂耕煙種青櫺結實大如瓜揮手謝衆士身登鳳凰車至今石窗底青天守龍蛇玉女四五人綠髮垂鬖髿時來聽潺湲意態靜不譁我夜闖其傍月黑星如麻顧慙無靈氣悵望空杳嗟

汪禮約石窗遠眺詩　探石訪仙都淩旦趨石壁崩崖互重阻高標起靈宅藹藹雲霧扃奕奕瓊瑤圻乘山罕禹功遁駟無滿蹠寶筏祕神工蒼花落南極邈矣帶地川高哉負天石月竟三島寬日晃五湖偃酣霞帶澗紅出雲繞空白依依寡人徒恍恍慄心魄棲巖企昔賢入谷想今客異物狀珍怪靈蹤隱仙籍問道無貞心百年鮮艮覯何當解世羈躡屩從所適

鶩鳳巖在石窗之左有方石高二丈闊一丈磨崖刻漢隸曰四明山心成化通志屏風巖或訛其聲為鶩鳳四明山志案乾隆志云四明山志以鶩鳳為聲訛據嘉泰會稽志則屏風巖別屬白水山不在大俞村也考嘉泰會稽志無屏風巖屬白水

山語惟元曾堅丹山圖詠序以屏風與石屋雲根相夾則屏風信屬白水然彼曰山此曰巖名或偶同當兩存之又方石實高二丈四明山志作十丈亦非也

羖羊巖在石窗之右成化通志赤壁數里與溪流相映相傳仙人刲羊漬血爲此然根於鴻致是丹山赤水之證也四明山志

障龍巖乾隆志作障鳳巖在石窗前中有石穴爲龍所藏四明山志

韓采巖在石窗後成化通志巖石嶔崟臨溪溪闊數十丈四明山志乾隆志案四明山志云寒草巖俗訛爲韓采巖而別出寒草巖於東面非也夫韓采寒草誠爲一巖至定作寒草則徒據鐵充之詩耳然通志府志俱作韓采以詩而論則前有戴表元後有楊珂亦俱作韓采充之一詩單詞孤證不可據以盡改諸書也

元戴表元韓采巖詩洞深煙樹碧氤氳只采靈苗不采薪問著蹤由多懶說相逢莫有姓韓人又冬日寒難瞑巖溪淺易冰猿飛紅果嶂八度白雲層望屋多依竹逢樵半采藤艱難吾甚厭何處學孫登　鐵充之詩寒草崖前春色

稀桃花無數映清溪吾行已到仙家窟不比漁人此路迷

明楊珂遊四明盤桓韓采巖詩雅性耽幽寂仗錫遊四明山深多麋鹿古路無人行雲端見峰影松際飛泉聲荒林滿黃葉落日寒風生越溪復登嶺列石多縱橫仙巖采名藥繽紛皆落英願言躡奇蹤九轉還丹成

大蘭山在縣南八十里元一統志漢劉綱樊夫人棄官學道師事白公道成而飛舉於此故又名昇仙山其遺履墮地化爲臥虎故又名伏虎山山頂平廣可以走馬則伏虎者其形似後人因而傅會之山多青石剖之皆有七竅故又名孔石其樊榭則樊夫人所立也升仙之後後人即其地建祠宇以祀之齊孔祐隱居是山嘗見谷中有錢數斛視之不異瓦石有鹿中矢來投祐養其創愈而去因建鹿亭於祠宇之側陳永定中有敕建觀遂改祠宇爲觀樊榭鹿亭

皆在大蘭山自唐陸皮分詠疑若兩地有言樊榭在棃洲者皆非也四明山志

唐陸龜蒙樊榭詩　樊榭何年築人應白日飛至今山客說時駕玉麟歸乳蒂懸松嫩芝臺出石微悲欄虛日斷不見羽華衣又鹿亭詩　鹿亭巖下坐時領白麛過草細眠應久泉香飲自多認聲來月塢尋跡到煙蘿早晚吞金液騎將上絳河　皮日休樊榭詩　主人成列仙故樹獨依然石洞開八笑松聲驚鹿眠井香為大藥鶴語是靈篇欲買重栖隱雲峰不受錢又鹿亭詩　鹿羣多此住因構白雲楣待侶傍花久引麛穿竹遲經時飲玉澗盡日嗅金芝為在石窗下成仙自不知　宋謝翱樊夫人上昇詞　石螺黏窗秋見海山雞夜啼弄花彩王孫吹笙導夫人青髮凌風素霞在雨塵離地白浩浩河西種星榆樹老海桑童童日出歸衣溼上池洗頭草　元戴表元大蘭山詩　七里黃泥紅樹岡西風果熟一村香居人只道山深好七百年來是戰場明沈明臣樊樹詩　雲翹有遺樹言寄五霞中五霞絢天地照耀金銀宮日月飄珮纓步搖鳴天風虹蜺作高梁白榆樹前墉粲粲啟玉齒言笑陪仙翁豈邀萼綠華相往邀崆峒或引董雙成騎鳳凌八鴻顧言蛻凡骨下汝以相從颯然回風至聘睞空鴻濛又鹿亭詩　孔菴今何處空山有鹿

亭路生迷宿草天遠落寒星春雨茸茸綠煙峰漠漠青放麋嗟往事深竹故啼猩　國朝高士奇樊榭詩劉樊成道後白日竟飛昇故榭依然在仙梯未可登怪松攀雪峙危石帶雲崩欲問栖眞處東峰第幾層　全祖望鹿亭詩我愛孔高士至行通明神古人誇放麋未足比深仁應憐百年來山寨驚崩雲洞天遭勞攘空亭委荆榛

右四明主峰　乾隆志

大隱山戍溪山黃墓山車廄山謝山大雷山翠巖山密巖山天井山它山入慈谿鄮縣二境　康熙志

右四明東面山四明東面七十峰總名驚溟山　康熙志

伏龜山在石窗西　四明遊記　其山狀如雞子有三朵五朵峰出沒煙靄中三朵即爭額嶺之三台峰五朵即芙蓉峰　四明山志

白水山在縣西　案原作東今正　南六十里　嘉泰會稽志　有峰曰三台山曰屏風曰石屋曰雲根石屋雲根間有瀑布如懸河旁曰

潺湲洞潺湲洞卽白水宮石屋卽張平子所居之石室漢劉綱同妻樊氏雲翹居潺湲洞側從白君得仙術其下有洗藥溪一名紫溪（元曾堅丹山圖詠序）洞下爲過雲巖有雲不絕者二十里民皆家雲之南北每相從謂之過雲其南爲雲南其北爲雲北（成化通志）飛瀑注壑奔揚滂沛數里之內時有霧露霮八瀑布之上爲芊綿嶺（四明山志）（乾隆志案舊志以過雲屬雪竇以雲南爲奉化雲南里以雲北爲桃花坑皆無確證四明山志惟以杖錫山刻過雲二字從而推言耳然山中鐫石多係遊人妄刻如杖錫西巖有石刻潺湲洞三字然潺湲洞實在白水宮豈可據石刻而移之入杖錫乎山川不能語要當徵於舊聞元曾堅丹山圖詠序曰雲氣覆冒於中凡二十里不絕名曰過雲南曰雲南北曰雲北有峰曰三台曰屏風曰石屋曰雲根石屋雲根閒有瀑布如懸河旁曰潺湲洞則是過雲當起於白水而峰曰雲根亦與雲南雲北之義相映發可證成化通志以過雲屬餘姚者爲不誤也黃氏九題考語多新創其難據者莫如鞠侯嶺夫九題之名何昉

乎昉於謝遺塵之言也遺塵固曰有猿謂之鞠侯不曰有嶺謂之鞠侯奈何誤信妄刻以奉化徐晃巖當此名哉原遺塵之意以石窗鹿亭樊榭潺湲洞爲名蹟以過雲雲南雲北爲靈景以鞠侯青檽子爲物產本顯而易明今欲各求其地以當之又豈能悉爲覈實哉

唐陸龜蒙潺湲洞詩石淺洞門深潺潺萬古音似吹飛羽管如奏落霞琴倒穴漂龍沫穿松濺鶴襟何人乘月弄應作上清吟又過雲詩相訪一程雲雲深路僅分嘯臺隨日辨樵斧帶風聞曉著衣全溼寒衝酒不醺幾回歸思靜髣髴見蘇君又雲南詩雲南更有溪丹礫盡無泥藥有巴賨賣枝多越鳥啼夜清先月午秋近少嵐迷若得山顔住芝箬手自攜又雲北詩雲北是陽川人家洞壑連壇當星斗下樓接翠微邊一半遥峰雨三條古井煙金庭如有路應到左神天

皮日休潺湲洞詩水流萬丈源盡日瀉潺湲敲碎一輪月消鎔半段天響高吹谷動勢急噉雲旋料得深秋夜臨流盡古仙又過雲洞詩粉洞二十里當中幽客行片時迷鹿迹寸步隔人聲以杖探虛翠將襟惹薄明經時未得過恐是入層城又雲南詩雲南背一川無雁到峰前墟里生紅藥人家發白泉兒童皆自古婚嫁盡如仙共作眞官戶無由稅石田又雲北詩雲北晝冥冥空疑背壽星犬能諳藥氣人解寫芝形野歇遇松蓋醉書逢石屏焚香

住此地應得入金庭　元施釣白水宮詩萬壑歸源爲石
湫洞天名不下瀛洲聲聞人地玉龍吼勢接碧空銀漢流
道院書陰微雨集玄壇秋冷溼雲浮山翁指點青松外曾
見仙人跨鶴遊　明王守仁白水山詩邑南富巖壑白水
尤奇觀興來每思往十年就茲歡停驂指絕壁涉澗緣危
幡百源早方竭雲際猶飛湍霏霏灑林薄漠漠疑風寒前
聞若木愜仰視闕終莫攀石險暑氣薄流觴溯迴瀾茲遊詎
槃樂養靜意所遊者諒如斯哀此歲月殘探幽雖得所
遊時時尤難劉樊古方外感慨有餘歎又千丈飛流舞白
鸞碧潭倒影鏡中看藤蘿半壁雲煙溼殿閣長年風雨寒
野性從來山水癖直躬更覺世途艱卜居斷擬如周叔高
臥無由比謝安　沈明臣潺湲洞詩潺湲吹古雪倒捲入
銀河月色兼秋動山聲入夜多雲來溼不去當疾響難過
杭石驚還起天風摧大波　汪禮約潺湲洞詩霏煙織翠
沙雨風珠幾迸作千年虹鳥聲不到春山空儵忽七日開
鴻濛蒼水使者乘龍死玉簡金繩祕不啟爲看今日道遥
事水蕭蕭兮石齒齒　只居正遊白水宮詩弱齡厭塵俗
勝迹心所仰遂爲物外遊獲陪林下杖魚梁依澗度鳥道
緣雲上既覩仙真宅愈重煙霞想環山知幾峰飛流可千
丈天花傍檐舞水樂臨階響皮陸跡已陳劉樊事亦往不
有繼先志何能領清賞前人有遺詠磨崖看彿彷　國朝
高士奇雲北詩峰多雲亂起羃歷滿山陰曳竹煙中　碧籠

花月下深當門眠老犢隔塢語春禽活活聞泉響分來白遠林　盧存心潺湲洞詩大波掀濤瀾聲振林木動詎知湫劍流迸出潺湲洞萬壑爭雲門一脈出煙甕洙連秋葉飛響帶夜雨送山中人熟眠驚破遊仙夢

羊額嶺崇寧間進士孫彥溫鑿險通之神異記曰餘姚人虞洪入山采茗遇一道士牽三百青羊飲瀑布水曰吾丹丘子也山中有大茗可以相給他日甌犧之餘幸不忘也洪因立茶祠是後往往獲大茗此嶺之所以名羊額也舊志以爲劉樊乘羊過此杜撰甚矣四明山志　案太平寰宇記有瀑布嶺引茶經云越州餘姚茶生瀑布嶺者號曰仙茗疑即羊額嶺也

元戴表元詩兩頰稜稜額下分更無坳處可藏雲西風怕奪行人眼蕎麥滿山鋪錦叚

丁山在縣西南四十里爲入四明徑狀若獅蹲山北麓有石刻二丁字因以爲名案康熙志謂丁山近白水乾隆志引名勝志云在白水之南方位皆

殊誤惟名勝志謂與烏膽相對僅百武差不繆耳

國朝黃子人丁山村墅詩欹嶇歷盡忽平津林壑包羅境一新草接寒煙分犢口屋藏深樹次魚鱗山花共笑成知己野叟閒逢似故人雞犬仙源應即是不須重羨武陵春方王初詩山體故如丁寥寥月滿亭高岡凝宿露平野亂飛螢爽氣乘風挹松聲隔岸聽幽人應早臥莫漫叩禪扃

東山在縣西南三十里古今圖書集成職方典有洞面臨大溪屈曲如羊腸相傳洞尻與海通洞上巨石若巖巖下一石似戴而立亭亭平野望之有千載寂寥之意乾隆志引萬歷志此謝文靖所居之東山也今以上虞東山爲文靖所居者非蓋在上虞者謝玄所考卜在此地者文靖所棲遲按康樂山居賦注余祖車騎建大功淮淝及太傅旣薨解駕東歸經始山川實基於此若是文靖故居則車騎豈得云經始

耶此文靖東山不在上虞之證也高僧傳曰支遁經餘姚塢山中晚年猶還塢中語人曰謝安石昔數來見輒移旬日今觸情舉目莫不興想宋樓扶曰過姚江而南村以許稱郎元度所居里史言文靖寓居會稽與高陽許詢桑門支遁出則漁弋山水入則諷詠屬文此山與支許所居密邇與史符合可證文靖之東山非異地矣且其地清賢嶺謝公嶺無不以文靖得名舊經云梁徵士魏道微修道得仙於謝公山而杜光庭福地記云四明山在梨洲魏微上升處又足證文靖東山之在四明也四明山志

宋孫子秀遊東山石洞詩穹石冄崖出攢峰萬壑迴古苔陰洞寂新雨綠波開渡絶移叢篠飛春泛落梅東山有夙尙且盡手中盃　明楊珂詩石洞開奇竅相傳與海通不知流水去何日到龍宮

東明山在縣西南五十里大清一統志山爲四明水口乾隆志引萬歷志

石井山亦名建嶴嶴有石屋有石蠏泉其嶺曰謝公以安石得名建嶴產茶謝公嶺尤爲名品四明山志

白雲山在縣西南六十里嘉泰會稽志唐僧巘雲居於是山恆有白雲覆其屋上因以名山有樂安侯墓五代之孫郃也唐末爲左拾遺朱温篡位著春秋無賢人論歸隱此山四明山志

宋孫嘉酬汪將軍同遊白雲山寺詩將軍恆愛客載酒喜行遊山殿淸雲落天香靜磬浮嘉蓮豔寶水甘露降靈楸徵古一爲瑞淸修思更幽　王商翁詩幽人何處住古寺白雲高向路不知遠到山方覺勞半窗看竹石一枕聽松濤我亦淸幽者烹茶讀楚騷　明黄尙質詩古寺雲林迴溪流石徑斜滿籬斑竹筍半壁紫藤花市遠難沽酒僧貧

足辦茶相看坐艮久襟袖起青霞又一尊野寺三年約十里溪風九月來曲徑晴沙擺白菊古碑遺篆見蒼苔天分蘿薜秋逾迴門掩松雲午未開醉臥禪堂不歸去月明有夢到蓬萊

太平山在縣西案原作東今正南七十里輿地志云餘姚縣西有太平山山形似織四角各生一種木一角純櫟一角純梓一角純櫧一角純樝有道士舊築居山上非潔齋不敢至藝文類聚云餘姚江源出太平山東至陝江口入於海太平山有三一在會稽一在上虞一在餘姚而餘姚之山最著謝敷居太平山不著何所其所居恐即此梁杜京產居日門山亦太平之別名也嘉泰會稽志跨餘姚上虞二境有鍊丹石三一方石二圓石方石空起下施支石相傳吳于吉之石室吉有神書號曰太平青籙因此山也元末劉履避

地此山注補選詩四明山志

晉孫綽銘嵬峨太平峻踰華霍秀嶺繁綺奇峰挺鍔上干翠霞下籠丹壑有士冥遊默往寄託肅形枯林映心幽溪亦既覯止濵焉融滯懸棟翠微飛宇雲際重巒蹇嵼回溪縈帶被以青松灑以素瀨流風佇芳祥風停靄　齊孔稚圭詩訪遙追幽蹤尋奇赴遠轍制芰度飛泉援蘿上危岊萬壑左右奔千峰表裏絕曲棧臨風風聽敧檐倚雲入石險天貌分林交日容缺陰澗落春榮寒巖留夏雪昔聞尚平心今見幽人節志入青松高情投白雲潔泛酒乘月還開談待霞滅接賞聊淹留方今桂枝發

菁山與太平相連方輿路程考略謝康樂山居賦注三菁太平之北太平天台之始陶弘景日門館碑結架菁山之北皆指是當江北導源名爲菁江歷上虞境盡始爲姚江唐權德輿詩云越郡佳山水菁江接上虞三菁者上中下也四明山志

䳒山太嶽山釣臺山寶蓋山蓮花山入上虞境康熙志

右四明西面山四明西面七十峰總名奔牛瀧（康熙志）

雪竇山犬梅山徐鳧巖隱潭大小晦山丹小山黎洲入嵊奉化天台境（康熙志）

右四明南面山四明南面七十峰總名驅羊山（康熙志）

聚玉山去治西南十五里（康熙志　案聚玉一作豎玉見四明山志羅壁山下乾隆志作聚粒然今俗人皆呼豎玉山不知有聚粒也）

羅壁山在縣南十八里舊經引孔曄記云山有虞國墅襟帶山溪表裏疇苑郡太守徧遊諸境棲情此地每至良辰攜子弟游憩後以司空臨郡遂卜居之（嘉泰會稽志）其巔有龍門洪武五年九月邑人宋無逸覓山顧雲屋登高賦詩於此（四明山志　互見古蹟）

宋華鎮詩山列翠屏圍碧落溪流鳴玉繞平田郗家池館雖蕪沒金谷形容自宛然　明宋僖九日登羅壁山詩玉山有客尋佳處金谷何人比此山溪閣幽居青樹裏風泉遠落白雲閒燈明春夜看圖畫地主風華集珊環隔水桃花深幾許洞門斜日未須闢又羅壁山形似金谷今人誰繼古人遊龍門雪色入鳥道顧老霜毫追虎頭高情脫略風塵迹遠眼冥迷草木愁客底敝裘能忍凍畫圖不許世人求

方家山在縣西南二十里弘治府志

筆竹嶺在縣西南二十五里康熙志

破嶺在縣西南二十五里康熙志

靈源山在縣西南三十里有泉曰靈源故名嘉泰會稽志以許元度所居里名曰許村宋樓扶曰靈源面烏膽一峯高入雲表元方九思曰過許村之靈源與慈谿行青煙中山遠而平溪清而繞四望如碧蓮葉四明山志

烏膽山在縣西南四十里山與上虞接嘉泰會稽志峰特秀望之如筆航海者視爲指南萬曆府志

鳴山在縣西南十二里舊經云支道林居剡每名辰遠來鳴山或問之答曰謝安石昔來見就輒移旬日今觸情舉目不覺欣想後遂移來鳴中嘉泰會稽志郎今下鳴是也有考古臺明初趙撝謙築之四明山志案嘉泰會稽志所書道里時有未覈支道林所居之鳴山實在清賢嶺南離治當四十里居人但稱下鳴故黎洲以郎今下鳴明之今縣南十二里別有鳴山或後人强名之欲牽合嘉泰志然於古蹟無考也

清賢嶺在縣西南三十里晉謝安許詢支遁數往來焉乾隆通志引浙江舊志有牛眠石有白蓮池亦支道林故蹟有太初泉出於石壁之隙四明山志

國朝黃千八詩浪湧于山曙色微晴嵐爭傍筍輿飛疏疏一樹梅纔放便覺寒香襲滿衣又林原俯瞰但雲封夾道聲喧百尺松循跡豈嘗誇捷足此身已在最高峰

殿山在縣南十五里康熙府志

大小雷山在縣南二十里嘉泰會稽志　案乾隆志此下引方輿路程考略云相傳神仙所居獵者汙觸之輒震雷考四明山志爲他邑大雷山事與此大雷相去百里四明之大雷峰有三一鄞一奉化一餘姚陸魯望言遺塵隱於南雷不言隱於大雷唯餘姚雷峰之下名南雷里其可證者宋之會稽志晉咸寧間南雷廟碑是也不知後人何緣凡於大雷峰皆牽引遺塵乎且大小雷峰在餘姚邑南故曰南雷大雷峰之在鄞在奉化者皆邑西於南無所取義矣有怪溪潭相傳溪中有怪一僧嚙指書南無二字於石怪遂不作有

鹿巖其下石壁瓦空欲墮飛瀑若巨絙縛之有石洞在旁未有窮其勝者四明山志案康熙志大小雷山下備錄陸龜蒙四明山詩序及黃宗羲九題考黎洲於陸皮詩句多所摘索乾隆志有辨詳前白水山下今仍從康熙志錄曾望序及黎洲文俾覽者得以參考焉陸皮青橘子鞠侯詩亦附於後

唐陸龜蒙序謝遺塵有道之士也嘗隱於四明之南雷一旦訪余來語不及世務且曰吾得於玉泉生知子性誕逸樂神仙中書探海岳遺事以期方外之交雖銅牆鬼炊虎獄劍餌無不窺也吾語子以山之奇者有峰最高四穴在峰上每天地澄霽望之如牖戶相傳謂之石窗即四明之目也山中有雲不絕者二十里民皆家雲之南北每相從謂之過雲有鹿亭有樊榭有潺湲洞木實有青橘子味極甘而堅不可卒破有猿山家謂之鞠侯其他在圖籍不足道也凡此佳處各爲我賦詩余因作九題題四十字謝省之曰玉泉生眞不誣矣 國朝黃宗羲四明山九題考陸魯望皮襲美有明山倡和其九題皆是謝遺塵所發遺塵隱于南雷予之所居正當其下蓋明山內雷峰有三處一鄞一奉化一餘姚惟餘姚之雷峰其里曰南雷里見於宋會稽志其廟曰南雷廟立於晉咸寧是故鄞奉之所不得

而冒也予創四明山志與山君木客爭道於二百八十峰之間而知所謂九題者皮陸鑿空擬議未勞藤竹焉所得既其實平因爲摘索後之好事者可無迷山遲響之惑焉一曰石窗四明之所以名也在大俞自麓至頂十里削成翦棘挽臂皆須假借於山蚹耳石室高五尺深倍之廣如深而六之中界三石分一室而爲四康樂山居賦注云方石四面開窗不知其總在一面也二曰過雲山中雲氣不絕者二十里在雪竇其嶺曰二十里雲杖錫西嶺亦鑿過雲二字非也然山深瀑重昏曉難割非一方之所得擅耳三曰雲南奉化有雲南里陸詩巴賓越鳥豈可借蜀事點綴乎四曰雲北在桃花坑雪竇八景之一又名畫字岊五曰鹿亭齊書云孔祐至行通神隱於四明山在初建祠字觀之所今大蘭山也鹿亭是其處矣亭之所由名者鹿中矢投祐祐養愈之而去皮陸不原故事汎稽物態於此何與牽連石窗不知其地之相去也六曰樊榭元曾堅云劉樊從大蘭飛昇建祠其所祠側爲樊榭其云在棃洲者非也七曰潺湲洞去梁衕數里今之白水宮是也天寶閒移祠宇觀於此始劉樊居潺湲洞側師事白君從其故居也西嶺壁上亦刻潺湲洞字妄矣八曰青𥹫子今亦無識之者所謂味極甘而堅不可卒破者按以求之更無一物相似也豈草木之種類亦有絕與陸詩環岡次第生徒虛語耳九曰鞠侯雪竇西十五里爲徐鳧有鞠侯巖鑿字其上

攢峰割日哀瀑崩雲誠奇地也皮陸以連臂斷腸當之不知四明無猿有猿者何必四明而以爲九題之一乎是故身所曲折而後情生情所勃鬱而後神遇文章變哀徒恃其聲采經緯恍惚而江淹之雜體作矣承虛接響寧獨此九題哉遺塵發之而予考之千年旦暮同是南雷之人相與言南雷之事而已 唐陸龜蒙青檽子詩山實號青檽環岡次第生外形堅緣殼中味敵瓊英墮石樵兒拾敲林宿鳥驚亦應仙吏守時取薦層城叉鞠侯詩何事鞠侯名先封在四明但爲連臂飲不作斷腸聲野蔓垂纓細寒泉佩玉清滿林遊宦子誰爲作君鄉 皮日休青檽子詩山風熟異果應是供眞仙味似雲腴美形如玉腦圓衛求多野鶴落處半壼泉必共桃源種花開不計年叉鞠侯詩堪羨鞠侯國碧巖千萬重煙蘿爲印綬雲鑿是提封泉遺狙公護果教猱子供爾徒如不死應得躡玄蹤 明沈明臣南雷懷謝遺塵詩居士青雲人玄風邈難嗣白日空山高令人起遐思春花吹野桃開落知何自流泉日夜流石壁挂不住深樾有啼猿斯人渺何處高吟皮陸詩風吹響天際 國朝張炯曙易怪溪爲快溪詩夕陽倩女費疑猜抉石丹書安在哉從此溪流瀉清快野人臥穩白雲堆

桃花嶺在縣南二十里下有大桃樹約數圍明一統志

菱湖嶺在縣南五十里其嶺特峻語云事好省莫上菱湖嶺方輿路程考略雲笈七籤曰第六十三福地菱湖漁澄洞在古姚州即餘姚之菱湖也元王孚避地於此四明山志

國朝黃千人秋日過菱湖山詩栴赤楓丹爛漫晴天然圖畫勝關荆平疇鳥没寒無影邃壑雲流暮有聲客俗浼嫌通午面石頑契許結三生詩情御較秋容淡落日吟肩聳未成

雲頂山在縣南十九里弘治府志由竹山西南十里曰谷家尖東二里曰斗門山雲頂山又東三里曰延壽嶺乾隆志引萬歷志

蓮花山地名竹橋宋孫囍曰有井曰梅仙子眞嘗汲以鍊丹四明山志

黃箭山在縣南二十里乾隆志引舊通志有龍湫禱雨多應有松陽湖洪武間始廢有黃竹浦元柳貫所謂延連黃竹浦隱

見白龍堆者是也有瀏水臺在山坳間下爲白龍潭四明山志
山麓有泉曰莽井康熙志案萬歷志延壽嶺又二里爲白龍潭泝潭而上深入三里許羣峯排列如障中頗平溪流環界有方若臺者曰瀏水臺
明陸淵黃箭山龍湫詩一派甘泉天上來不留沙磧長莓苔煙霞縹緲藏城闕巖岫高低敞殿臺歲旱每甦三日雨峰迴先動數聲雷故應此地開靈窟更願移將潤九垓
國朝黃千人登瀏水臺最勝處詩空翠撲春衣翛然世外機嵐深桃頰冷上潤蕨拳肥迅瀑當溪立飛雲挾嶂飛興酣歌一闋清響振巖扉

鶴山在縣東南二十里康熙志

化安山在縣東南二十里嘉泰會稽志古謂之剡中有攩水宋會稽志所謂化安瀑布也其流懸空而下有石隔之分爲二道各十餘丈匯爲池曰噴珠池瀑布之上有草亭宋元嘉中兗人李信所建有鼇峰俗名開口巖有道巖在山頂

如石塔有石湫有化安泉有剡湖謝遷嘗讀書於此其言曰山川所匯以其景物之勝似剡溪也產茶爲名品四明山志

化安泉亦名江井在邑中爲第一泉康熙志

道巖亦曰問道巖郎陸家峰明參政陸相嘗與王文成講道於此故名陸達履剡湖竹枝詞注

明陸淵詩雪飛千仞掛層巒山鬼女蘿白晝寒天爲深山開絕勝故將雙瀑作詩觀　黃尊素詩越嶺尋幽處處行行淺曲匯忽驚途欲絕數轉地逢奇峭壁當空出飛湍帶石移難將戴顧手書出景淋漓又爲有溪山癖芒鞋竹杖輕石盤驚踞虎樹老抉長鯨僻地禽偏傲狂懷味轉清月明來子晉深處好吹笙　國朝黃千人登問道巖詩不辭猿鶴共攀躋十里泉聲處處溪疊嶂浮空疑路斷宿雲翔近覺天低梅藏野寺參差發鶯隔深篁自在啼重憶客遊盤谷勝故山早擬問幽棲　又剡湖遇雨詩俄頃失新晴雲隨屐笠生春風梅半吐暮雨客孤行柴擔衝煙亂鐘聲落磵清何甚泥滑滑頻聽竹雞鳴　陸達履剡湖竹枝詞杖策尋山攜手行坐談心性記文成至今一片嶙峋石贏得

下秋間道名

三女山相傳有三女浴於水濱爲雷所擊化爲三峰此臆說也以三峰嫵媚故名三女耳其水爲藍溪自龔村會大蘭三十六嶴之水出楊洋黃竹浦注於江元戴九靈所謂藍水碧可逝蜀山青怨擁指此也四明山志　案康熙志謂花嶴陸家尖其流爲藍溪與四明山志異

國朝黃下八藍溪赴友人酌詩清絕藍溪勝涼飔　淨暑威豆棚羣雀聚松徑一僧歸野服身偏稱迂談俗　違醉看秋嶂迴紺碧抱斜暉

烏石門入慈谿境石壁對起十丈其間劣容數尺門之外爲水簾門之內爲石鼓曰抱子山曰大韭小韭謝靈運所謂二韭也曰簟溪自小嶺至它山入江康熙志

右四明北面山四明北面七十峰總名八嶽山康熙志

南黃山在縣西南五里乾隆府志引舊志有嶺曰談家嶺

許家山在縣西南五里方輿路程考略

丁山在縣南十里乾隆志隱鶴橋北舊有泉

右三山不與四明相屬康熙志

海在治北康熙志水經注餘姚故城背巨海縣去海四十里乾隆府志

餘姚江在縣南五十步闊四十丈入明州太平寰宇記在縣南一十步源出上虞縣通明堰東流十餘里經縣東入於海潮上下二百餘里雖通海而水不鹹嘉泰會稽志源出太平山上流至上虞縣六十里下流至慈谿縣九十里元一統志又名

舜江江橋西舊產蕙亦稱蕙江萬歷府志過蘭墅橋分爲蘭墅江康熙志江水隨潮漲縮朔望子午汎日漸遲週而復始

宋王安石泊姚江詩山如碧浪翻江去水似青天照眼明喚取仙人來住此莫教辛苦上層城又軋軋櫓聲急蒼蒼江日低吾行有定止潮汐自東西　樓鑰月夜泛舟姚江詩秋暑不可耐幾思泛中川晚來興有適溪船偶及門涼月纔上弦平潮可黃昏倚楫縱所如臥看龍泉山長虹跨空闊過之凜生寒坐穩興益佳夜氣方漫漫草蟲鳴東西飛鳥相與還仰頭數明星垂手摇碧瀾坐客惜此景不及攜清尊無酒要不惡徜徉足幽歡幽歡有何好叩舷濟無言　僧曇瑩姚江詞沙尾鱗鱗水退潮柳行出沒見漁樵客船自載鐘聲去落日殘僧立寺橋　明孫陞詩雨霽青山翠欲浮高人邀我恣行遊煙隄繚繞鶯啼樹雲水縈迴鷺立洲鬢雪已增潘岳感江花更喚杜陵愁且拚酩酊未歸去落日微風共泛舟　王穉登舟過姚江詩白雲丹嶂路盤盤千里都從枕上看何必雪中堪訪戴青山五月自生寒又曰日清江日日山看時曲曲聽潺潺誰言江水如衣帶不繫鄉心一夕還　國朝杭世駿同人泛舟蕙江歷探西石大黃諸勝詩諸山環縣門彌望青可數沿洄趁落潮清響出柔櫓嵐光動摇中倒影更妍嫵曠觀怡客情攬

勝始江滸言尋招提遊矚對梵筵古修廊不逢僧陰殿忽來雨藉茲滌囂煩豈敢惜腰股攜身躋層顛縱目萬景聚荒塗浩茫茫秀色連極浦振衣天風高長嘯動林莽御智涵姚江櫂歌泱泱鳴泉謖謖風中天白月照鳥逢不知何處秋聲起一路松濤碧澗中原注張宣青陽集姚江道中詩松風濤卷出萬壑耳邊無處無秋聲綠蘿碧澗月欲上澄煙遠岫天低橫又布帆含雨下前灘五月蘭江閣暮寒石虎荒涼棲鳥寂野燐萬點若爲看原註農丈人夜泊姚江詩遥光忽暝滅歸翮亞相旅輕帆信雨飛坐久失煩暑山椒雜野燐夜深照石虎又莫問盤陀水淺深與郎推韻蘭江渟郎如蝦堦躍蘋藻姿又似漁娘依柳陰原注宋洪炎詩一棹蘭江去盤陀水淺深又蕙蘭花發鯉魚肥漠漠澄江卿絮飛莫問五湖煙水闊緒山西去有魚磯原注水經注江水逕緒山前又蘭墅青青葉未衰芳莘含露故低垂涉江何處尋芳澤采得芙蓉欲寄誰原注薄洽南洲集送迎達之姚江詩南颸薄江渚蘭蕙幸未衰爲言采芳者何以遺所思翁元圻同黃二雷蘭江泛舟詩落日放船好秋江似練澄奔流看躍馬驥野起搏鵬傍逸君無匹飛揚我未能詠歸新月上皎潔露華凝

菁江在縣西十五里源出四明山北流滙餘姚江以達菁

江嘉泰會稽志明越舟楫往還經涉之所也唐權德輿送上虞丞詩云越郡佳山水菁江接上虞寶慶續志受縣西諸鄉及上虞東鄉之水匯於姚江萬歷府志

宋王安石菁江晚望詩村落蕭條夜氣生側身東望一傷情丹樓碧閣無處所惟有溪山照眼明

國朝邵晉涵姚江櫂歌日落輕橈散浴鳧三菁江上水縈紆推篷迴眺蒹葭路一髮青山接上虞

東横河在縣東北二十五里源出燭溪湖東至雙河東北至觀海西流過石堰南入於江嘉靖十五年縣丞金韶濬深之萬歷府志

制河在縣東北三十五里游源銀塘諸溪之水出焉北流爲游涇東北溢於雙河西北會於東横河萬歷府志

西横河在縣西三十里源出牟山湖萬歷府志東南入於江

長泠河在縣西北二十五里源出上虞之長壩又出牟山湖東至於菁江北至海塘（萬曆府志）

姚江導源太平山及菁江過斷溪初出爲菁江西流至於上虞通明壩新河注之（新河即運河）東迴北轉過曹墅橋牟山湖諸水入之（牟山湖諸水流爲長泠河過西橫河東南流過馬渚又南至曹墅入菁江）又東名慈江過蘭墅橋出南分爲蘭墅江姚江又東過六浦橋出北分爲後清江姚江又東穿兩城閘過通濟橋又東至竹山潭蘭墅江進蘭墅橋東南流至龍舌清賢嶺以西諸水暨玉山之水皆來入之（清賢嶺諸水北流至羅壁山又北過長豐橋又北至沇家閘暨玉山之水北流過石婆橋又北至沇家閘兩水合流至龍舌）蘭墅江又東南過戰場橋雁嶺以南之水入之蘭墅江又東過橫涇橋溜水臺諸水谷

家尖諸水皆來入之溜水臺諸水北流過第四保折而西過檀樹灣與谷家尖諸水合谷家尖諸水北流過隱鶴橋入檀樹灣二水合流至橫涇橋蘭墅江折而北出竹山橋復與姚江合後清江進六浦橋東北流過武勝橋汝仇湖以東諸鄉之水入之汝仇諸鄉之水南流過小里堰又南過盧方橋又南過太平橋分而爲二一出六浦橋入姚江一出武勝橋入後清江後清江又東經後橫潭燭溪游源諸水皆來入之燭溪之水東南流至雙河與游源諸水合游源銀塘諸水出爲制河至雙河兩水合西南流過東橫河又西南過石堰又南過客星橋至後橫潭入後清江後清江又東附子黃山二湖以西諸鄉之水黃清堰之水低塘之水皆來入之附子黃山二湖之水南流過梁家堰又南過洪家橋又南過景家橋東南流至鮑家潭出史家灘入後清江黃清堰之水西南流過礶山堰又西南至潮堰低塘之水東南流過馮家閘又東南過湯家閘又東南至潮堰與黃清堰之水合流過宋堰橋又南過俞家橋至鮑家潭與附子黃山之水合案馮家閘湯家閘宜易前後後清江又東

過福星橋折而南出黃山港至竹山潭復與姚江合穴湖諸山之水北來注之穴湖諸山之水南流出射龜橋至竹山潭入於江姚江又東過邵家渡桐下湖水入之又東折而西又折而東爲鹹池匯過姜家渡黃箭山之水入之又東過三江口黃竹浦俗名官埭浦元柳貫詩遵延黃竹浦隱現白龍堆則黃竹浦古名也 案官埭浦今亦稱官船浦之水入之慈谿三十六奧之水北流至乾溪又北至陸家埠名藍溪又北名洋溪折而西過花門渡白鶴橋又北出黃竹浦入江擴水北流過化安山又北過剡湖與東西分爲二流合於剡湖橋又北過南浦與藍溪會出黃竹浦又東過蜀山陸游入蜀記過楚中一山以爲極似餘姚蜀山又東過丈亭折而南過車廏此下入甯波其支水不詳載又東過西壩又北至定海蛟門入於海

康熙志 案後清江乾隆志改作候青北城內通潮者三一自後清橋東北入東水門南七十步折而東至東城址復折而南稍西至

合寶巷口而止又南二十步折而西過金沙井衕可七十餘丈又南五十步折而西過公館後可六十餘丈又南一百五十步由小祕橋而南三十步分流東西西者不過數武東者可三十餘丈相傳名清風港南城西門外亦有名清風港者此則在民居中漸淤塞矣又自小祕橋而西過公館前祕圖橋橋西側分流而南舊至城隍廟門外西受祕圖湖及縣署之水水由廟二門內東流入河今自廟北可三十丈許已佃爲民居僅留小溝通流驟雨則彌溢衢路又自祕圖橋西過桐江橋至新橋自小祕橋至新橋一帶名桐江蓋取桐江一綫之義一自後清橋西北入西水門南五十步折而西過拗橋至閱武場西城址昔此水西通外河緣築城流遂絕中有分流直北三十餘丈折而西可六十餘丈其西流者亦在民居

中又南折而西入後新橋可六十餘丈又南過新橋合桐江之流昔東水門之水西流西水門之水東流合於祕圖山北麓今西流漸淤多合於新橋矣一自舜江入南水門北過孫埭橋與東西二水門之流合於龍泉山東麓昔合於新橋南可二十餘丈今南河多瓦礫填塞北水向南流矣康熙志　案光緒十二年邑紳邵友濂出資濬南北城河用洋銀六千四百餘圓並購桐江橋西徐姓市宅以清淤穢南城內通潮者六一自通濟橋西南入右達水門進大黃橋至呂文安公宅折而東一自右新水門進小黃橋過樹橋至南城址折而東一自戰場橋分流而北稍西進南明水門入於新河亦名秋風浦一自通濟橋東南入左通水門進石嵬橋抵靈星橋南五十餘丈折而西經保慶廟直與右達水門之流會於呂文安公宅前又自保慶廟東分流南通新

河過新河橋與右新水門及戰場橋南來之水俱會於南明水門內一自東泰門南下有演湖自姚江南來西入演過紫金橋而止昔此水西入霤星港今近西數十丈已坦然成衢亦不知塞於何時也一自東南九曲水由西天浦入巽水門盤旋而西經陳光祿勳園北會於霤星港成弘以前此水自東南來直趨霤星港西入泮池嘉靖初東南已塞不復入泮池矣後以城故復斷其流萬歷丁酉遂議開巽水門康熙志又霤星港潮舊直進泮池西至向家池止今淤叅今潮由霤星橋西支港仍進泮池至向家池止池外繚以牆垣並設水旱門名一用備不測俗因呼爲太平池

祕圖湖在丞廨之前初本石竇微出泉好事者因而廣之才丈許巖石陡處鐫曰神禹祕圖嘉靖志

桐下湖在縣東一十一里嘉泰會稽志

國朝邵向榮桐湖湖村舍詩鄉居靜見聞茅茨足偃仰開軒臨前湖湖田平似掌昨宵風雨過屋後春泉響良苗既懷新童粱亦驟長鋤莠植嘉禾賴兹人力養迺知田祖神不受惰農享卓午一鳩鳴前林度饁饟微風轉綠疇徙倚愜心賞

穴湖在縣東一十二里舊經引夏侯曾先地志云吳時望氣者鑿斷此山故以名湖嘉泰會稽志

燭溪湖在縣東北一十八里舊經云昔人迷道忽有二人執燭夾溪而行因得路故名燭溪一名明塘湖俗號淡水海十道志云湖中有燭傳云昔人入山迷惑昏暗四塞悲泣山中忽有雙燭照之與舊經略合嘉泰會稽志湖相傳有八景曰漾塘煙柳曰孤山雪梅曰顯沙聚鷺曰梅澳歸龍曰夾溪仙燭曰航渡漁舟曰白洋霽月曰翠屏晴嵐康熙志

明倪懷敏遊燭溪湖詩序

吾餘姚燭湖在邑治之東北萬山四環亘浸數十里予友孫君思穎諸昆弟隱居其傍與予有泛舟之約亦數年矣一日載酒俎邀予遊合童冠十有七人沿流歌詠歷航渡略賜池憩于楊氏精舍抵翠屏之寺而止解衣盤桓入坐慶師方丈嵐霏襲衣爽氣破骨凡諸洪陂列障爭獻奇怪無少與長皆陶陶焉湛湛焉其樂蓋與蘭亭諸會同矣因取杜少陵丈八溝納涼詩分韻以賦屬予爲序

孫樞得浪字

平湖萬頃碧波漲發興攜朋遊滉瀁吾宗兄弟亦好奇挈榼提壺能饋餉短屐徐行泥活活楊柳陰中乘畫舫峯公相看總黑頭得意銜杯極疏放長風萬里埽輕雲數朵芙蓉列晴障中流擊楫奈爾何銀屋高低隨蕩漾招招舟子捷有神一篙直入荷花蕩自日亭午登招提遠近靑山歷臍望老禪相邀供茗椀也復開筵悅情況楊家果出珊瑚珠竹裹行廚送春釀座中賓客盡能文豈愁下筆供詩帳分題賦就日將暝再詠再歌成放浪

孫述得涼字

殿閣薰風生爽氣燭湖旭日漾晴光探奇梅鷗雙山屐覽勝蓮塘一野航有客帶經來泮水攜朋載酒泛滄浪東林淨社知何在北海深樽樂未央艤棹遠尋松下寺鳴琴更坐竹間牀禪僧出定談淸況詩侶分題賦短章韶面不知歸渡晚藕花風透葛衣涼

孫閨湖上詩

湖上攜樽坐翠微山芳冉冉襲人衣春來水漲桃花發社後風和燕子飛一艇斜維垂柳岸羣鷗閒傍釣

漁磯故鄉好景不知甆何用天涯每憶歸　國朝史在官姚江八詠燭溪秋色詩湖光山色四時分惟有秋林日半曛雁影橫空書一帶鷗羣止水縷千紋村籬煙火穿殘照樹杪胭脂染薄雲迷路何須勤秉燭沙明溪畔勝朝昕　施烜詩仙子何年秉燭遊至今佳話鬧溪頭四山風雨啼黃鳥兩鏡煙波泛白鷗樵唱歇時吹牧笛柳陰深處泊漁舟燭湖我作西湖看濃抹淡妝春復秋

梅澳湖在縣東北一十八里東即燭溪湖此其澳曲也舊經云昔有梅樹吳時採為蘇臺梁湖側猶多梅木俗傳水底梅梁根也今巨木湛臥湖心雖旱不涸不露秋八月或有聲如鼉吼震徹數里土人謂之湖淫十道志吳起建鄴宮使匠人伐材佳明塘溪口梅下俄見樹長堪為梁伐材還都梁已足更別無用梁一夜飛還土人異之號曰梅君此材今在溪中水旱則自浮沈一云用為禹廟梁是也舊

經云梁時修廟惟欠一梁忽風雨漂一木至乃梅梁也今梅梁以二鐵纜繫之楹閒相傳此物歲久時爲神異云嘉泰會稽志土人相傳本湖秋雨時有梅龍顧子湖水自北倒流而南入航渡橋波濤洶湧中高起一帶如脊常衝墮橋石一二塊亦大異也康熙志案康熙志梅梁山下與嘉泰志略合惟不載異時采木事此可參觀

國朝邵晉涵姚江櫂歌燭湖千點梅花樹蒼幹曾傳化臥龍此日空巖時閒落月明縞袂自相逢

鱧子湖在縣東北三十五里嘉泰會稽志案乾隆志作鯉子湖誤

桐木湖在縣東北四十里旁多桐木故名嘉泰會稽志案嘉靖志以後均作桐樹湖湖今與寺湖松陽湖俱廢

上林湖在縣東北六十里嘉泰會稽志

宋高鵬飛詩風靜湖光一鑑浮青山四顧淡舒眸松陰滿逕歸來晚醉看巖花笑白頭　明岑襲祖詩九月晦日風

景姸南湖棹歌晴滿川兒童作隊溪頭坐鷗鳥忘機沙際眠山堂舊書載一東市橋美酒沽十千勝遊如此良不惡後夜月明還放船

上澳湖在縣東北七十里嘉泰會稽志

寺湖在縣東北五十里嘉泰會稽志

烏戎湖在縣□二十里嘉泰會稽志案湖在縣東北

黃山湖在縣北二十五里嘉泰會稽志

獨姥湖在縣北四十里上有獨姥祠嘉泰會稽志

新湖在縣北四十里康熙志

附子湖在縣北三十里嘉泰會稽志

勞家湖在縣北三十五里嘉泰會稽志

松陽湖在縣東南一十五里嘉泰會稽志

樝湖在縣東南一十八里嘉泰會稽志

東泉湖在縣南一十五里嘉泰會稽志

西泉湖在縣西南一十五里嘉泰會稽志

莫家湖在縣西南一十五里嘉泰會稽志

前溪湖在縣西南一十七里嘉泰會稽志

鴨蕩湖在縣西南二十里嘉泰會稽志

蒲陽湖在縣西南二十五里嘉泰會稽志

趙蘭湖在縣西南二十七里嘉泰會稽志　案嘉靖志康熙志俱作在治西南十七里

樂安湖在縣西二十里嘉泰會稽志

臧墅湖在縣西三十里嘉泰會稽志

牟山湖在縣西北三十五里嘉泰會稽志一名新湖嘉靖志

明錢載泛舟新湖塘詩清賞各有適何異同登攀君舟泊西澳我車上東山林光變宿雨溪響回晴瀾春深飛花歇日入好鳥還佳景欣所得毋令清興殘俯看縱壑魚仰見培風翰物理固有待努力當希顏胡爲念窮達戚戚天壤間又湖水日已絲理櫂不可緩雜花當晝翻遠樹出雲短沙明宿雨霽風急遊絲斷悠悠歡賞深歷歷佳趣滿酒盡客愁生歌殘離思遠世路方險巇窮居正蕭散一出處復何心夕陽起樵管　謝不游新湖詩人道新湖第一觀新湖還是汝湖寬漫誇疊嶂雲鬟迴獨愛迴溪玉髓寒春鯉浪花時鱍鱍曉鷗沙草自團團爾曹家與荒莊近肯過姜山學鍊丹　國朝邵晉涵姚江櫂歌湖光江色映迷離似向朝妝鬬靚姿遠樹出雲花覆水輭風潤雨見遊絲　朱文治偕陳后村舟行至新湖看山詩新湖徐汜野航輕三兩人從鏡裏行好是昨宵春雨歇桃花水漲拍隄平又村村有鳥喚提壺載酒吟詩興不孤小坐湖塘斜照外四山蒼翠畫難圖

汝仇湖在縣西北四十里嘉泰會稽志

明倪宗正詩泛泛湖中棹縈迴白鷺洲蒲芽含玉脆柳葉帶金柔白日春長住青山地轉幽瓊花千萬樹隱約五雲樓　馮蘭詩汝湖千頃春波暖晃鴨喜倒影落空明遥峰淨于洗

餘支湖在縣西北五十里嘉泰會稽志亦曰鶯山湖原作鸎元末有處士陳哲高隱湖濱謝起龍東山志案嘉靖志以後均作余支湖

千金湖在縣西北六十里嘉泰會稽志

蘭風湖輿地志云葛仙所棲隱處太平寰宇記案是湖今不知處或即在蘭風而後人易其名歟

湖塘浦在縣東水經云餘姚水東逕穴湖塘湖水沃其一縣並爲良疇嘉泰會稽志

黃竹浦在縣南二十里俗名官埭浦康熙志

國朝翁忠錫春日至黃竹浦二首肩輿安穩及春遊雪霽春寒襲客裘分社村遥留廟古逆潮船駛借風遒鵲忘機立眠牛背鴉護兒爭老樹頭半晌到門喧客至農家風味酒新篘開尊暢飲醉言歸煙樹蒼茫送落暉石徑雪餘晴尚滑茆亭日晚客過稀一痕新月涵光少幾點踈星弄影微正是初更鐘已動聲聲聽徹息塵機

鹹池匯在縣東南十里餘姚江至此紆迴數曲折而西南復折而東北每一曲約十餘里數曲閒陸行不過十里而舟行則四十餘里東流入慈谿界旱甚鹹潮來大約亦匯此止耳罕復西也古今圖書集成

明倪宗正月江記秋月望倪子與客泛舟慈花江直下而東幾轉而至鹹池匯江愈闊以放浩蕩瀰漫與天相接月出天末如芙蓉吐秀劃爾痕露炯炯娟好少焉徘徊布射波面溶溶焉漾漾焉金冶萬頃躍如焉衝雲衢淩河漢四際生輝萬象畢見是夕煙消霧釋野曠星稀月至中天則高而益顯遠而益澄人在寰宇之中與灝氣上下飄飄乎乘虛御空太乙真人泛蓮舟不足以擬其逍遙也倪子顧謂客曰月無乎不宜而於江尤宜蓋江得月而明月得江而用其明也風行水上天下之至文得月是天下之至文而又至麗也至文而至麗大觀備矣郎人達士以之洗滌塵機陶寫天真若謝於牛渚李於采石蘇於赤壁勝游高致千古一轍夫牛渚采石赤壁固不能卒遊也然其人皆隔世矣人知慕之而不知是月今猶昔也在此猶在彼也今吾與子夫豈徒慕者耶遂相與盡興而返

後橫潭在後清江東康熙志宋嘉定間呂處仁投劍於此篙工漁子夜經其處嘗見劍浮水上四明山志明倪宗正姚江竹枝詞後橫潭水險如何一過清江數尺波更恐清江橋石惡郎舟好趁順潮過國朝朱文治過後橫潭晚望詩兩岸新蘆斷續遮上潮葉戰蟹爬沙江村四月秧初插忙叱烏犍轉水車

竹山潭在縣東嘉泰會稽志

泉潭在縣東南嘉泰會稽志

鬼嘯潭在上林山坳人迹罕到傍有龍王祠禁禱有應嘉泰會稽志

泉水潭在治南少西一十五里康熙志

子陵瀨相傳在縣稍東江瀨磷磷潮汐上下常有聲蓋其初釣遊處也古今圖書集成

龍泉在靈緒山龍泉寺上王荆公絶句所謂天下蒼生待霖雨不知龍向此中蟠也有大字深刻泉傍蓋後人倣公書非眞筆高宗巡幸時嘗泊御舟於寺前江中識者以爲龍蟠之讖嘉泰會稽志題詠詳龍泉山

姜女泉在姜山泉流淸洌常有木葉蔽其上或去葉泉濁嘉泰會稽志互見姜山

華淸泉在陳山元豐中楊景譿顧臨來遊酌泉賦詩於此嘉泰會稽志亦名旋井永樂府志康熙志相傳有得鰻魚於井者烹之失所在後復見於井

國朝邵以發詩客星山高刺天上可觀海下有淸泉泉中星月如聯珠珠光倒影高人居子陵先生隱於是肺腑應與常人殊涼爲六月霜淸與銀河俱澆花灌藥當年事澄泓今古冰壺如布衣盟心踰帶礪此中寧有帝王氣帝王睡去布衣同以足加腹何須異乃爾動天占太史傳策標題紀所止桐江橋淸風里淸泉淸且華淵寒足洗耳五月

羊裘坐釣磯大江聲自泉中起龍性馴來風雨收百尺鱗鬣三尺水玉露擎來仙掌寒何曾一到侯王齒君不見中泠惠山康王谷一從鴻漸品題來茶具朝朝空潄肉

白水泉在縣西南四明鄉山壁環繞峭立上有溪流四十二條自絶頂投空而下冬夏水聲不絶嘉泰會稽志

放生池在縣南以東西各一百五十步立石爲界隆興改元知縣事王度始置朱待制翌撰記嘉泰會稽志

雁池在縣東雙雁里水經曰南太守虞國舊宅號西虞郎雙雁送歸處華鎮詩云南國使君歸故里霜鴻飛舞送朱輪嘉泰會稽志

項家池在縣南一十里嘉泰會稽志

洪家池在縣南一十五里嘉泰會稽志

阮家池在縣西南三十五里嘉泰會稽志

郝家池在羅壁山康熙志

附載

呵浦今莫知所在南史宋高祖征孫恩虞邱進戍句章城被圍數十日大戰身被數創至餘姚呵浦乃得破賊張驃嘉泰會稽志

餘姚縣志卷二山川終

光緒重修

餘姚縣志卷三

城池

縣城始築於吳將朱然圍一里二百五十步高一丈厚倍之嘉泰會稽志　乾隆志云設建江北岸　康熙志引水經注云江水東逕緒山南又東逕餘姚縣故城南　案緒山即龍泉山斯時縣城尚未包山可知故城必在今城之東稍有遷徙矣　元至正十七年乾隆志作十九年秋方國珍復城之凡一千四百六十五丈延袤九里高一丈八尺乾隆志作一丈四尺基廣二丈乾隆志城周九里三分內外皆石砌女牆一千有一　案今女牆實一千八十有二陸門五案乾隆志作六門蓋幷小南門數之東通德原注今改澄清　案乾隆通志引於越新編云嘉靖年有倭患改西龍泉原注今改迎恩南齊政北武勝後清乾隆志作候青水門三案東西水倉門各一其一在齊政門西曰小南門俗呼新陸門內外皆有橋通潮汐與兩水倉合流今內外兩橋聯城門爲一其上爲通衢下僅通小舟矣四面環江

爲濠可通舟楫

元行省都事高明記餘姚州襟江枕海南連嶀嵊北距錢塘其東山蘭風諸鄉與浙右海甯澉浦相直天清日朗北望諸聚落雲樹可指自海甯澉浦遇順風挐舟南邁半潮汐卽達餘姚境實吳越要衝地也至正十有八年天子賜印綬節鉞命江浙平章榮祿方公分省東藩明年乃巡行至餘姚瞻視形勢顧謂僚屬曰是州控扼吳越不宿重兵以鎮之可乎頓兵儲糧無郛郭以居之又可乎乃議築餘姚城而屬役於軍士於是姚民咸願輸財效力公因民情從之且曰餘姚爲甯郡外屏吾其召鄞縣慈谿奉化之民分築之以紓爾力其四門用力尤重吾其給鏹庀材令軍士自營之民再拜感激遂界基址辨土方揣高卑仞溝洫慮財用書餱糧峙楨榦稱畚梮公乃躬自爲表直視功黎明至城所夕猶不息工先畢者犒以金帛既畢而或隤圮者又出錢令軍士繕修之公之貴介弟僉樞密亞中公能竭力勸相以贊公志以至正十九年九月戊午始十月甲申畢功凡城以里計者九以丈計者一千四百六十五有奇餘姚當其半自西迤北爲丈七百有六其自北而東五十四丈慈谿縣當之又東而南四百六十丈鄞縣當之南盡直西委之奉化縣爲丈一百八十有二而義士魯允實俞誠岑吉徐曾四人者又樂爲助築三十有一丈界餘姚慈谿之交城爲址廣二丈其上之廣殺其址二尺其高如上之數郛日之高又六尺

焉四面之門有五南門齊政北門武勝候青東門通德西門龍泉其東南北又各立水門以通舟楫雉堞敵睥睨明整樓櫓峻麗虹亙雲矗州之官屬與其耆老相與言曰吾州庶其安乎往時寇盜窺伺吾境欲肆搏噬賴平章公威武足以讋之彼雖恫疑恇怯不敢進然吾民嘗惴惴不自安讋居而無藩垣門戶欲高枕而卧得乎今斯城既作崇墉重關設險守阨樹旌聚櫜晝儆夜擲雖有外侮亦將阻不敢犯公之保捍我民者其惠庸有既乎乃相與伐石願紀公績而屬明爲書其實云

明洪武二十年大將軍湯和略地東浙以餘姚要害宜宿重兵用制險塞命紹興後所千戶孫仁增治壘堞仍置千戶所守禦之正統六年邑人李應吉以爲不便奏乞罷所嘉靖中城漸圮知縣鄭存仁李伯生相繼繕葺日益完飭康熙志

國朝順治十五年增高併堵乾隆二十七年欽奉　上諭城垣爲保衞民生允宜鞏固如有坍塌分別次第興修三十二年知縣多澤厚勘估開段詳

修共七十八段工長二百餘丈領帑四千一百十五兩四十二年候青門迆西䂓陷三十餘丈知縣唐若瀛捐俸繕葺乾隆志咸豐十一年陷於粵寇內外城身閒有闕燬寇退知縣陶雲升擇要補築

江南城嘉靖三十六年以比歲患倭各鄉震恐避兵者北城不能容且江之南生齒繁衍學宮在焉邑人少保呂本疏請城江南報可遂城之周一千四百四十丈有奇陸門四東泰西成南明北固小陸門二恩波流澤水門二左通右達萬歷二十三年知縣馬從龍以諸生言又於城之南開水門一引九曲水入學宮之前名爲巽水門四門之上皆有重樓而北固樓枕江與舊城舜江樓相直今城樓皆廢通濟橋亘其中南北皆爲月城通兩城爲一於越新編明

大學士華亭徐階記跨舜江而邑曰餘姚去海不百里夾江兩岸居民數萬家舊有城直江北以吏署所在也測其生齒江以南得三之二焉學宮倉廩咸於是乎在郊牧之間斷斷如也頃歲倭夷犯海上登邛洋跳汝仇窺縣西北鄙自溫台趨上虞者大蹂四明界中江南之人聞寇且至走保城邑不能容則散入山谷鹿駭狼顧父子不相保浙東西數郡為之騷然邑人少保大學士南渠呂公聞而歎曰今兵興倘未已江南脫不保縣城能獨完乎餘姚不完即上虞山陰不足恃而土崩之勢成矣今若益城江南備經誦之宮守常平之粟豈惟姚民攸賴將全浙實屏蔽之議既定有講於里者少保以問其里之仕者曰如何郎中部君惠久侍讀陳君陛前曰定大計者不恤浮議語有之眾志成城今日之事惟公主之惠久等無有異也部君等已又為疏具言江南不可無城狀請於朝天子可之於是下詔益城餘姚縣南而總督都御史胡公宗憲實典領其事胡公曰民勞甚矣兵又不可役而明詔不敢不奉少保公之志不可以不成也乃會巡按御史王君固本羅君元楨程土物度形勢而經費則督府制之不足則助以諸郡贖縉什之一盡總其費白金以鍰計不滿萬者百有十自木鬻石之材以至於畚鍤版榦募人之力無一求而不給焉始於丁巳年九月己卯而以次年六月辛卯城成周一千四百四十餘丈為門而樓者四曰東泰西成南明北

固又周爲隍引江水以環之面江則爲水陸小門各二又
於江岸兩城之間故有橋處爲月城際江使聯爲一窓至
可以併力而守江南北之民見城郭樓櫓之完而不知材
之所自出聞鼙鼓之聲而不聞役召之及己也四鄰有警
弛然而臥恃以無恐始之而譁者今乃大愧曰城實生我而
顧謂其厲我以自備乎乃用諸生計爲祠尸祝少保公而
邑人參政陳君愷又以諸里居之意請城記於予予惟成
周盛時君臣一心攘夷安夏故城齊城朔皆以心膂重臣
出而主之今少保公日侍帷幄贊天子以修捍其民此其
心與南仲仲山甫無以異者而又得總督胡公爲之戮力
經營於外朝廷無出車命將之勞而大功以成靦齊朔之
役殆有光焉是不可不紀也是役也憲副陳君元珂開鎮
新城督率惟謹知縣徐侯養相規畫總理勞來不勸經始
則有知府李侯僑董役則有同知王侯近訥於法得并書
云嘉靖歲次庚申七月之吉　康熙志新城
實用銀五萬三千三百兩有奇記蓋省言之**初擬設兵以**
通判領之比竟中寢乾隆志引萬歷志
國朝順治十五年增修
乾隆通志　康熙志順治十五年增南北城各五尺其後
官守不嚴漸見侵削　乾隆志江南城與北城聯通爲一
而通濟橋互其中昔人詩所謂城形雙壁合橋勢斷虹浮
也余下車見北城繕治鞏固而南城埤堄剝落其西南面

堙圮尤甚心竊詫之稽諸故牘蓋自雍正邑令葉君煊文中言南城爲呂牆不入交盤册由是南城不領於官其興廢無過而問者皆瀕之民竊取城甎私相貿販十餘年來侵削日甚考浙江通志呂文安始倡築城之議事未及行會邵君陳君疏請報可始得命下有司撫按籌其經費府縣董其程役以迄於成其非呂牆明甚舊志刪節建城碑記專歸美於呂文安葉令遂據以入申文曷不考碑記尚列學宮創造之始末固不可没哉國家治法周詳設大嵐都司爲安靖地方之本南城直達四明實當大嵐之衝其城垣詎可以不保余因審核閒段督率里胥時爲省視於是盜取城甎之風始息有基弗壞深有望於後之司此土者

將平階餘姚縣城十四韻太傅歸田後端居問海籌餘姚虞庶子丞相漢通侯比屋開新邑重關枕上游一時勞版築百里固金甌萬戶歌鐘繞千巖睥睨收城形雙璧合橋勢斷虹浮紫陌雞人唱青門鶴市留風煙含越郡雨雪洗明州夜瞰魚龍窟晴看雁鶩洲吳雲連白馬南斗入牽牛桐嶺將飛雪蓬山可放舟鶯花當日夢烽火隔年愁水落津亭晚窗虛洞壑秋披圖論設險清獻滿江樓　案太傅此時尚未歸田作者未檢

舜江樓在齊政門城上置鐘爲城樓故承宣亭遺址也元

州判葉恆始建製刻漏甚精後上之府譙　明嘉靖季年毀萬歷中知縣馬從龍新之置鐘一鼓一雲版一　國朝康熙初災四十二年秋署縣事吳重建置鐘邵廷采重建舜江樓記舜江樓者故承宣亭址也元皇慶間鄞人州判葉君恆始建樓云案邑志亭樓之以舜江名有二其一曰舜江亭在治西南五十步平地負城面江以迎候客舫後更名迴瀾亭其一曰舜江樓在齊政門東五十步城上瞰臨通濟橋望之隆然爲縣之巽峯開納文明方葉君時餘姚爲州而君至直大火後乃作譙門製刻漏又崇是樓陶學士安曾爲之歌詩略足盡樓之勝槩矣有明姚人物甲天下迨嘉靖之季年樓毀少替談者因以是樓覘盛衰萬歷中新蔡馬君從龍爲令復理新之縣入職方科日益衰康熙初年樓又災談者益以爲驗四十二年秋通判吳公來攝縣篆吝政所宜遂首重建舜江樓悉復舊制置鐘其上與士大夫集而登焉周覩千山環列烏瞻客星橫貫樓中其下長橋如伏龍晨鐘一鳴萬籟俱起美哉前三百年人物之盛當與此樓俱振徽獨魏科高爵接武如曩日也余惟古名世佐大業者多出刺史牧相由乎一方以施天下凡有興革擘畫動可爲世法式數代之間指不多屈即如舜江樓之

建僕公繼葉君若馬君而三葉君名蹟見陳旅海隄記而馬君落成是樓則翁大司馬見海公記之今余文不逮陳氏而謚承公命且書詞謙挹謂未竟所設施度公斯心欲相厚加福於吾民豈有量哉繼自今姚人勿忘先澤博聞敦善行以前修自勖日相業如文正理學勳業如文成就義如忠忠襄忠烈古學如文恪強諫如忠端銓政如清簡恭介餘各以類求其倫則登斯樓也有慨然而興頑廉懦立者矣若夫朝挹南山之暉夕覽東海之潮低昂眄眺極目千里騷人詞客或有得於斯樓者非我公所望於邦乾隆五八之志也公以余言爲是記而碑之警姚人焉

十二年災嘉慶十五年規復仍置鐘銘邑人邵瑛舜江樓鐘有鐘乾隆壬申燬於火都人士屢謀所以新之歷二十年故年卒未有定今歲嘉慶庚午事集既有樓復有鐘屬余爲餘銘余不能文然樂觀厥成不能已於言爰集羣經語而爲之銘曰天地盈虛終則有始句餘之山南北之揆於土中立城五堵而雉鍠以立號中秋之紀邑人不誠上九傾否謀夫孔多未有攸底歲在鶉火文明以止器以鐘之天保定爾遂登觀臺迺左迺右鳧氏爲鐘其日壬癸笵金合土金有六齊大昭小鳴親用之爲理雷出地奮震驚百里煌煌厥聲與天地相似順氣成象嘉生繁祉宜民宜人宜大夫庶士反復其道先否後喜何以爲銘江之永矣　高安

熊如詢銘承宣故址矗巽峯吐納文明通鴻濛雙鳳盤空鏗華鐘搨余隨口文獻邦譙門岌岌蒲牢雄鯨魚一擊鎮海東下視長江如伏龍曷用挈壺守口漏曷用司寤分列宿口時覺衆示不朽高懸齊並南山壽 光緒六年災十一年以九年籌振餘貲鑄鐘建樓如舊制

元陶安舜江樓詩承平八十載河海既清晏越東在遐荒武備復宸斷股肱二三臣坐鎮防變亂禮羅得名士兵機授成算下馬舜水濱官吏服能幹寸心每勤勞百姓免愁歎與客閒片時登樓愛奇觀憑欄出樹杪振衣在天半諸峯繞城邑萬室夾江岸鯨濤息狂沸龍泉入清玩霜清風日佳暢望百慮散因憶京華春杯酒曾共案別來會聚難轉眼年歲換旅中得追隨相顧發一粲 馬易之題舜江樓爲葉敬常州判賦岧嶢官閣帶城皋雲霧窗軒擁六鼇隔岸雨來山氣合五更風起角聲高春江把釣漁歌近秋日開筵客思豪獨凭闌干望滄海百年難忘使君勞自注嘗於餘姚築石隄四十餘里以障海潮 明宋僖和韋惟善登舜江樓詩山郭遺風憶有虞江樓落日渺蒼梧登高能賦韋公子在昔成名葉大夫南浦晨蓑雲萬頃東橋漁網柳千株眼中雲物還淳樸未許桃源入畫圖

臨山衛城在東山三都之廟山曰臨山者依山臨海因以

名衛東接三山西抵瀝海乾隆志西界上虞北控大海今廟山巡檢司駐此康熙八年移駐　案臨山瀝山初建衛所築城防海以指揮鎮撫千百戶等駐防廟山三山皆有城設巡檢司國初廢沿海衛所裁駐防官以衛所城戶口殷繁不可無司故移廟山巡檢司駐此轄之其城垣興廢久置不問積圮日甚矣洪武二十年大將軍湯和上言餘姚控引大海宜於其北邊置衛所巡司二十里一城以備倭寇乃徙上虞故嵩城城餘姚西北境六十里之廟山初用土石半其年秋本衛指揮武英督成之乃盡用石圍五里三十步高一丈八尺永樂十六年增其舊五尺址厚四丈五尺面半之陸門四東山志東曰啟明西曰寶成南曰迎薰北曰鳳鳴水門一東山志名恩波城樓五敵樓一十有四更樓一窩鋪三十八月城三女牆九百六十七兵馬司廳七濠長七百尺深一丈五尺弔橋四瞭

在東山三都羅家山烽堠十道塘堠在開元二都方家路堠在開元三都廟山堠泗門望總臺一堠並在東山三都烏盆堠千墩堠並在蘭風一都夏蓋山堠趙港堠並在上虞縣五都荷花池堠在上虞縣六都每堠各墩臺一柴樓二雜犬各一乾隆志引萬歷志嘉靖三十六年指揮馬自進復開北門城外濠　國朝康熙四十七年總制覺羅滿公巡視海上檄縣令高錫爵修築之山樓粉堞煥然一新藩司給庫銀一千五十兩有奇乃官守不嚴未十年而女垣之輒毀者幾半矣東山志

三山所城在梅川一都之滸山俗呼滸山城東應觀海西接臨山三山巡檢司駐此洪武二十年命千戶劉巧住監築圍三里一百一十步高一丈六尺永樂十六年增六尺址厚四丈五尺面半之陸門四水門一月樓四角樓四女

牆六百三十五兵馬司廳一弔橋四濠週六百六十丈深一丈三尺廣三丈八尺瞭望臺一在許山烽堠七蔡山堠吳山堠在上林一都擔山堠陳家堠在梅川二都化龍堠在孝義二都眉山堠歷山堠在雲柯三都乾隆志引萬歷志　案衛所舊記城週三里一百二十八步女牆六百三十五又有敵樓四更樓一窩鋪六

附舊城

廟山巡檢司城舊在蘭風鄉之廟山爲廟山寨有土軍百人洪武二十年徙之縣西北六十里上虞縣第五都之中原堰圍一百四十丈高二丈五尺厚二丈二尺城門一城樓一更樓一月城二窩鋪四女牆一百十濠並如眉山乾隆志引萬歷志今圮乾隆志

眉山巡檢司城舊在雲柯鄉之眉山爲眉山寨有土軍

二百人洪武二十年徙之縣北四十里孝義二都之海湖頭圍一百八十四丈高一丈八尺厚二丈城門城樓更樓望海樓各一窩鋪四女牆一百二十濠長一百丈有奇深一丈五尺廣五丈乾隆志引萬歷志今圮乾隆志

三山巡檢司城在上林之封山南接通衢郎古海塘北跨岡峰東南有濠環抱今城門窩鋪存城樓女牆圮舊在金家山爲三山寨有土軍百人洪武二十年徙之縣東北六十里上林一都之封山圍三百五十丈有奇高一丈五尺厚二丈城門一城樓一窩鋪四女牆一百二十乾隆志引萬歷志光緒二十年附城東向里人募建涼亭一座

附畸城

觀海衛城餘姚與甯波之慈谿分轄慈邑轄東南半城餘姚轄西北半城乾隆志東北抵海西峙虎山背負浪港山南五磊諸山距慈西北六十里距姚東北七十五里洪武二十年以慈谿塗田建築延袤四里高二丈四尺址廣三丈城門四羅以月城上皆有樓外設弔橋女牆一千三百七十敵樓二十八警鋪三十六濠九百十四丈永樂十六年都指揮谷祥增崇之　國朝康熙十年奉文修築

鳳山門在治東北二里許黃山橋之南上有敵樓康熙志今門存樓圮

四門堡在治西北四十里去臨山衛十里知縣胡宗憲

築垣構屋爲練鄉兵之所地週五十四丈深一十八丈二尺廣七丈八尺今圮

康熙志　東山志初在海塘北郡守梅公政置塘南郎
泗門鋪基地邑令李伯生成之立胡公像勒碑以記其
事

餘姚縣志卷三城池終

餘姚縣志卷四

公廨

縣署宋治堂曰正廳左爲東廳後爲淸心堂淸心堂之左爲不欺堂夾堂直北臨池有軒曰鑒止鑒止少東北轉曰芙蓉亭芙蓉亭南折而東曰翰墨堂原注令施宿刻東坡手翰於中後常褚益裒諸帖刻置之翰墨堂直北陟祕圖山下瞰祕湖初有閣曰祕圖已乃改爲翠寶亭翠寶西三十步許爲秀野亭當兩亭之中北望見客星山故有亭曰弔隱其南下爲高風閣原注令李祺壽建施宿成之前爲嚴公堂原注令徐端禮建並以嚴徵君名宋李光嚴公堂詩子陵故眞隱逸氣橫九州平生江海志自比巢與由鴻飛本冥冥肯爲稻粱謀虛屈萬乘顧枉煩物色求貽書誚君房預作要領憂舜江子邑里子去踰千秋高山無古今大江日東流人物浪淘盡英名至今留當年漁釣地陳迹

餘荒耶徐侯有佳政百里安田疇作堂名嚴公懷賢慕前修時來對江山一尊更獻酬我豈隱淪嫌三黜今白頭年來贕得閒忘機狎羣鷗結茅牟湖旁一竿幸可投篛笠青蓑衣生涯寄扁舟嚴子定不死吾將從之遊由治堂南出爲儀門爲譙樓更南爲承宣亭原注令汪思温建展布象魏令廨在治内丞廨在治東八十步簿廨在治東五十步尉廨在治東南一里許詳後建炎初取壽聖觀址益縣治地凡四十三畝而丞簿尉廨復取外地德祐閒張世傑之兵盡火之元至元皇慶閒復作公署堂寢之外有高風閣愛蓮堂故承宣亭之址作舜江樓詳城池故翠竇亭之址作雩詠亭詳古蹟改題治堂曰瑞柏原闕元危素州同知廨瑞柏堂記云余既爲餘姚州經界記而州之人士請復記瑞柏之堂其言曰劉侯之初受履畝之命於大府貧民大悅富者慼慼焉覬罷其事侯率其胥吏以告於神卜之不協吉禱之他祠亦然侯曰吾知悉民事而已焉得聽命於神乃移植小柏於公宇之前夜

禱於天日覈田以便民耳事之成否將柏之榮瘁占之屬時亢旱而柏蔚然以茂明年春事克就緒吾州之老稚指其堂曰此侯治事處也侯將去吾民而顯用矣觀乎此柏猶昔人之甘棠然乃名之曰瑞柏請徵君杜先生書其榜子其記之予聞氣之流行和以致祥乖以致異不易之理也今餘姚之民力役旣平頒職作事厥有常制可謂太和矣然則和氣感於斯柏焉可誣哉予遊金陵嘗聞侯議論知其當以功業顯於他日也推餘姚之政而觀之則其大者可知矣故於州之士八請有不得而辭焉

今署之制中為治堂三開

原注知縣黃維建萬歷十二年知縣丁懋遜重建明少傅呂本記略邑公署沿革往籍蔑稽宋建炎初營拓特修燬於德祐之鬱攸元皇慶開稍復我明建置聽政有堂居止有衙胥吏有廊與夫倉庫四室儀門譙樓之類規制大備歲久就圮別駕葉君金來視邑篆修廢舉墜為之一新時嘉靖庚子歲也迄今四十五禩堂宇廊廡傾頹日甚靳水李侯時成僅葺後堂以內召去今霑化丁侯歲辛巳宰吾邑越二年政通人和上信下孚於是協謀於丞王君道行簿王君雲同曰縣堂吾與若等出政臨民處也今如此其他欲墜欲覆寧傳舍視耶請於當路咸報曰可遂筮吉戒期庀材鳩工有撤其舊而重構之者則治堂庫房譙樓也有因其舊而稍葺之者則幕廳兩廊儀門衙宇獄室也經始於壬午十

月訖癸未五月落成之日百姓扶老攜幼環而觀之咸舉手加額頌侯之德述侯之績鄉之士大夫如出一口相與伐石請記於予予惟侯初至之日體若不勝衣言若不出諸口一旦執丈田之役不辭勞悴爲民造福至是新邑中之署自信無他毅然爲之而一無所顧何其勇也侯諱懋遜字允節萬歷庚辰進士分董是役則邑人太湖簿邵陞兵部提領徐倫

顏曰親民原注知縣葉燁立治堂東掖南下爲幕廳三閒西掖爲縣庫一閒又西爲庫書房一閒由治堂甬路而南爲戒石亭原注令徐端禮立亭南爲儀門凡三座左右耳房各五閒左右爲吏廊東十閒西十一閒吏二十七人原注司吏九人典吏十八人先是吏三十三人盡東廊之北稍東爲寅畏堂一閒原注知縣周鳴塤建先有倉廳今廢儀門外舊爲東榜廊西榜廊各十閒原注今廢今東爲迎賓館三閒原注知縣李伯生建爲土地祠三閒原注知縣顧存仁建爲申明亭一閒西爲獄官廳一閒南四房西四房共九閒爲旌善

亭一間原注洪武四年詔天下隅都各置旌善申明亭餘姚縣凡建三十九所今皆侵没於民先是左旌善右申明

案申明旌善二亭始於明初蓋當日欲舉行鄉約保甲而紀善以重良民紀惡以警莠民故所建有此二亭也夫鄉約主勸善以化導爲先保甲主懲惡以究詰爲重鄉約實行自無奸宄保甲實行自無盜賊然鄉約之所約者此民保甲之所保者亦此民則鄉約保甲原非兩事也故明呂新吾先生實政錄中將鄉約保甲總一條編其法城鎮以百家爲率孤莊村落以一里爲率各立約正約副約講約史約正副統一約之人以正直公道能管束處斷者爲之約講史辦一約之事以正直識字能勸善戒惡者爲之十家內選九家所推者一人爲甲長每一家又以前後左右所居者爲四鄰一人有過四鄰勸化不從則告於甲長轉告於約正書之紀惡簿一人有善四鄰查訪的實則告於甲長轉告於約正書之紀善簿其輕事小事許本約和處以息訟端大善大惡仍季終聞官以憑獎戒如惡有顯迹四鄰知而不報者甲長舉之罪坐四鄰四鄰舉之而甲長不報者罪坐甲長甲長舉之而約正副不書掌印官別有見聞者罪坐約正副如此嚴行則一人罪犯九十九家之責也九十九家耳目一人善惡之鏡也平居無事則互相丁寧一有過惡則彼此詰責白蓮妖術奸宄凶民何所容其身出境爲賊在家窩盜何所遁其迹此眞地

方官之第一急務也而紀善惡於旌善申明二亭者卽舉行於其閒鄉甲約開善惡條件善行凡二十一惡行凡二十二除每月初二十六日十甲長舉於約會中約正副書於善惡簿十二月十六日約正率十甲長審塡聖諭格葉遵違以紀大善惡大善掌印官詳院旌獎大惡做豎牌釘本犯門左外其餘小善五次中善三次俱準大善一次則紀善於旌善亭上書姓名下面分記實事其有一犯大過二犯中過五犯小過者則紀惡於申明亭約中跪會聽講會中不與相揖酒席不須入座若登明改過簿者始照常以禮相待此旌善申明二亭之爲約衆而設者然也又約中一年無八違犯條款格葉者約正旌善亭紀善一次二年無犯者約副亦於旌善亭紀善一次三年無犯者約正副先以花紅巵酒齎送於公堂約講史各紀善旌善亭一次六年以後至十二年各優賞有差又約正副講史除正項親朋禮節往來外有處分本約事情因而受八隻雞盃酒斗穀分銀者卽係不立行止無恥之人被本約詰出枷號遊迎仍紀惡申明亭鄉邦不與爲禮是旌善申明二亭又若爲約正副講史而設也有志舉行者所當知化民成俗惟鄉甲約爲最民曷不睹亭名之尙存亟取呂公書而熟玩之哉

其前爲譙樓三開原注知縣黄維重建張弘宜之丁遜馬從龍相繼新之懋治堂之後爲川堂一閒川堂之後

爲後堂五閒原注知縣李時成重建左爲儀仗庫一閒右爲架閣庫一閒原注先爲册庫架閣在幕廳側今併於此爲須知房三閒原注今廢寓儀仗庫其前爲茶房由川堂出東便門折而北爲鑾駕庫原注知縣周子文建今亦後有池曰瑞蓮池過池有亭初曰半閒已改爲考祥知縣漸圮

劉守逵半閒亭記縣治後故有池一區前令植荷其中而橋於其上予視事之明年荷有並蒂而華者諸士大夫見之咸賞識爲瑞形諸詠歌又明年予始構亭於橋之北阜而請名於士大夫僉曰其以瑞蓮名也予曰不然予治縣無狀瑞於何有而有此嘉名八將不以予爲誇乎然予竊志涖治之初堵案相仍寢食且有所弗暇此華之榮悴開落奚暇觀之耶既而勉爲辦治案之堵者日以去乃始得退食假息其時蓮偶並蒂子雖勉從諸君臨池一賞之追維往事之勞而懼其猶弗治也亦未暇遊憩於此今幸此邦之民謹愿易治且憫予之勞至相戒勿以煩縣公於是訟簡於下而稅供於上庭頗以少事今予一日之間而假其半日憩於斯亭爰思吾政之若否而觀民化之始終將亦不爲庶事所奪矣敢名之曰半閒且以記吾始之勞者惟無治事之能而卒以少閒者實吾百姓之賜云 知縣

顧存仁考祥亭記正德乙亥開州劉公應徵視篆餘姚三年而政成百姓大和始築亭治內蓮池之上其時蓮乃並蔕或曰公善政之祥也宜以名亭公不欲居名以半間適嘉靖壬辰冬予亦來嗣公後越明年夏乃復有並蔕者邑之搢紳皆曰祥也詩歌之而歸諸予予曰祥不虛生予豈其人哉乙未春姚士之登甲科者凡一十有六人其賜及第者二人魁禮部者三人予謝諸薦紳曰祥不虛生諸君固當之矣予豈其人哉衆曰非然也范甯治最廳事蓮生烏程令賢閤下荷出事固有明徵也必曰得士往者劉令昌徵乎予曰天子命守令職教養今吾學校士如此予藉此以對揚天子之休命夫乃緣此爲予之祥也雖然祥瑞春秋不書君子爲政亦考諸心而已心盡而無徵於蓮不害其爲祥苟未盡而有徵於蓮亦何取於祥易曰視履考祥其旋元吉予將以自考也因更名半間之亭曰考祥後重建又改似玩原注知縣馬從龍題其端云玩非令事瑞蓮再出而亭始成有似於玩故名亭尋毀其北當祕圖之脊爲令廨有門一座有廳有寢各三間有廂共六間令廨之左爲丞廨右爲簿廨迫丞廨之前爲典史廨制與令廨俱略相當典史廨之南爲吏廨歲久俱

圯通判葉金署縣重建原注凡捌十六間修八間面西爲總門今僅存八間今丞廨併爲令廨簿廨改爲丞廨以上康熙志乾隆十九年顏治堂曰樂只原注知縣李化楠立銘曰有美斯堂政成教彰求寧求莫翦蕣扶頁貫恥飾市巫絕投漳企彼前哲循蹟相望仰維　聖朝照鑒斯在上天難欺下民恐殆儼矣居高敢望予愛作福作威縱欲自肥民瘼罔恤怙過飾非其或反是材譾識微柔懦不決如脂如韋瞢以强教弟以悅安非强非悅爲慢爲殘其惟賢牧爲民錫福民膏民脂爾俸爾祿職無曠瘝恩勤顧復明月村尨杏花春犢芝秀披和犀燃剔伏吏靡不畏民罔不懷襲黃卓魯職有利哉孰吉孰凶何去何從夙夜匪懈以報九重　臣由治堂甬道而門如市臣心如水凜義不刊詩云樂只南爲戒石牌原注乾隆四十二年知縣唐若瀛重摹勒石增置石座再南爲儀門設門三座屋三間甬道左右爲吏廊東西共十六間原注乾隆四十二年知縣唐若瀛增修外廊儀門之兩翼爲皁快壯三班之房各三間門以外左側爲土地祠屋三間直出而南爲頭門上設譙

樓共五間頭門外設立木壁以爲樹塞原注乾隆四十二年知縣唐若瀛改築照牆形家言頗驗尋復木壁頭門內之西爲監獄原注坐西朝東設獄房門一座提牢禁卒房各一間西側獄神殿一間南側監房二間女監一間獄倉五間乾隆十九年知縣李化楠詳請於儀二門內添設覺岸所房五間所門一座守所役房二間外設柵門治堂之後爲川堂三間東爲迎賓館五間原注乾隆四十一年知縣程明愫重修由川堂折而東北爲荷花池原注郎瑞蓮池池駕石橋越橋而北爲廨署宅門屋三間門以內中爲內堂共三間顏曰學古原注雍正八年知縣葉煊文立堂之東庫房二間西簽押房一間原注乾隆四十二年知縣唐若瀛重修宅門之西贓罰庫房一間羣房五間東羣房三間由內堂折而東北有書室五間原注顏曰蓬萊閣康熙五十九年知縣張允端立閣後書室五間內堂之北當祕圖山脊下爲內室有門有廳計五間其東廂房

二間東北廚房二間西書房三間簽押房之西有客廳五間庫房之東有茶房廚房各三間祕圖山脊設巡更房一間原案縣署於乾隆三十八年知縣顧元揆詳準借支養廉重修以上乾隆志咸豐末粵逆燬治堂幷餘屋大半同治初知縣陶雲升次第繕完規制略如其舊凡治堂三間仍復額曰親民東首糧櫃房五間兩廊科房十二間甬道中戒石坊一座南為儀門五間儀門兩翼為民壯房三間快手房三間迆南左為土地祠三間頭門亦三間右為監獄頭門三間提牢房三間櫳房五間女監三間木壁一座申明亭一座儀門直南為頭門五間上為譙樓兩翼為皁隸房三間捕役房三間又其南木壁一座治堂東北臨池有亭曰芳潔光緒間知縣周炳麟卽考祥亭址建由亭

渡橋而北其西偏曰待質所三間轎房三間今改爲庫房舊在宅門內待質所移土地祠橋北東首南向爲宅門三間東西門房十四間三堂三間西首簽押房三間花廳五間上房幷過衕五間東西書房共九間又過披一間蓬萊閣五間廚房三間茶房三間三堂東上房餘屋三間又東首側屋六間花廳之南今添設委員辦公所放積串櫃房共九間轎房待質所暨委員公所放積串櫃房俱光緒間知縣高桐籌款添建

縣丞署舊在縣東八十步有小室名龜巢嘉泰會稽志後併爲令廨以簿廨改爲之在令廨之西案簿廨舊在縣治東五十步後在令廨西遷徙年月無攷康熙間已廢乾隆四十年丞章錦雯借支養廉重修廳事房屋共二十間康熙志參乾隆志咸豐間燬於寇光緒初年知縣

陶雲升重建大堂三間頭門一間上房三間廚房一間客廳一間門房一間聽差房一間案縣丞暨典史三山廟山巡檢署同治間知縣陶雲升出省撥助修學費移支建復共計錢三千六百緡

典史署即舊尉廨在縣東一里有二槐堂史丞相浩魏丞相杞相繼爲尉後人遂因以爲名嘉泰會稽志尉廨在治東南一里許康熙志又云令廨之左爲丞廨迫丞廨之前爲典史廨縣令常褚題名記縣令掌治民凡民無所不隸至若顯善勸義禁奸罰惡尤汲汲爲先務然終日坐堂上耳目之所不接或病焉尉雖位丞簿下職警捕日走阡陌知民所疾苦或縣政有闕尉得以告於令令從而罷行之惟謹縣尉之職大豈警捕而已哉或者自卑其官眠所居若不屑爲者坑習宴安深居簡出閒以屬境內外事輒睥睨艮久卒不知所以對可亦疏矣丹耶陳鍾才宏而識邃來尉吾邑始至嘗從容對客誦杜少陵詩至老夫怕趨走之句乃喟然歎曰少陵曠達豈擇官遂私者其意以爲居是官當無憚奔走憚奔走即不當居是官我亦安敢自暇逸以是得壓敏稱秩滿將去顧聽廨壁無記前爲尉者漫不可攷訪之壼籍

僅得十有八人，屬予爲之記而刻之石。予固嘉陳君之志，且欲使來者指姓氏而謂曰某尉是勤於職者，則壁記不爲徒設云。時嘉泰改元四月　袁肅二槐堂記略：鄞故忠定史越王、魏文節公相繼尉餘姚，而皆被遇孝宗登相位。公輔規模已胚胎於初筮之時。後之人覩甘棠而思召伯，感九原而不可作，作堂植槐以寓無窮之思。而歲月既久，棟宇傾圮。嘉定壬午，肅爲邑於斯。趙君時鏞以宗室之雋妙年決科，來踐尉事，顧瞻槐陰，景慕高躅，間與肅謀將新斯堂以圖永久。肅欣然致助，趙君以俸錢續之。大屋修椽，視昔增煥，前植美竹，與槐陰映。經始於甲申孟夏，踰月告成，而民不知役。乃貽書俾肅爲之記焉。　乾隆四十二年，典史譚際甲借支養廉重修廳事房屋共二十間（乾隆志）。咸豐閒燬於寇。光緒初年，知縣陶雲升重建大堂三間、頭門一間、聽差房一間、門房二間、上房四間、廚房一間。

大嵐同知分署　康熙四十七年，山賊張念一竊發，旋即蕩平，始於梁衕建設總捕同知廳署，以紹興同知移駐兼轄甯波之奉化縣台州之天台縣署有門二座頭門五間儀門三間堂二座大堂三間二堂三間內廨樓三間廂房各三間方軒四間書室各三間內宅門房三間廚房三間巡更房二間儀門內廊房各三間阜快班房各三間久圮僅存基址奉檄籌費建復志乾隆嗣同知仍駐府

中村巡檢司署在縣西南五十里四明中村山康熙四十八年建共一十五間乾隆四十年巡司秦璜重修志乾隆旋圮移甯梁衕永和庵咸豐間庵燬於寇同治二年巡司孫廷贊請以賊首汪炳育屋十一間入官作公廨在梁衕鎮小嶺街光緒間巡司汪內熙重修

廟山巡檢司署初在上虞之五都康熙八年移駐臨山衛

城儆居民舍乾隆四十二年巡司馬星燕捐建共房八間乾隆志咸豐間毀於寇光緒初年知縣陶雲升重建大堂頭門內寢廚房各三間廂房九間巡司施輔臣捐俸並募士民於署之東偏增建廳事三間光緒三年巡司施輔臣碑記攷本署宋爲廟山寨元改巡檢司設教場明洪武二十年建臨山衛治乃徙巡司於上虞之中原驛初置弓兵一百名隆慶時減爲三十四名國朝康熙八年仍移巡檢司於臨山衛即廟山之故地添設弓兵六名皁役二名管轄蘭風東山開元孝義四都土邑鎮字號一二三四五都等處仍留弓兵十一名余於同治十三年涖任建復用勒石以垂永久

三山巡檢司署在滸山城乾隆三十五年巡司余鳴球詳請復修共房十四間乾隆志案滸山志在東門內郎公館基國朝乾隆初巡檢張璉移駐儆居民舍乾隆三十六年巡檢余鳴球借作建大堂三間東西側屋各二間東西耳房各一間二堂五間川堂一間內宅五間東側屋二間大門一間儀門三間咸豐間毀於寇光緒初年知縣陶

雲升重建堂寢房屋共十九間

石堰鹽場大使署在治東北二十里龍泉鄉舊廨署俱廢圮今官舍廊房悉係捐建駐劄歲征鹽課由縣督催解納乾隆志

其餘公廨詳見各門

附廢署

察院行署在縣東北百步許舊爲布政分司嘉靖中改爲之今邑人猶稱後司有重門有廳五間川堂三間後寢五間左右廂各六間今廢康熙志

布政分司在縣東三十步舊爲府館嘉靖十九年燬明年通判葉金署縣改建址隘市民地拓之東深三十二丈三尺西深

三十五丈北街火衙面城爲前門舊府館東爲門面中爲廳事後爲川堂各三間後寢七間左右爲下房各三間前爲儀門五間金去知縣阮朝策踵成之萬歷十八年知縣葉煒重修今圮康熙志

按察分司在縣東門內由布政分司折而北五十步東西各深四十五步南廣二十九步北廣二十八步計六畝四分有奇制略與察院等今廢康熙志

大江口壩廨舊在壩西南計地二畝七分五釐今廢並壩有津廳一所官一員今革壩夫三十五人康熙志光緒十六年知縣何兆愷重建一間燬於火舊有碑記亦殘缺

臨山衛署坐北鳳山鎮遠樓下正德七年海溢署壞重建原注廣一百二步深百十六步有正廳五間軒三間耳房各四間吏廊左右各十一間儀門外門各三間儀門左爲經歷司右爲知事廳各三間外門之內爲鎮撫司爲千戶所署凡五各三間隆慶間改建左右兩營左住軍兵右住民兵近改爲參將行署前增旗臺二座後增山廳三間衛北門內有海道公館原注在後所地東西各深五十步南北各廣二十七步廳屋樓房凡二十二間有軍器局三間原注在中所地有軍旗營房左所五百一十三間在衛東門內右所四百七十八間在衛西門內中所五百二十四間在衛水門內前所四百六十八間在衛西門內後所五百八十九間在衛北門內今皆廢有閱武場原注在東門外今廢康熙志

三山千戶所署坐北門虎山有大門儀門各三間有廳

正堂後堂各五間前爲公館今廢康熙志

餘姚千戶所駐城中正統間奏革後察院行署即其址今廢康熙志

陰陽學舊在齊政門外之西並舜江亭通判葉金建於布政分司左官一員今廢康熙志

醫學及惠民藥局舊在治東五十步後更建布政分司右官一員今廢康熙志

僧會司始寓建初寺廣濟寺後寓積慶寺無常處康熙志

道會司寓廣福觀今廢康熙志

丞廨簿廨元爲方元帥府明爲按察分司康熙志以下宋置而廢者

尉司元爲捕盜司已乃改爲姚江驛今因之康熙志

附廢驛

姚江驛在治東一里許嘉靖中重建大門三間原注今廢儀門五間廳五間川堂一間後寢五間池亭三間左右廊各十間今盡圮崇禎八年上虞欲移驛於壩上三院已允其議邑民徐宗周詣闕上疏事下撫按推官夏雨金申詳舊制得不變易而邑令朱帶煌由此調任去順治間上虞人復爭之部院屬知府劉桓審定如故舊官一員吏一名原注今裁館夫八人水夫六十七人陸夫十八人看管什物夫八人今照舊站船七座原注今存正副鋪陳十六牀原注今廢康熙志

姚江驛久經奉裁先是驛署在縣北城外江干東北隅廢圮已久雍正十年知縣張永熹即其基址改建節孝祠基內尚存石牌坊一座乾隆四十年知縣程明愫令邑人徐文燭監修節孝祠四十二年知縣唐若瀛查丈祠後基地召佃墾種以租入爲歲修之費　乾隆志

監酒稅廨在縣西五十一步見舊經今不存　嘉泰會稽志

稅務在縣東一百五十步　嘉泰會稽志

賣茶鹽場在縣東一百五十步見舊經今不存　嘉泰會稽志

酒務在縣東一百五十步　嘉泰會稽志

戶部犒賞酒庫二一在蘭風鄉去縣六十里一在雲樓鄉去縣二十里今徙上虞縣五夫鎮　嘉泰會稽志　孫應時蘭風酒庫廳壁記官無尊卑人爲重輕柳州譏袁高能令所居官大不以其賢乎哉建炎以來鞏郵往往占聚落專榷酤以

佐軍用久而歸諸戶部稍自胥吏董之淳熙五年始命天官通爲左右選闕越餘姚上虞之間有酒庫曰烏盃後吏之曰蘭風其鄉名也三十年間莞庫之士余知二人焉其一贛州曾君樂道茶山先生之孫杞菊翁之子東萊呂先生之舅弟也其學行粹然金玉其吏能好整以暇酒攻大脩而文墨談詠之樂自若高出當時輩流之上綵此顯名而階膴仕今汀州使君也其一丹陽蘇君雲章蘇氏在唐號四代相家文宗親篆四字刻玉印賜之我朝衣冠益盛明德侑望渲化參政元祐丞相滄退翁後湖居士其尤耆者也雲章魏公四世孫也復踐世科以文雅風調屈居其間而亦克勤小物善於其職諸公爭薦之二君者蓋能令所居官大者耶凡士必行其志權黠非所以行志也權酤職辦而不失儒者之度他日之行其志可必也余故於此信二君之賢也雲章秩滿以書來曰吾庫題名未立爲我記之余不佞因道其所知以爲蘭風之庫由二君而重將觀於來者焉是爲記

蒙古學知州李恭建明初改爲醫學及惠民藥局康熙志

以下元置而廢者

上塘稅務在蘭風鄉明初改爲申明亭康熙志

李家閘巡檢司在通德鄉有鎮守司四莫詳其地康熙志

餘姚千戶所正統八年罷爲布政分司康熙志以下明置而廢者

關隘二一在陸浦橋一在石堰洪熙元年巡按御史尹崇高罷之康熙志

稅課局在齊政門外洪武九年置尋罷尋置正德三年罷之康熙志

河泊所二一在治南一百步乾隆志作二百步洪武十四年置嘉靖九年罷知縣顧存仁改爲虹橋小學十七年韓修撰佃居之其一無著永樂七年罷康熙志

餘姚縣志卷四公廨終

光緒重修

餘姚縣志卷五

風俗

邑有諸馮之地舜所生也又王安石有歷山賦亦思舜而作也習俗之美猶有舜之遺風焉寶慶會稽續志引王銍學記

俗多商賈不以奢侈華麗爲事而有魚鹽之饒元一統志

邑居野墅井然綦布重華文命之德猶在於人乾隆通志引明貝瓊北山書屋記

山石林木皆古民務本而不爭多至百歲往來阡陌間熙熙如無懷葛天之徒風俗古矣乾隆通志引貝瓊復古堂記

國朝邵晉涵姚江櫂歌南浦萋萋芳草新閒扶社老到江濱癸辛舊事君知否須問龐眉百歲人

其民龐渾樸茂敦尚行實謹祭祀畏刑辟力本重農好學

篤志尊師擇友誦絃之聲相聞下至窮鄉僻戶恥不以詩書課其子弟自農工商賈鮮不知章句者家矜譜系推門第品次甲乙非其族類卽富貴不通婚姻男子不事游獵婦女躬紡織無交游雖世締姻戚寡所識面是故尊卑有儀里族有施士不鉗忌是故知恥好修善讓儉而不陋華而不費勤而不匱質而不俚其憂深其思遠非有虞氏之遺風其能若是嘉靖志

其人敏柔而慧尊吏畏威其教易成占產至薄縮衣節食以卒伏臘輸賦以時其政易敷地多山林湖陂小江大海魚鹽材木之利頗饒其民易足無瓌奇之產以來四方之游販其民一而不雜嘉靖志

科第最多巨宗盤互家席聲勢愈貧寒者愈傲亢自矜士大夫類有節概然亦往往恃氣不相能乾隆府志引萬歷志君子以詩書爲本業小人以技藝爲耕作乾隆通志

歲時

元日設影堂朝家廟往來賀歲家各治酒食相延極歡數日甫畢六日除影堂立春前一日知縣率屬迎春於東郊設句芒土牛康熙志注案支干爲顏色大春牛腹中藏小春牛數十裝春官充以丐者布種於縣門側豐歉水旱鄉人取驗於是旁邑亦有觀者康熙志注天啟壬戌春官失期不至另裝一人已而原裝者又至其秋季寓庸調繁來祁遂吉部選來一邑遂有二令崇禎戊寅春官仆地其夏劉令維芳不祿人益以此奇之明日打春破土牛取小春牛以充饋遺入日婦女謂之頭八十三以前婦女用香

燭茶果夜請天僊或紫姑問吉凶休咎十三日鐙節案今鐙節邑廟演戲城鄉大姓宗祠張鐙設供羅列珍玩雜奏音樂游人徹夜復設影堂街坊市鎮張
挂鐙火二十日後徹影堂二月放紙鳶病者以此爲禱清
明緣門插柳節前後十餘日祭墓三月二十八日東嶽生
辰自十二日至二十日禮拜之會分爲數十社每社數十
百人鳴金曳幟而唱佛號邑中叢祠無不徧至立夏嘗青
梅煨麥端午其節物爲蒲艾繭虎其飲食爲花糕巧糉雄
黃酒十三日關帝生辰里社亦多拈香賽戲七夕市肆賣
糖餅謂之巧果童男女陳瓜果祭賽頗用乞巧故事七月
十五日名中元節僧寺作盂蘭盆齋人家亦以此日用素
食祀先其近水之處則放水鐙中秋賞月雖雨亦爲之重

九不登高但爲花糕飲食而已士大夫則閒有修故事者十月中迎桑神以大纛爲導紙轍隨之冬至祀先不相慶賀十二月二十四日祭竈案今祭竈在二十三夜拂塵市井迎儺先歲除三五日蒸粳米半熟名飯粰新正數日內翻炊食之蒸糕煮糖具雜殽以須賓客除夕設影堂燒鐙貼門神割牲送年少長聚飲謂之分歲其夜燒榾柮羣坐夜分不寢謂之守歲以上嘉靖志參康熙志

宋高翥清明詩南北山頭多墓田清明祭掃各紛然紙灰飛作白蝴蝶淚血染成紅杜鵑日落狐狸眠冢上夜歸兒女笑鐙前人生有酒須當醉一滴何曾到九泉明呂本九日冒雨同邵越湖黃醒泉楊望龍魏新渠登龍山詩欣逢佳節特追陪冒雨來登山上臺宿霧乍收懸疊嶂浮雲欲散見蓬萊已聞塞外鴻先至何事籬邊菊未開誰向簷前歌湛露不知既醉更深杯施邦曜元旦詩曉鑰初開萬井煙輝輝銀燭燦庭前題詩送臘痕猶在昨夜今朝隔

一年國朝黃宗羲姚江春社賦并序歲丙寅余以先忠端公入祀鄉賢留城東數日值賽神之會舉國狂遊憶癸未於袁令座上施忠介言吾姚禮拜聚衆至數萬將有揭竿之變余云遊人烏合非白蓮無爲之比言猶在耳忠介已爲千古人物余龍鍾曳杖雖繁華過目而悽愴滿懷因爲賦之原夫祠廟之設東嶽無兩固天帝之孫五嶽之長而怪書之説遂以爲收召魂魄主帥魍魎伊黔首之無知唯禍福之是仰咸歌舞以接神杳風雲以肸蠁全姚江之迎賽尤人情之狂蕩時當暮春芳草煙交桃花紅染柳心同而未折鶯轉嬌而猶慊於是金鼓鏦錚旌幢舒捲節進退以佛號聲搖屋瓦別隊伍以懸鐙走及奔犬焚香則十里之霧明燭則列星之閃儼細柳之軍容恍上林之數衍城東五里有廟巍然十六之日四方畢瞻厥隊維百一隊數千蓋十萬之人於此周旋紅塵四合歌吹沸天則有漂絮村姬膏粱纖弱娣姒乎襄王巫姊妹乎陳思洛已捐團扇不施紺幕臉汰芙蓉氣澄蘭蕚髮光可鑒流波似鍔欽則紫玉槃龍裙則金泥簇蝶綷縩之聲若風度瑩平日紅閨深閉錦車呵導者至此而遊人下走不免肩挨而履錯眞粉黛之如土目睛爲之銷鑠爾乃飛鳧競渡羣龍出戲五彩陸離鱗甲鋒利爭先競捷濤狂浪厲隱隱塡塡其驚風雨之驟至虞初故事院本俗演改陸從舟施輪暗轉孤鶻旦末樂工不選乃命稚女充賦粉子蒙遣漚珠樺豔神

心纔絶至若夜以繼晝素月流天士女雜沓鐙火連延暗中環珮時上金鋪而江上神燈復顯異其開初明滅於空翠旋繳歴于野田大炬前導碎火分傳若近若遠若散若聯聲啾啾而似語談冷冷而無煙昧者以爲神之往來不知靈氣發洩於山川也余哲人之在昔兮以醲亂爲深憂余答以無庸兮此不過傖父之春遊去之四十四年兮今復見於坡陁悲哲人之箕尾兮將謂吾何求亂曰鄭女芍藥曹盱婆娑成風士兮三春花鳥千古文章爲藻黼兮夜月神絃空江巫笛兮猶古兮　鄒尙正月十七夜看鐙詩白首誰同傀儡場漫遊街市恣徜徉低頭學步春泥滑短足隨人夜路長顧影不知天有月踏花空惜地無香衰年發興翻愁苦好被山梅笑老狂　翁忠錫姚江竹枝詞拜歲衣冠類轉蓬門題粉字姓名通年來年例都更改墨印鮮明片紙紅東廚從未薦黃羊買斷街坊祭竈糖醉司命過除夕近家家

打點送年忙

元旦先夕灑掃堂室五鼓而興遠近爆竹相應焚香燭拜上下神祇次拜其夙所設先人主及遺像次男女序拜次卑幼交拜男子則出拜宗族親友正月十四夜各家以火

照田開除一歲侵蝕蟲名曰燒蝗蟲十五六夜迎四門龍鐙謝起龍東山志元至正間葉州判築海隄成居民建龍王廟於四門之東北每歲元夕造龍鐙以媚神是四門花鐙之始然第盤旋隄上而已至嘉靖中少宰謝丕歸里增製雜鐙乃迎入街市　案今臨山城內迎之亦四門遺風與二月十五日市山貨淸明日踏青食艾靑麥麵農家浸秧子三月禮拜時三江口觀龍舟競渡二十七夜觀東嶽神鐙立夏以赤小豆和米煮飯食櫻桃燒燕筍不斷名曰健腳筍權人輕重以卜一歲壯邁并驅疾癘四月兩城賽神盡一月而罷名曰甲戲三伏日婦女上黃山燒伏香多有自他邑來者農家留傭工刈早禾貧者償生穀夏旱佃者迎龍呈旱狀知縣每往禱於烏盆七月七夕婦女用槿葉汁燂湯梳櫛晦日地藏王菩薩生日戶供香燭盤水於

地婦女以水洗目兒童遍地插香九月十二日兩城秋賽迎城隍神農復留傭刈晚禾冬至前後各鄉村祠廟鼓樂演劇名曰堂戲十二月於常所往來親戚互爲歲餽酒擔食榼相望於道除夕闔家卑幼向尊長辭歲家長散錢於家屬大小男女并婢僕等名曰押歲先期預備品物爲新歲數日之用以上續

明宋僖與諸友宿城南郎事詩有引吾邑東門外五里有岱嶽行祠在小黄山俗傳三月二十七夜其神出而還極有火光若列炬自諸叢祠出送嶽神還明滅聚散雲霧開不可勝數每歲邑人候而觀之以爲常今年其夕周原信孫尙質范德梓郭庭自趙自立張與權陳子範輩要予宿南門外初不知觀所謂神鐙者因賦詩一首以寓感慨之意云同宿城南有八人送春留留惜殘春空中何物明鐙燭夜半高歌動鬼神白雪盈頭猶潑烈緇塵在眼復酸辛年華不及諸郎少作賦吟詩齒髮新　國朝邵晉涵姚江櫂歌江上神鐙夜有聲蔥蘢影裏見空明蕭光未逐東風

散錯認人間不夜城原注皇甫汸詩遥瞻嶽帝祠前火散作人間不夜城指神鐙而言也　翁忠錫姚江竹枝詞二月十五農事稠清明浸稻稻秧插早紅早白都先熟百廿日來新穀收片石嵯峨立碧苔山僧指點祭忠臺踏青兒女年年上誰識當年器悅來原注臺爲成器胡悅私祭劉球處菜子黄時滿路香蜂鬚蝶板舞風狂青旗官吏勸農罷相約登山拜玉皇春夏交時嵐氣蒸黄昏約伴上嶙峋鳳凰山下鐙千百説道無神便有神通濟橋頭集若蠅義烏人到早禾登家家打稻留人客燒酒尊開剝紫菱原注俗呼傭工爲人客豆花棚下客乘涼雞黍盤飧白酒香盡道催租如索債不知生穀已先償原注姚俗上年借穀次年收穀謂之放生穀　朱一是神燈記不專指三月二十七日

録山川

通禮

冠禮惟世家行之無定歲

婚禮以過帖爲主一過帖不再變納采即請期婚期前一日女加笄壻親迎迎娶以墮民婦爲女侍多者列侍成羣

婦入門三日始通稱謂奉贄於舅姑及各尊長用女紅先以茶如蓮棗之類

喪禮以七爲期每日早中晚上膳如常儀以七七爲度親友率以五七弔題主嗣後百日初二三週年至親至友均到以盡哀慕之忱

祭禮祠祭清明冬至用牲殽中元用蔬菜墓祭自父祖而上至遠祖凡墓在邑內者元旦數日家長率子弟謁墓謂之拜墳歲清明前後上墳有力者更於冬初上墳生辰忌辰則各祭於值年家生辰遇旬歲則有陰壽之禮前一日煖壽亦如生壽之例親友畢至百歲乃止

附墮民

宋南遷將卒背叛乘機肆毒及渠寇以勦捕就戮其餘黨焦光瓚等貶爲墮民散處浙東之寧紹其類有二一曰丐戸一曰郰戸良家吉凶之事男女皆來供役衣服居處特異其製狗頭帽横布裙低屋小房子孫不得考取入學仕進良民不通婚姻康熙志

餘姚縣志卷五風俗終

光緒重修

餘姚縣志卷六

物產

穀之品

秔 嘉靖志蚤熟者曰四十日五十日六十日蚤白蚤紅七十日八十日晚紅泰州紅野紅細稃紅黃巖稻其晚熟者曰蚤白黏黃黏晚白黏縮頭白羅郁白湖州白九里香光頭九里香八月白　康熙志蚤熟者上虞白晚熟者晚青　案今以火稻爲最蚤插秧後六十餘日熟似即所稱六十日也晚青晚禾之總稱今又有紅黏紅嘴烏嘴細粒及花秋諸種農家皆謂之晚青蚤稻刈後再種者謂之翻稻易生蟲以煙葉筋插之則絕

穤 嘉靖志穤而宜酒者曰趕陳穤蚤黃穤金裹銀水仙穤矮黃穤光頭穤白豆穤珠子穤泥裏變畔社蚤珠　康熙志旱田穤天落穤　案今有白黏穤黃壳穤雞爪穤桂花穤竹絲穤鐵沙穤香秔穤紅須穤

麥 嘉靖志有大麥立夏前熟穀新陳不續屑之作飯昔朱晦翁訪孫季和於燭湖待以麥飯朱賦詩云蔥羹麥飯兩相宜蔥補丹田麥燎飢莫道君家滋味薄前邨猶有未曾炊有晚大麥六稜麥白小麥赤小麥其種異者蕎麥品下者雀麥　康熙志穤麥紅黏堪作酒娜麥穗

如大麥　案今又有洋小麥

豆　嘉靖志有烏眼豆蚕黃豆晚黃豆多產海壖又有羅漢豆油豆烏豆白豆青豆褐豆赤豆蓁豆江豆茶豆赤小豆白小豆虎斑豆毛豆羊角豆白穭豆白眼豆蠶豆刀鞘豆穭帶豆　康熙志豌豆赤穭豆

粟　嘉靖志其高原頗有粟曰秈粟稻粟穤粟狗尾粟木粟　康熙志穄粟稷也

麻　嘉靖志堪食者曰胡麻堪績者曰苎麻　產龍泉山者稱第一曰葛麻黃麻　康熙志芝麻乾隆志案元一統志餘姚產秔秫麥菽各視土所宜舊志所載種類多本於嘉泰會稽志蓋山林藪澤原陵澮滷之地種穀必雜五種以備災害猶古制也然經歲所入不足供半歲之食仰糴鄰郡時見拮据焉

蔬之品

白菜　英長數寸入蔬曰小白菜白露下種名高腳白者佳

黃芽菜　亦作黃矮菜本非姚產乾隆時始有朱文治消寒竹枝詞姚產黃芽白菜無浙東土比浙西麤移來遠勝踰淮橘直與杭州味不殊

芥菜　有細葉大葉二種

油菜　康熙志子可打油　乾隆志春日食其心曰菜汞　嘉泰會稽志曰水銀曰汞草芽亦曰汞今人呼刺汞菜汞是也凡草木孳多汞挺然茂擢者汞使之然也

雪裏蕻　雪深諸菜凍死此菜獨青　乾隆志

引四明圖經相傳產學宮前者爲最朱文治消寒竹枝詞種得園蔬味頗香城南附近學宮牆每逢雪裏初抽莖不數秋菘與伏薑

菠薐

蕹菜蕹之益盛故名有數種經春葉甜愈肥嫩者名春不老味尤腴美

甜菜俗名御菜

瓢兒菜

塌科菜其種移自上海

春菜

莧菜

苦蕒

萵苣

芹菜

同蒿

薑

葱

韭

薤

蒜

胡荽俗呼香菜

萊菔嘉靖志俗呼蘿蔔黃白二種康熙志其子入藥案五月可食者謂之楊梅蘿蔔又有紅蘿蔔皮紅色一種表裏皆紅

胡蘿蔔康熙志色黃葉似胡荽色紅一種郡人謂之紅蘿蔔案有

蔓菁寶慶會稽續志山蔓菁惟餘姚龍泉山有之劉綱夫婦所種婦先飛昇約綱云菜熟亦仙去朱翌詩云天上佳招飛鸑鷟人間春色到蔓菁康熙志相傳移他所輒不榮

大頭菜其種來自北方北方人名爲跆踏菜

蹲鴟嘉靖志俗呼芋芳水陸二種

薯蕷康熙志即山藥

番薯即甘薯有紅白二種

茈菰

菰首俗名茭白

蓴菜東山志蓴菜灣在華嶺北嘗產蓴菜舊入草品

蕨康熙志根可作粉舊入草品

薺菜

草子農家刈以肥田亦可作蔬

馬齒莧

馬蘭

蕈有毒不常食

仙人

菜嘉靖志春夏雷雨驟作俄產白水山崖石立采可得移時亡種

石耳寶慶會稽續志生四明山絶壁石

芥嘉靖志產四明山全祖望詩絶谷有孤根種備大小葉芼之和蒼耳餘辛滿齒頰

果之品

梅嘉靖志大如杏者曰杏梅案今呼梅曰青梅曰梅子熟者曰黃梅杏之小而酸者曰杏梅實杏也

桃嘉靖志其實特大者曰夏白桃夏紅桃乾隆府志引萬歷志餘姚半斤桃康熙志鷹觜桃十月桃品之最下者毛桃案今有匾形者曰蟠桃有水蜜桃得種不過十年

杏康熙志杏梅杏桃

李嘉泰會稽志餘姚有粉翠李茄李其實類茄七夕後始熟嘉靖志有麥李麻李青甜李黃蠟李瓜李

櫻桃俗呼櫻珠

郁李姚邑賦注棣也又云卽山櫻桃互見花之品

柰康熙志亦閒有之

花紅卽林檎姚邑賦注與柰相似北方謂之沙果

海棠果類花紅而小

枇杷

楊梅嘉靖志產燭湖山者其種曰荔枝曰湖南其味冠絶諸果康熙志荔枝爲上湖南次之早酸爲下明孫陞詩舊里楊梅絢紫霞燭湖佳品更堪誇自從名繫金閨籍每歲嘗時不在家

柹嘉靖志其種不一而綠柹殊美方柹殊大康熙志有朱紅柹牛心柹寒柹丁香柹柹俗作柿

非柿音肺削木片也　梨　藤梨　薁姚邑賦注廣志曰燕薁似梨早熟　棗有白蒲棗　石榴　栗　銀杏俗呼白果　柑　金柑　橙　橘嘉靖志有柑有橘有橙種各不一而橘之種尤多乾隆府志引萬歷志餘姚產謝氏園者謂之謝橘小而甘最佳宋梅聖俞送馬廷評知餘姚詩曉日魚鰕市新霜橘柚郵　金橘　柚康熙志亦閒有之　香櫞乾隆志作香圓姚邑賦注子如瓜皮金色　榧子姚邑賦注有麤細二種　楮子　梧桐子　無花果　葡萄　落花生產梁衕者爲最　青櫧子寶慶會稽續志出餘姚四明山史忠定公詩云羽幰新從帝所回餘歡未盡珷瑹開醉抛青子香泥上留與仙人取次栽嘉靖志其味極甘其堅不可猝破　紫桃軒雜綴四明山產青櫧子其樹不可見每於石上得之蓋洞天中物神仙所秘耳　案別詳山川四明九題攷　鳧茈一名地栗通稱荸薺　蔗通稱甘蔗　藕　蓮子有紅白二種　菱　芡康熙志梗性堪入藥宋陳造詩昨暮浴上虞今晨飯餘姚官期有餘日我行得逍遙盤實剝芡芰美魚薦蘭椒一飽老人事茗飲亦復聊

蓏之品

瓠俗呼蒲子　壺盧　茄有長圓二種　辣茄　黃瓜即胡瓜　絲瓜　菁瓜亦曰菜瓜　甜瓜案種類甚多有京瓜香瓜梨頭瓜蜜筒瓜海東青鵝子瓜等名皆異種同類嘉泰會稽志有握子瓜鵞子瓜大僅可握音亦相近疑即此種　南瓜　北瓜　冬瓜　西瓜嘉靖志產眉山海壖者雋美康熙志今刻畧如枕者更勝案紅瓤黃瓤二種並綠皮有皮瓤俱白者名雪瓜品稱最　苦瓜亦名錦荔支

花之品

梅寶慶會稽續志古梅餘姚有之老幹奇怪而綠蘚封枝苔絲四垂疏花點綴極爲可愛他處所未有也俞亨宗詩云疏疏瘦蘂含清馥嬌嬌蚪枝綴碧苔疑是髯龍離雪殿蒼鱗遙駕玉妃來　僧等安姚江春曉詩一水中分新舊城春雨岸踏春聲舜陵青草不復去都向梅花開處行　邵晉涵姚江櫂歌燭湖千點梅花樹蒼幹曾傳化臥龍此日空巖自開落月明縞袂獨相逢　朱文治消寒竹枝詞數點梅花著瓦盆春光乍已到柴門何如桐塢舊游處萬樹寒香圍一郵　案今燭湖西南人家多喜植梅而桐塢爲尤盛每冬春之交千林齊放暗香疏影緜延十數

里不絕騷人逸士往往挈榼往游形諸吟詠亦一邑之勝也　山茶　木筆　玉蘭　瑞香寶慶會稽續志瑞香出剡中今餘姚亦有此花　長春　絳桃　碧桃嘉靖志花最宜人　棠棣案卽郁李互見果之品　杜鵑一名映山紅四明山志山有五色杜鵑花　海棠　金絲　牡丹　榴康熙志千層榴火榴　玉甌　梔子　繡毬　洋繡毬木本花白八朵成毬開時望之如雪四明山中尤多　木槿　茉莉姚江櫂歌注鄭眞姚江晚渡詩晚涼兒女臨江坐鬢髮都簪茉莉花　桂卽木犀嘉靖志昔龍山朱氏庭中有白木犀忽吐丹花占曰此狀元之兆已而王海日華宅其所果狀元及第紅黃白三種姚邑賦注一種四季開花康熙志　紫薇　紫荊　芙蓉明陸相治山舟中詩鷗鷺一羣隨釣艇芙蓉千樹隱江扉　臘梅康熙志色黃　月季　木香　薔薇　玫瑰　荼蘪　七姊妹　金銀花名忍冬花藤並入藥品　珠蘭　石巖　金雀　六月雪　虎刺　天竹子號南竹子入藥品　蘭嘉靖志治西南並江有浦產蘭今其地曰蘭墅姚江櫂歌注溥治南洲集送坦遠之姚江詩南飈

泊江渚蘭蕙幸未衰爲言采芳者何以遺所思案今春蘭有花類荷者名姚一色姚山多有之

蕙 嘉靖志蕙生深谷中然治南大江乃獨產蕙因名蕙江明沈之鼎蕙江詩聞說當年蕙叢生繞曲塘至今春水上一櫂有餘香案今金罌所產有花心瓣皆白者一箭香聞數里遠近珍之名曰金罌素以上二品舊志並錄草之品玫蘭爲香草名見風騷非今品也宜錄此

芙蕖 即荷嘉靖志四明鄉孫子秀故宅蓮池久淤爲田至今猶產蓮花掘取其藕即不可得乾隆府志引萬歷志餘姚燭溪湖有荷花漕

水仙　山丹　洛陽

翦春羅　芍藥　荷包牡丹　胡蜨　萱　葵　秋葵

午時紅　一丈紅　玉簪　美人蕉　鳳仙　雞冠 子名青葙子入藥品

黃百家雞冠花記葵之種類繁雞冠花其一也春苗初放絕類莧六七月間吐葩於項如雞冠然故名本草所載止白紫黃三色邇見所謂邏羅新種者亦僅五六而止東鄰豐氏雞冠異絕夾道盈林周圍林立區其類紫如芝英赤如猩血綠如嫩枝黃如蒸粟或紺或茜或蒼或白或一色而淡濃殊種或異類而一葩兼列玩其狀有如毬者胄者層臺者纓絡者佛指者禽似人形者恍惚變幻效奇呈譎殘照登牆曉風拂袂霞蒸錦燦意奪神銷自

有茲花以來攷之書徵之見聞未有如斯之奇特也**秋海棠****虞美人****夜落金錢**

菊康熙志佳種甚多乾隆志姚人喜栽菊羅列異種重陽各攜盆盎相聚謂之菊花會宋高翥詩新分菊本自鋤山手縛枯藤作屢闌比似著書空用力種花猶得一年看又對菊詩親向東籬手自栽夕陽小徑重徘徊花應得似人乖覺過了重陽爛漫開**僧鞋菊****牽牛**子名黑丑白丑入藥品**罌粟**漿製鴉片詳貨之品**紅花**嘉靖志可染帛**棉花**嘉靖志產海壖以爲絮或紡之作布民尤大利之案乾隆時戴建沐修助海侯廟記云姚邑北鄉沿海百四十餘里皆植木棉每至秋收賈集如雲東通閩粵西達吳楚其息歲以百萬計邑民資是以生者十之六七迄今又百餘年海濱沙地日漲種植益廣即塘南民田亦往往種之較前所產又增益矣有大樹種南陽種花黃實大而稀其衣厚槿柰花種花有黃白紅紫四色實小而繁其衣薄

草之品

芝元曾堅石田山房序云菖蒲河東芝草蒼耳隨采而足　方輿路程考略云芝山在縣西北是產靈芝**石芝**朱衣客青蓮堂詩集東坡嘗夢石芝作詩紀之予眞得石芝於四明山中偶誦蘇集追次其韻四明洞府景物

新別開天地陰陽勻雅志巖棲訪高隱買山獨少郗家賓樵斤未及石窗許忽驚峭壁敞雙戶琪花瑤草不記名仙掌擘芝粲可數貴重商樋與夏瑚紫光迸耀味如酥東坡見夢形彷彿而我採得傲賈胡自媿塵鞅未謝脫彝鼎妄希著勳烈有緣終伴黃綺游成針敢憚杵磨鐵

長生草 一名卷柏嘉泰會稽志有厂厂有峭壁產長生草掇之著几案閒久而乾枯沃之以水則榮翠如初 寶慶會稽續志卷柏俗呼長生不死草生餘姚四明山雖甚枯槁得水即蔥翠甚爲異也謝靈運山居賦卷柏萬代而不殞 國朝全祖望卷柏詩山居誇卷柏萬一代長不死出之蕉萃中一勺即色喜阿儂亦枯腸一綫餘生理何時吹葭琯爲振餘生起

席草 康熙志心曰燈心 鼓槌草 車前草 子入藥品 旱蓮草 稗草 馬鞭草 入藥品 馬鬢草 魚腥草 鴨跖草 金線草 蘆 邵晉涵姚江櫂歌漫從霄漢問星槎烏膽山頭北斗斜露下披蓑還起坐半江涼月浸蘆花宋文治詩雁嶺西南古驛東儂家老屋近蘆蓬潮來潮去嗟零落今喜蘆花又鬱蔥 茅 蒲 嘉靖志宋縣尉楊襲璋留家於汝湖之東植蒲數里遂名其地曰東蒲有詩云海上寇空千載穴湖東樹老幾行蒲 萍 藻 蒿 蓼 蘋

蕒　苔　昌蒲郎蓀　芸康熙志郎七里香　芭蕉舊入藥品　上青下白草　三葉白草嘉靖志生水濱春夏水足三葉盡白不則止白一葉或二葉占之絕驗　香草嘉靖志俗呼地楊梅　酸草酸漿入藥品　莃　淡巴姑煙草姚江櫂歌平江急雨亂跳珠白鷺飛飛向綠蕪無復玫瑰花照眼平疇都種淡巴姑　藍草可染青　萬年青葉經冬不凋　如意草　吉祥草　雁來紅俗呼老少年　鳳尾草　薜荔　瓦松

木之品

松姚江櫂歌注張宣青暘集姚江道中詩松風濤卷出萬壑耳邊無處無秋聲綠蘿碧澗月欲上澹煙遠岫天低橫　柏方輿路程考略柏山在縣北五代時胡輔成家此繞山種柏更名柏山　朱文治桐嶼潘祠題壁詩駟馬祠堂柏婆娑六百年仰看蒼翠色可信子孫賢根老橫盤地枝高欲插天爲梅留信宿此樹亦前緣　櫲嘉泰會稽志引輿地志餘姚太平山四角各生一種木一角純櫲一角純梓一角純櫧一角純櫃　寶慶會稽續志引輿地志越太平山生櫲木　櫃　櫧　橡康熙志似栗而澀　樫寶慶會稽續志出越中四明山爲多　乾

隆通志引弘治府志出餘姚四明山俗呼西河柳其葉甚細似柏天將雨水則生花試之多驗

梓　乾隆府志引梅福四明山記山生梓

樟

豫　康熙志注合歡

楊柳　明翁大立姚江詩浪花白白魚近櫂江柳青青人倚闌歌館酒樓山郭裏畫船朱箔水雲間

冬青

黃楊　寶慶會稽續志梅福四明山記山生黃楊

槐

榆

桑　姚江櫂歌架竹分泉草舍低郁郁春相應夕陽西扁舟遠向橫溪過桑柘陰中報晚雞

柘　桑葉價昂可采以飼蠶

烏桕　朱文治詩小春時節景清華隨處閒行酒可賒最是沿溪烏桕樹子如梅蕚葉如花

黃椐

棟

楓

梧桐　嘉泰會稽志縣東北桐木湖旁多桐木

青桐

價

楮

樗

櫟

樸

檀

楷

皁莢　嘉靖志四明山祠宇觀有皁莢樹絕大劉樊於此飛昇焉因呼爲昇仙木宋孫應時詩劉樊蟬蛻此登仙老木當年已插天仙骨半枯猶秀潤蒼皮新長更榮鮮蟠桃待熟三千歲銅狄重摩五百年化鶴未歸山寂寂徘徊誰與問因緣元鐵充之詩辟穀昇仙世所奇幾人到此亦成迷齊眉化羽歸何處樹老山空鳥自嗁

椶櫚

杉

檜　康熙志松身柏葉

石楠　姚江櫂歌注桂彥良姚江曉發詩春風石楠樹曉日玫瑰花

椿

茶之品 案近代與鹽並榷宜屬貨舊志始以諸山所產各有品目難於分別爲一條今仍之

瀑布嶺茶 神異記餘姚虞洪入山采茗遇一道士牽青羊三百飲瀑布水曰丹邱子也山中有大茗可以相給他日甌犧之餘幸不忘也洪因立茶祠是後往往得大茗茶經餘姚茶生瀑布嶺者號仙茗大者殊異孫因賦若餘姚之瀑布兮尤茶經之所誇嗟陸羽之不逢兮宜鑑味之絕少　元戴表元焙茶詩山深不見焙茶人霜入青研樹樹春最有風情是巖水味甘如乳色如銀　明黃尚質采茶女詩女伴烏椎髻攜筐去采茶歸來笑相指都插杜鵑花　國朝黃宗羲製茶詩檐溜松風方掃盡輕陰正是采茶天相要直上孤峯頂出市都爭穀雨前兩筥東西分梗葉一燈兒女共團圓炒青已到更闌後猶試新分瀑布泉

化安山茶 嘉泰會稽志會稽茶惟臥龍與日鑄相亞其次餘姚之化安瀑布茶

建嶼嶴茶 四明山志石井山亦名建嶼嶴其嶺曰謝公建嶼產茶而謝公嶺爲名品

童家嶴茶 康熙志茶產瀑布嶺建嶼嶴者佳並稱四明茶化安次之童家嶴又次之

南黃山茶 山在雙雁鄉其茶邑人稱南黃茶

竹之品

筋竹　苦竹　淡竹　燕竹宋華鎮詩竹箭黃茅欲老時杏梁日暖燕初歸他林尚聳千竿翠此筍先抽一握肥　箭竹　毛竹寶慶會稽續志四明洞天記有毛竹叢生澗邊剡錄剡之金庭有毛竹洞餘姚之四明山家亦有之　筴竹康熙志作紙　龍鬚竹　鳳尾竹俗呼文竹　斑竹　紫竹　慈竹嘉靖志慈母竹　康熙志筍繞竹母亦名孝竹　筆竹康熙志亦名箹竹

篠竹　桃枝竹康熙志韌堪作篋　桃枝石竹康熙志小而密植為籬

筍嘉靖志惟慈母苦竹二筍不可食斑紫二筍殊少不以食毛筍未出土曰潭筍味雋爽燕筍箭筍為脯殊佳　乾隆志引萬歷舊志毛筍脯燕筍乾嫩而淡者佳　元岑安卿食新筍詩黃齏甕已竭枯鱅筐亦空老芥長芒刺食之咽為痛山雨坼竹胎未入春盤供畦丁適踵門致我親戚送脫繃錦紋散切玉霜刀弄新香歎湯鼎饞涎迸齒縫未倩搜詩腸已破食肉夢參禪誠滑稽煮簣亦笑闕贊寧譜亦佳涪翁句堪誦僻居東海偏斯味時一中山僧應厭飧絕食聽春哢　國朝屈復餘姚詩入市蔬惟筍行人食有魚

銀筍寶慶會稽續志梅福四明山記山生毛竹銀筍

羽之品

雞產蘭塘者最肥嫩俗謂之蘭塘十里雞　鵝　鴨　鴿　雉　燕　雀　雅　寒雅康熙志比雅小　烏康熙志孝烏也與雅殊　鵲姚江櫂歌注明萬歷王皇后冊立時有喜鵲數萬集於江橋　山鵲　鶯康熙志即倉庚一名黃鸝詩人謂之黃鳥　鵯鵊康熙志俗呼雅舅　翡翠　練雀　雁　鷺　鸕鷀　戴勝康熙志即鳴鳩又名布穀　杜鵑一名子規　鴟　鸛　鶬　鷹　鳲鳩康熙志一曰鶻鳩月令稱鳴鳩　斑鳩康熙志項有繡文善食半夏　鵓鴣康熙志灰色無繡文陰則逐其配晴則呼之語曰天將雨鳩逐婦　啄木　鴷　鴝　畫眉　鸜鵒康熙志俗呼八哥姚江櫂歌注黃勉之姚江曉行詩桃花晝冥冥一雙鸜鵒語微雨江上來舟行失前處　白頭翁　黃頭　百舌　桑扈　紅雅嘉靖志紅鷁康熙志多雨則鳴　鴛鴦　鳧案野鴨也康熙志注作野鳥誤　鸂鶒嘉靖志不常有有輒大水　鷗　啉啉嘉靖志夜鳴輒大水　山和尚色微蒼教之能言略似鸜鵒　雪姑姚邑賦注色蒼白冬月羣飛則大雪　蘆雞產泗門惟四月閒有之　竹雞　稻雞　江雞　繡

眼

毛之品

馬 驢 騾 牛 羊 犬 豕 貓 豺 虎 貉

鹿 麂 嘉靖志孔曄記云龍泉山有三足白鹿案列仙傳葛洪於女几山學道常憑桐几几已而仙去几化爲三足白鹿今龍山有葛仙井遂傳有三足鹿焉宋葉清臣送餘姚知縣陳最寺丞詩山迴人逢鹿江清客厭魚

狐 兔 貛狗 竹狗 貛豬 豪豬 貛貍 玉面貍

嘉靖志雪中取者味絕佳元以充土貢遂禁不取 獺 田鼠 松鼠 石鼠 形狀如兔

鮮純色者兩耳亦較短 野豬 嘉靖志大者二三百斤岷野僧饜之不以入市 山猿 山家謂之鞠侯別詳

四明九題詩 明丁鶴年寄餘姚滑伯仁詩猿聲轉夜丹山靜蜃氣橫秋碧海昏 猬 俗呼刺猬 黃鼠狼

異獸 康熙志近獵得異獸如羚羊狀者

鱗之品

鯉嘉靖志產蕙江者色深黃尾赭產姚江者色青又燭溪湖不產鯉卽產鯉一二尾並湖以居者輒致訟坐理不解　康熙志自黃山港至汪姚橋曰姚江其鯉口尾青自橋而西至西石山廟曰舜江其鯉口尾赤自廟而西曰蕙江其鯉口尾白而微黃其在一水中而分界不亂明許穀詩江流一派碧波浮分出三江各自流何事潛鱗亦三色揚鬐分界不同游皇甫汸詩三江橫貫兩城中同是潛鱗色不同更道芳洲多蕙草幾叢花發倚春風　乾隆志馮蘭詩橋東鯉魚魚尾黑橋西鯉魚魚尾紅東西不隨潮上落混迹風塵卻笑儂

鯽魚嘉靖志產燭溪上林二湖者特佳

鱖魚

鱸魚

青魚南史虞悰家富於財而善爲滋味上醉後體不快悰獻醒酒鯖鮮方

鰱魚康熙志池塘間所畜

鯿魚

鱧魚

鱠魚俗呼黃顙亦呼䱂刺

白條魚卽鰷

江鮆

時魚嘉靖志其大如筯小麥熟時產梅嶴溪亦呼小麥魚　康熙志產積慶寺前以小麥熟時一時有之故名舊志卽作鰣魚者非

銀魚乾隆志引萬歷舊志產石巍橋之東傍南岸江水中四五月間有

土步魚似鱸而小附上而行不似他魚游水　朱文治消寒竹枝詞土哺魚常聚釣磯上江多有下江稀寒潮初落西風緊出網金錢蟹亦肥

鮎魚

鰣魚康熙志產臨山後海不多得

石首魚

乾隆志來自定海邑後海亦間得自定案石首魚俗名黃魚
初出水腥氣未除捕魚人駕海船自定海乘潮而西庋之
艙中覆冰於上一日夜至餘姚得冰腥盡味更勝故
謂冰鮮餘姚自江橋迤東臨江負郭行戶咸在焉

梅魚

嘉靖志類石首而小梅花時有之或曰麋魚以其善爛
云宋孫因曰梅魚桃鰡數異品也　濟山志出後海

鰡魚

嘉泰會稽志色黑如鰡餘姚瀕海以桃花時爲絕勝
嘉靖志食泥其頭微小而區杭人謂之蛇頭魚會稽瀕
海處皆有之惟姚產其味冠絕魚品　乾隆志引萬曆舊
志其子曰鰿子亦佳品明謝遷詩我家舊住東海濱盤飧
市遠惟鮮鱗腐儒齏糲自安分筵前不慕羅錯珍十年謬
䆶黃扉祿堂膳虛叨大官肉太牢滋味違賤腸翻憶魚羹
常不足秋風蕭瑟吹早寒蓴鱸野興歸張翰鹽梅調劑邈
無效迴思鼎耳殊汗顏江湖悠悠隔霄漢從今取足魚羹
飯食芹知美敢忘君欲獻無由發長歎孫歷懷歸詩思歸
夜夜夢鄉居何事南宮尚曳裾家在越州東近海鰡魚味
美勝
鱸魚

鱓魚

嘉靖志類鰡而小　案鱓字不見字書疑晚出
讀若澤今俗呼丈魚蓋音轉以早禾登時出者
曰新穀

鮨魚

嘉靖志鱕腹細鱗春夏之交其鱗微黑其
美絕倫　康熙志麥熟時出人呼麥區

鰵魚

箬獺

嘉靖志狀類箭箬細鱗紫色卽比目魚大者盈
八九斤　案獺當作鰨集韻鰨東方比目魚名

也

海鯊　姚邑賦注春時子多而肥　烘魚　康熙志横匾無鱗黃色濆海人烘乾食之　鯊魚　晉書虞嘯父對武帝曰天時尚溫製魚鰕鮮未可致尋當有所上獻　鯊魚　許山志後海間有之　彈塗　嘉靖志狀類望潮差大康熙志善跳亦曰跳魚　鯆魚　寶慶會稽續志身如膏髓骨柔無鱗案今俗呼鰕餌出後海　鱓　俗呼黃鱔　鰻　後海狗頭鰻大者重數斤　箭鰻　嘉靖志其大僅如竹箭乾隆府志引萬歷舊志產海壖許山志三月間出者佳骨軟而肥又有小者謂之鰻線

介之品

龜　黿　鼈　蚌　蠣　嘉泰會稽志吳山洞面滄海旁產牡蠣案蠣肉俗名蠣黃縣人以爲常羞殼名牡蠣入藥　蟶　蜆　蛤蜊　嘉靖志大者徑寸甲暈微黑俗名烏嘴蛤　黃蛤　吐鐵　嘉靖志狀類蝸殼薄吐舌含沙沙黑如鐵至桃花時鐵始盡吐味乃佳醃食之善飯宋厲无告詩免冠思脫三塗難吐舌甘從五鼎烹許山志鮮食尤美　螺　俗呼螺螄生稻田中者較巨曰田螺一種長而細者曰海螄海螄爲清明節物鄉人爭食之　鰕　有河鰕海鰕又有名對鰕者色白尾赤其重或至一斤宋梅堯臣送韓持

正宰餘姚詩魚鰕莫厭腥網罟從人採又送謝寺丞知餘姚詩秋來魚鰕不知數日日舉案將無窮 沙蟹 黃甲蟹 嘉靖志是惟蟳蝤其甲黃俗呼黃甲 紫蟹 嘉靖志色紫苦楝花時挾子而至語曰苦楝開紫蟹來 白蟹 滸山志以其無膏故名 稻蟹 康熙志九月團臍十月雄案今以產石堰者爲最 蟛蜞 康熙志似蟹不可食昔蔡謨誤食蟛蜞君子譏其不熟爾雅諺曰揀蟹得蟛蜞 蟛蜮蟹 金錢蟹 俗呼膠蟹其小如錢 毛大蟹 大鉗蟹 螯大於身出後海

蟲之品

蠶 康熙志再蠶曰原蠶 蜂 康熙志家畜曰蜜蜂蠶蜂二者民利存焉餘牀不具載 蟬 蛻入藥 蝦蟆 康熙志子曰科斗 鼃 康熙志俗呼田雞 水母 俗呼海蜇 沙噀 滸山志塊然一物無頭尾皮骨觸之則縮小徐復脹揉去涎腥雜五辣煮之味美 水蛭 嘉靖志燭溪湖不產水蛭 蛇 有黃頷蛇香蛇詳藥之品

藥之品

甘艸 乾隆志四明山記山心有五朵峰有穴通於黎洲生甘艸 白朮 蒼朮 黃精

苦參　貝母　黃芩邑西南諸山中皆有之　沙參　芍藥白芍赤芍以花之色別之　香附　紫蘇　藿香隨地叢生盛夏時多取以代茗　香薷方輿路程考略花薷山在縣西北是產香薷　薄荷　艾　甘菊乾隆志產勝山南面者尤佳　案元和郡縣志太平寰宇記載餘姚土產有甘橘疑皆甘菊之訛也嘉泰會稽志亦載懸泥山產甘橘豈舊產橘而今乃以菊著歟　益母草　惡實　豨薟草　麥虋冬以根肥大者爲佳根有鬚夏月焚之可辟蚊近盛產塘北沙地醫家言勝於川產故稱姚冬　穀精草　紫花地丁　蒼耳　紫荷車嘉靖志亦名金線重樓　蒲公英　天麻　天蕎麥　薏苡仁　白芥子康熙志白芥菜葉苦不可食子治痰舊入蔬品　茴香　百合黃宗羲種百合詩磽确山田另一塍初移百合影層層移來瀑布巖前種送自頭陀寺裏僧未信佳詩堪愈疾從今清淚不沾膺太平猶記圖花萼唱和流傳我亦曾　何首烏明謝丕詩山中有靈藥眞與病相宜對葉香難覓山翁知不知　瓜蔞　天花粉案即瓜蔞根　葛根　木龍俗呼野蒲荷　天南星　蓖麻蓖舊

（作草）半夏　筋子根（嘉靖志亦名根子）　金星艸　虎耳艸（卽金絲荷葉）　地錦（一名血見愁一名艸血竭莖葉蔓延於地田野階砌閒皆有之）　木瓜　柏子仁　槐實

山梔　白棘　山茱萸　金櫻子　女貞子　枸杞子（根名地骨皮亦入藥其莖葉可作蔬）　山查子　蔓荆子　五加皮　茯苓（黃百家種茯苓記本艸言茯苓者衆矣淮南子以爲千年之松下有茯苓則上有兔絲史記龜策傳茯苓在兔絲之下篝燈照之火滅卽得此皆輕信臆說而蘇頌李時珍輩辨析精詳亦僅言其狀類主治未及乎種之之方化安山有松數十畝或告余以鑿根一孔納苓種如彈丸上蓋封之越三四五年可得苓若干余旣種如其方屆期復使劚之其人以鐵椎一枚縱三尺許橫其柄首數寸以受握鑽其枝喜曰撥已成香子之苓已結而且鉅矣）　桑寄生

禹餘糧（乾隆府志引萬歷志山奇糧卽禹餘糧產山谷閒　康熙志石類）　石燕（四明山志引梅福四明山記南峯之北巖生石燕）　水銀（乾隆志引弘治府志龍泉山產）　虎脛　鹿茸（案虎鹿縣境不常見二品康熙乾隆志並著錄今仍之）　穿山甲　香蛇（嘉靖志產臨山歡喜嶺）　黃頷蛇

四明山志山有黃頷蛇本艸綱目蛇黃黑相閒喉下色黃大者尋丈不甚毒

牡蠣 詳介之品

蟬蛻 多出雙雁鄉橫溪山中

貨之品

鹽 嘉靖志通商利民海濱上產自梅川之白沙而東者色白質鬆味差澹宜食自閒原之道塘而西者色微黑質重其味鹹然醃物不敗案亭民煎鹽之法海潮每至沃沙日暴沙白用鐵刀刮鹻聚而苫之乃淋鹻取滷然後試以蓮子每用竹筒一枝長寸許取老硬石蓮三枚納筒中探滷三蓮橫浮則極鹹謂之足蓮滷亦謂之頭滷二蓮橫浮次之若三蓮俱直浮其滷薄不可用凡煮鹽編竹爲槃中爲百耳以篾懸之塗以石灰纔足受滷然烈燄中滷不漏而槃不焦灼一槃可煮二十過近亦稍用鐵槃 許山志 篾槃色白鬆燥鐵槃遜之 案光緒初以木爲槃盛滷曝日中成鹽日曬鹽味更遝以本輕故曬鹽日多

棉布 乾隆志案元一統志餘姚有小江布今出彭橋 案今有以蠶絲與棉兼織者謂之絲棉布 棉花詳花之品

葛布 姚邑賦注姚有以葛與蠶絲兼織者甚細密謂之兼絲葛

苧布

絲

絹

緜

綢 嘉靖志絲絹緜綢閒有之

黰青 嘉靖志出燭湖者良

案今盛出大塘以北

油　嘉靖志菜油柏油案今有桐油麻油花油罌粟子油

燭　姚邑賦注燭以柏油

作之甚堅耐燒

炭　白炭麩炭窯炭

紙　嘉靖志竹紙

祕色甆　嘉靖志初出上林湖唐宋時置官監窯尋廢六研齋筆記南宋時餘姚有祕色甆麤樸而耐久今人率以官窯目之談薈吳越時越窯愈精謂之祕色卽所謂柴窯也或云柴世宗時始進御云負暄雜錄祕色窯器世言錢氏有國日越州燒進民間不得用故云祕陸龜蒙詩云九秋風露越窯開奪得千峯翠色來好向中宵盛沆瀣共嵇中散鬬遺杯乃知唐世已有非始於錢氏

白酒　明張逵詩白酒吾鄉味懸情已六年幾於桑葉落猶及菊花姸地主能傳種門生爲糶田孤吟酬一醉眞覺對龍泉

國朝曹溶姚州酒詩誰家新釀白於泉種秫多收海上田喚出靑娥歌扇底燒燈今夜不須眠朱彝尊和曹使君憶姚州酒歌姚州白酒白於泉醉客何論三百錢十月糟牀初滿注莫教焚卻子猷船

漿　出罌粟煮之卽鴉片其利倍於棉花多廢彼而種此浙江初僅台漿象漿今姚漿之名亦漸播人口矣

嘉靖志語曰食足貨通然後國實民富而教化成是故物產之繫重矣志每舉異而忽其恆物不書焉非所以本厚民而興大道之旨夫矜奇異嗜甘脆使人背本而趨末名之曰大殘弗可以弗愼吾姚又稱壤小民聚物

屈財窮之區一遇歲惡不入室家狼顧余實憫之於是錄方物首五穀司民理者其將有考焉

康熙志邑產故無奇如野有稼山有材海有鹺則俯仰之筴歸焉然不甚穰饒惟穎發林立人席其珍足供薪標他邑遜是矣

案天生百產以前民用著錄不嫌詳審實則率隨時地互有消息或昔有而今無或昔無而今有藉如虎鹿二獸見已絕迹何論藥品之虎脛鹿茸特以舊志所收未便遐削至若罌粟原在花品今則取漿植利且與菽麥棉花爭尺寸土言乎権政亦且一鼎立鹽茶之閒雖慨極世變不能不於食貨之書綴此一品今以類增訂凡舊志所遺有前人記載可徵亦閒采一二他如植物之爲果爲蓏動物之爲鱗爲介較然區別舊志混而同之其一品之中又各有其類復不免時有淆雜稍稍編次庶便尋求

餘姚縣志卷六物產終

光緒重修

餘姚縣志卷七

祥異

晉

太康四年彭蜞及蟹皆化爲鼠甚衆大食稻晉書五行志

建興元年冬十一月戊午己巳庚午大雨雷電民多震死晉書五行志

大興四年秋七月大雨饑乾隆府志

咸和九年春三月丁酉地震晉書五行志

咸康元年至三年旱餘姚特甚米斗直五百人有相鬻者晉書五行志

唐

開元十七年八月大水

大歷二年水災

元和元年大疫十二年水災

太和三年大風海溢四年五年大水害稼

開成四年旱

咸通中康熙志作十一年有異鳥極大四目三足鳴山林其聲曰羅平占曰國有兵人相食案通鑑咸通元年剡賊裘甫攻年羅平羽蟲之孽當因是興

天祐元年大雪以上唐書五行志

宋

天禧元年蝗

明道二年八月大水漂沒民舍七年七月餘姚大風雨海

溢溺民害稼大饑
景祐四年八月大水
嘉祐六年七月淫雨爲災
熙寧八年旱
元祐八年海風駕潮害民田
元符二年十月朔江河水溢高丈餘有聲數日乃止
宣和六年水災以上宋史五行志
建炎三年五月蝗暴至害稼六月縣治雨血沾衣康熙志
紹興元年大饑疫二年薦饑五年旱六年饑九年十年薦
饑斗米千錢人食草木十八年八月大水害稼十九年大
饑二十四年旱二十七年大水二十八年大風水二十九

年螟蕩饑。三十年秋旱。宋史五行志

隆興元年八月大風水饑。宋史五行志

乾道元年正月至四月淫雨，又大疫。乾隆府志 寒敗首種，損蠶麥，大饑。三年淫雨。康熙志 九月海溢。七年大旱。八年五月大風雨，漂民居，稼盡敗。九年旱。乾隆府志

淳熙元年大旱。三年八月淫雨。四年九月丁酉、戊戌大風雨，駕海濤敗海隄二千五百六十餘丈，溺死四十餘人。七年旱饑。八年五月大水，漂浸民居，田稼盡腐，大饑。九年又饑。宋史五行志 十四年旱。康熙志

紹熙四年四月霖雨至於五月，乾隆府志 壞圩田，害蠶麥蔬稑，大饑。康熙志 五年七月大風駕海濤，壞隄，傷田稼。宋史五行志

慶元元年無麥康熙志二年大水四年六月霖雨至於八月宋史五行志

嘉泰二年蝗康熙志四年旱宋史五行志

開禧元年旱宋史五行志

嘉定二年夏大水壞田廬害稼穡三年螟康熙志六年十二月風潮壞海隄亙八鄉九年大水十五年七月霖雨爲災宋史五行志

寶慶二年大風海溢溺居民百十家乾隆府志

嘉熙四年旱饑宋史五行志

淳祐二年大水宋史五行志三年八月蝗康熙志

景定二年水宋史五行志

咸淳七年五月大風壞民居宋史五行志八年八月大水乾隆府志

十年四月大風拔木宋史五行志

元

大德五年海溢六年五月不雨至於六月乾隆府志七年海溢

十一年大旱饑疫康熙志

至大三年三月大雨水害稼乾隆府志

至元二年文廟火四年六月海溢乾隆府志

至正十二年旱自四月不雨至七月元史五行志十九年二十

年二十三年俱夏旱乾隆府志

明

正統七年秋海溢十二年蝗乾隆府志八月海鰌暴於塗長千

丈封其肉餘萬斤潮至復去康熙志

景泰五年大雪自十二月至六年二月乃霽乾隆府志七年夏旱饑康熙志

天順元年大旱饑二年三年旱薦饑五年夏旱蝗八年七月海溢康熙志

成化七年九月海溢溺男女七百餘口大饑穜稑幾絕康熙志九年水溢壞田廬十二年大雨害稼水陷没石堰場鹽數十萬引乾隆府志案康熙志稱天順九年雙雁鄉洪水壞田廬八月海溢十二年七月大雨水害稼沒石堰場官鹽數十萬引考天順僅八年不得有九年十二年必成化間事傳寫者誤移於彼耳今據乾隆府志正之十七年十八年十九年皆大水饑二十三年秋大旱饑人化爲虎康熙志原注七修類稿云成化間餘姚通德里有王三者每夜出曉還其子迹之已變爲虎

而足尚未全自後遂不復還

弘治元年大饑二年四年又饑七年海溢十月至十二月不雨八年正月至三月不雨十一年境內水湧高三四尺猝平災饑十二年春不雨冬大寒姚江冰合十三年三月不雨至五月晦乃雨江南災焚民居三千餘家傷百有八人火渡江焚靈緒山民居二百餘家乾隆府志十四年秋旱蝗大饑十五年無麥七月大雷電海溢十八年九月地震雞雉皆鳴响有妖民驚眾晝夜禦之踰月乃息康熙志

正德元年夏旱饑三年夏旱大饑四年七月大水十一月大冰害豆麥橘柚五年大水饑六年八月虎入治城巡檢高寧射殺之七年七月大水海溢山崩隄決漂沒廬舍人

畜夜燐火被海有兵甲聲大饑十年春雨雹傷麥殺禽鳥夏上林鄉地出血冬大水無麥大饑斗米直銀一錢三分十二年四月地震螟害麥十二月至閏十二月大雪十三年秋海溢十四年夏旱饑秋海溢訛言雞毈盡殺之十五年夏大旱饑康熙志

嘉靖元年夏龍見於附子湖壞舍拔木秋龍見於孝義鄉二年夏旱饑三年螟大饑四年夏旱疫六年春夏大水無麥苗大饑八年螟害麥蝗害稼十年八月大水十二年十三年薦饑案乾隆府志云斗米銀一錢十八年旱十九年夏蝗禳之即散秋大水二十三年旱二十四年大旱斗米直銀二錢二十五年海溢二十六年陳氏鷄生三掌原注留青日札二十八年

雨血於梅川徐珮家庭中盡赤二十九年疫三十一年旱李樹生瓜三十七年訛言有妖徹夜禦之月餘乃息三十八年三十九年旱四十年秋澇四十三年夏大旱康熙志

隆慶三年颶風海嘯漂沒人畜無算康熙志

萬歷元年旱三年海嘯壞廬舍四年虎亂康熙志六年有喜鵲數萬集於江橋邵晉涵姚江櫂歌自注是年册立王皇后七年旱康熙志九年冬東門外居民蔣家樓下地出血流滿室中上濺樓板乾隆府志十年旱十四年地震十五年春有虎從水門入城秋淫雨冬大風折木十六年春大饑雙雁民殺子而食夏旱十七年大旱七月地震十八年十九年薦饑二十一年旱二十三年春雪彌月不霽二十六年旱二十九年訛言倭至

冬多虎康熙志三十年東山鄉杜氏子年百三十八歲謝起龍東山志原注朱鑒灘土名杜灘萬歷壬寅有杜氏子年百三十八歲御史聞之召至邑城動履健捷齒髮無恙與之語多弘正間事後復十餘年始卒

天啟七年七月大水康熙志

崇禎元年七月二十三日海溢漂沒廬舍人畜無算七年八月大水八年地震十三年文廟柏樹見雀餳十四年正月雨雪不止六月蝗大饑十七年旱康熙志

國朝

順治三年餘姚內附城隍廟火康熙志甘露降於松皇朝文獻通考

四年甘露降化安山松樹五年四月雨雹十一年十二月大寒江水皆冰十五年七月大風十八年大旱饑康熙志

康熙二年六月大風潮三年八月大水四年五年螟螣饑七年六月地震生白毛九年六月大風害稼康熙志二十六年南山患虎黃百家學箕初稿二十八年北鄉胡氏牛產麒麟康熙志乾隆志引居易錄云烏山胡氏有牛產一麟狼項馬足麕身牛尾徧體肉鱗金紫相錯二十九年七月八月大風雨山出蛟崩決湧紅水者千計平地水高丈餘漂溺民居無算禾稼無子粒大饑冬大寒江水皆凍康熙志

乾隆志引居易錄云餘姚大水蛟蜃出者以千計縣西三十里有宋元符古屋一所當時之人刻水痕於廳柱留示子孫是年水較舊痕增二尺五寸乾隆府志引俞志云是年諸餘上三縣皆被水災而餘姚尤甚千山盡裂湧水流沙田禾淹沒牆垣沖倒平地水深丈餘屍棺飄泊田開知府李鐸以聞蒙皇恩蠲免本年地丁銀三萬三十二兩四錢三分給發歷年捐贖積穀三千四百九十二石零振給災黎李鐸自典鬻衣珥首倡捐募泣請總督巡撫藩司并合屬官紳士庶得米二萬七千餘石棉衣三千餘件親臨振濟窮鄉僻壤無不身到又見沿途飄流

屍棺甚多藩司馬公如龍捐俸二十兩李鐸捐米一百四十餘石即令各鄉壯年饑民每名日給工米三升盡力掩埋共收埋無主屍棺七百八十九口買棺殮埋暴露屍骸三十八口是以雖災不害 乾隆志云總督興捐米二百五十石巡撫張捐米二百五十石布政司馬捐米三千石鹽法道任捐米六百五十石本府李捐米一萬二千石本縣康捐米三百石訓導方捐米十石蔣錫祉捐米一千石徐之煌捐米五百石徐世傑捐米四百石蔣珍捐米四百石景王祐捐米四百石高選之捐米四百石高青陽捐米四百石徐景濤捐米三百石謝楚玉捐米二百五十石聞人其昌捐米二百石聞人鎮捐米二百石蔣芳捐米二百石聞人伊捐米二百石謝理捐米一百八十石陳益生捐米一百五十石陸時成捐米一百十石施進捐米一百石楊圭章捐米一百石朱子範捐米一百石魯五聚捐米一百石姜芳侯捐米一百石徐燭捐米一百石張本信捐米一百石百石以下不偏載

三十年有年康熙志

三十二年九月大水朱衣客天尺樓詩集

三十四年元日竹浦潮落過半忽驟長數尺排空逆溯而上逾時甫消又黃箭山山鳴聲如洪鐘聞徹遠邇黃千人希希集

三十八年四明山產石

芝夏旱秋久雨敗稼天尺樓詩集四十一年南山患虎學箕初稿

雍正元年夏六月餘姚海濱捕魚人午後見波浪間浮金冠數十漸至海岸潭口逐潮上下漁人駕舟撈取不能得一是年秋七月海嘯颶風作潮壞隄漂廬舍萬家人民俱淹乾隆府志

乾隆二年七月海溢漂沒廬舍溺死二千餘人奉恩旨振恤十一年鳳亭雙雁等鄉有虎患次年乃止乾隆志

乾隆九年海嘯害棉花奉恩旨振恤十六年大饑奉恩旨振恤各紳士捐米有差姓名因案佚不載其十九年七月大水乾隆志二十四年耆民岑及先年一百二歲申請旌表乾隆府志二十六年十二月大寒江水皆冰三十五年七月大風潮乾隆志四十一年汝仇湖北隄自石碴堰至臨山城東門外里許

且雨小麥黃豆徧地人拾歸可食片時無數乾隆府志四十二年大有年乾隆志四十五年五車堰村沈氏搆新井掘土九仞土中得古大桅一鐵貓一尚未糜壞地距海五十里五十三年冬十一月日午姚北海煙波上浮蜃樓盡赭色兩日不散自道塘鋪至黃家埠二十里長對下有樹木臺榭城堞牛馬奔走康衢人物衣冠萬國來朝狀百姓聚觀以爲 國家平治休祥所致五十五年耆民馬占友年九十一歲五代一堂夫婦齊眉申請 旌表乾隆府志五十九年秋荒景雲雪竇集

嘉慶二十五年旱鹹潮達通明堰七月二十三日大風雨新嵊蛟發上虞梁湖後郭隄決水及邑境晩禾盡沒葉維廉姚

江小志

道光元年大疫雞翅生爪三年海溢歲饑捐振五年七月十日大風壞廬舍拔木損禾棉七年七月二十四日大風海溢八年四月潮一日三至九年棉熟禾稼歉收十年彗星見西方十一年夏淫雨害稼秋大水十二年歲歉米價騰貴十三年大饑米盡民食草根樹皮十四年秋海潮入利濟塘闔境受災姚江小志原注十三年十四年疊報凶荒奉憲捐富戶振饑董其事者翁忠錫洪葆南葉棨皆自備資斧常相戒日減用幾錢多活幾命十五年夏旱朱文治繞竹山房詩集十六年大疫十八年有年姚江小志彗星見東北二十年道路臺麥秀兩歧十一月大雪厚三尺餘市中鮭菜薪櫃皆絕沈貞半讀書屋筆談二十一年冬大雪二十三年六月朔日食既白

晝如夜七月大水害晚禾姚江小志二十四年夏大旱半讀書屋筆談
二十六年六月訛言紙人祟人空中能作人語七月三十
日夜半地大震紙人之謠乃息二十七年秋旱二十九年
三月十日虞宦街災姚江小志芒種後大雨積旬川澤皆滿平
地水高三尺饑民汎舟乞食往來如織半讀書屋筆談原注時占城稻木
棉皆槁邑城以北赤地百里老農有識
者教民購小米番薯種之民無道殣三十年八月新嵊
發蛟決上虞後郭隄縣境被水姚江小志
咸豐元年禾棉皆熟二年大有年姚江小志十一月初六日夜
地震三年三月初十日夜半地復震四年六月界堰路嘉
禾雙穗十一月初五日巳刻天見青氣如匹帛十二月雨
豆於雙河上林湖大如豌豆芳甘可食五年正月二十八

日夜大雨雪震雷夏彗星見於翼（半讀書屋筆談）六年八月蝗入年夏淫雨損禾九年夏彗星見於西方歲大稔十一年冬十二月大雪平地積四五尺（姚江小志）

同治二年大有年六年十一月十三日虞宦街災九年九月三十日雨雹損禾十二年夏秋旱十三年秋冬旱

光緒三年正月六日南城直街災五月二十三日大風拔木六年舜江樓災七年彗星昏見一月乃止八年彗星復見九年秋七月海再溢大風雨雙雁出蛟設籌振局振饑闔邑籌集洋銀二萬九千五百餘圓邑人邵友濂時爲蘇松太兵備道捐廉銀二千圓勸上海協振銀八千圓助振十年秋八月大水十一年十二年歲稔十四年八月二十三日東北鄉流洪禾棉皆損十五年七月二十七日蛟水

暴發衝決隄塘壞廬舍無算八月至十月淫雨四十七日晚禾木棉歉收饑民四起案是時西鄉受害最甚北鄉次之東南兩鄉又次之是年冬及次年春次第籌振奉

旨振恤十六年奉恩旨蠲免十五年分地漕銀十分中之一分八釐三毫三絲並奉到內帑銀八百兩核實散施而自十五年十月至次年四月官紳合謀散振圖振次第舉行兼用以工代振之法於是施粥當午查極貧戶口給錢以及開掘引水自道塘全籠西至上虞界凡三十一道並開掘小里堰下河道修理各處壩閘橋梁共用洋銀六千六百五十圓錢一萬七千一百餘緡又平糶購米九千一百五十三石零耗費洋銀七千六百八十餘圓以上用款皆出於上海協振公所義振及省撥官振委員到地散放其各鄉圖振則給米給穀給錢立法不一紳富共出錢二萬四千八百二十餘緡洋銀一千七百十餘圓統計冬春兩振共用錢四萬一千九百三十餘緡洋銀一萬六千四十餘圓

十六年三月二十六日南城直街災自北固門而南築公牆三道知縣忠滿南城公牆記光緒紀元之十有六年歲在庚寅三月余攝餘姚縣事甫三日而南城火南城列肆數百市宅櫛比蓋邑之繁盛

處也余急馳往營救力竭不得解自念無狀手冠服投火中於是始熄毀者且數百閒既謀所以防之者言人人殊余以爲水患宜於導火患宜於堵乃議創建公牆三道衆口僉同遂捐錢二百千爲之倡罰肇火者錢亦如之不足則貸之邑人而令屋之主人與租其屋者於兩年內各出兩月之屋租償爲計共集貲二千餘緡數日而公牆成夫州縣爲親民之官若其視民事如秦人視越人之肥瘠漠爲不加喜戚於其心惡覩所謂親也今余適承其乏不敢存五日京兆之見苟利於民期於必爲其亦盡余之惓惓云爾是役也董其事者邑紳張君承績黃君清渠朱君中樹監工朱肇基施黼臣朱立基例得備書

十八年十一月至十二月大寒多雪江水皆冰十九年八月游源出蜃十月十八日南城公牆外災添築公牆二道知縣周炳麟增築南城公牆記癸巳之冬十月既望餘姚南城火自義井巷起西北至醾醾衕迤南幾至寺衕延燒市廛百餘閒竭蹶營救火乃得熄初滿洲忠君攝篆時延南城火尤甚忠君首先創捐會同邑紳築公牆三道以堵之至是纔逮三祺而自醾醾衕以北卒賴公牆力獲免救火者亦得專力於南無北顧憂越日張君承績黃君清渠來爲余言公牆之善二君以明效易見而慮集資成事之難余曰備豫不虞

古之善教踵而增之余之責也亦君等所不容辭也乃議增築兩道捐錢三百千授之二君俾董其事是役也集資之法悉照前忠君議而免首火之科罰得殷紳之慨助凡度基購地勼工庀材一閱月而事蕆共用錢二千二百餘緡樂觀厥成爰紀其略

安堵無恐偕壽貞珉

餘姚縣志卷七祥異終

光緒重修